大賀式

柔術

上達論

見えない構造を
解き明かす

大賀幹夫・著

日貿出版社

大賀幹夫(Mikio Oga)

175cm　65kg　ブラジリアン柔術黒帯四段、柔道初段
2007年マスター&シニアインターナショナル黒帯シニ
ア1ライトフェザー級・優勝。アジア人で初めての柔術
黒帯世界チャンピオン。
2007年ムンジアル(年齢無差別の柔術世界大会) 黒帯
ルースター級・3位入賞。
その他、国際大会・国内大会での優勝&入賞多数。

経歴

1971年1月17日生まれ。九州大学で柔道を始め、寝技
を中心とする七大学柔道を学ぶ。1999年から柔術を始
め、2003年に中井祐樹(柔術連盟会長:当時)から黒帯
を認定され、39歳まで第一線の選手として試合に出場。
ブラジリアン柔術競技でアジア人としては最高レベル
の戦績を残す。
現在は、技術指導はもとより、ブラジリアン柔術や七
大学柔道を普及・発展させるための活動を精力的に行っ
ている。
東京の千代田区・新宿区・調布市で大賀道場を運営。ブ
ラジリアン柔術団体「ねわざワールド」代表。現在では
国内と海外に60以上のグループを持つ。

著書

『頭とカラダで考える・大賀幹夫の寝技の学校』シリーズ4
冊(引き込み編、抑え込み編、絞め技編、関節技編)

主なBJJ戦績

マスター&シニアインターナショナル2007 黒帯・シニア
1・ライトフェザー 優勝
ムンジアル2007 黒帯・ルースター 3位
DUMAU KIMONOS BJJ INTERNATIONAL CUP 2007
黒帯・アダルト・ライトフェザー 準優勝
DUMAU KIMONOS BJJ INTERNATIONAL CUP 2007
黒帯・アダルト・オープン(-75kg)準優勝
プロ柔術&グラップリング・大阪夏の陣 勝利
DUMAU INTERNATIONAL CUP 2006 黒帯・アダルト・
ライトフェザー 準優勝
コパ・パラエストラ イースト・ジャパン2006 黒帯・マス
ター・ライトフェザー 優勝
マスター&シニアインターナショナル2005 黒帯・マス
ター・ライトフェザー 準優勝

はじめに

　先日、地方に指導に行った時に、私が柔術の先生であることを知った女性と話す機会がありました。

　その方は柔術のことをほとんど知らない様子でしたが、とりあえず柔術が柔道に似たようなもので、私がそれを指導することを仕事にしていることに驚いた様子で、こう尋ねてきました。

「柔術をやる目的ってなんですか？」

私は即座に、

「私の場合は試合で勝つためです」

と答えました。

驚いた様子の女性は、

「勝つためですか、試合に……。健康のためとか楽しみのためとかではないのですか？」

「そういうものもあるでしょうが、私にはこれが仕事なのと、私がやったり教えたりしている柔術は競技なので、競技である以上、目的は試合に勝つことが最優先で、それ以外はそれに付属する副次的なものだと思います」

　（我ながら面倒臭い奴だな）と思いながらも、この会話の中で改めて自分の考える柔術は「すべて試合に勝つためのものだ」ということを再確認していました。

　競技柔術は定められたルールの中で対戦者に勝つことが最終的な目的です。

　では勝つためには何が必要でしょう？　答えは「上達すること」。では上達するためには何が必要でしょう？　練習はもちろんですが、私は「考えること」が大事だと思っています。

3

ところが意外に考えていない人が多いようです。
　時々会員さんと話していると、
「なんで取られたか分からないです」
といわれることがあります。
　また講習会などで、
「なかなか技が極まらないのですがどうすればよいでしょう？」
という質問を受けます。こうした時、私はいつも、
「自分より弱い人が入ってくるのを待つしかありません」
と答えています。
　答えられた本人はびっくりして、多少キャリアがある人や、私のことを知っている人は苦笑いを浮かべるシーンです。

　随分ひどいことをいっているように聞こえるかもしれませんが、ここで紹介した２つの質問は、それぞれ柔術の基本的な要素を理解していないことから生まれるものです。
　では柔術の基本的な要素とはなんでしょう？　１つは「柔術の習得の構造」、もう１つは「柔術の根本的な構造」です。
　「柔術の根本的な構造」とは、他の競技に比べて実力の差が如実に出る競技であるということです。理由は、密着した寝技の勝負では、偶然や一発逆転の要素は少なく、技を成功させるためには常に相手をコントロールして適切な手順で行う必要があるからです。ですから自分より実力が上の相手にはなかなか技はかからず、逆に下の相手には簡単にかかるわけです。
　この相対的な構造は絶対的なもので、新人さんはもちろんキャリアが長い人にとっても永遠の壁になります。
　そしてこれを打ち破るのに必要なのがもう１つの「習得の構造を知ること」です。

この本では、新しく柔術を始めた初心者から経験者までを対象に私なりの「**柔術の上達構造論**」をまとめてみました。

　かなり一般的ではない（エキセントリック）なものに映る部分もあるかもしれませんが、才能や素質にできるだけ影響を受けず、キャリアの差を埋めて、自分より強い相手をまず五分に持ち込み、さらには勝てるようになるための道筋になっていると思っています。

「いや、自分は相手に勝つとかじゃなく、楽しければそれでよいんだけど」

と思う人がいるかもしれません。もちろんそれでも全然OKです。ただ最初に書いた通り競技柔術の本質は「定められたルールのもとで勝敗を競うこと」です。ですから私たちは初対面の人が相手でも、共通した前提の上でスパーリングを楽しめるわけです。

　そして柔術の試合は、帯はもちろん、性別や年齢、体重、柔術のキャリアなどで細かいカテゴリーに分けられ、可能な限り実力差がない人間同士が試合をすることを前提にしています（実際の試合は大会の規模や参加人数に応じて組まれますので、必ずしもそうならないこともありますが）。

　もちろん柔術の技術が時には護身術として使えることもあるでしょう。また道場を続けていてつくづく思うのは、柔術はとても優れたコミュニケーションツールでありストレスの発散方法であるということです。

　また、私はすべての競技柔術を学ぶ人が試合に出るべきだと主張したり考えたりしているわけではありません。むしろ真逆です。試合を含め柔術を学ぶ目的が、ストレス解消やダイエット、暇つぶしであっても構いません。実際、私の道場でも試合に出る人は少数派で、ほとんどの人は道場で練習すること自体を楽しんでいますし、それは大歓迎です！当たり前のことですが、柔術をどう楽しむかは個人の自由です。

それを踏まえた上でここで書いているのは、それとは別にそもそも論として、「競技柔術の本質は試合に勝つことである」ということです。

　柔術の技術は日進月歩で、日々新しいアプローチが編み出されていますが、それは互いに定められたルールの中で勝つ方法をギリギリまで工夫しているからこそでしょう。

　そしてこの本で私が書くのは、この競技柔術の本質に則した「自分と同じ程度か、自分よりも強い相手に勝てるようになるため」の方法論だということです。

　もう少し余計なお節介をいえば、

「上達するために考えたり研究するのって、やり方さえ分かってしまえばメチャクチャ面白いんだけどな」

と思っているわけです。

　本書を読まれる皆さんが内容を取捨選択して、それぞれに最も効率よく上達されて、なるべく高い境地からの眺めと感覚を楽しんでいただくことができれば、筆者としてこれ以上の幸せはありません。

目次

第3章 柔術必須の技術

第4章 防御を覚える 147

定石としての柔術 148
防御の得意技を作る！ 150

第8章　テンポラリーガード ₃₉₁

本書の使い方

　本書では文章と写真に加えQRコードをつけることで、著者が撮影した参考動画（講座動画を含む）が見られるように構成されています。**本書の見出しと動画のタイトルが違うことがありますのでご注意ください。**

　また柔術という競技の特性上、自分のポジションが上になっている場合と、下になっている場合が混在することから、**本文の上下にグレーのラインを入れること**で、その頁のトピックスが上下どちらのポジションの話なのかが分かるようにしています。

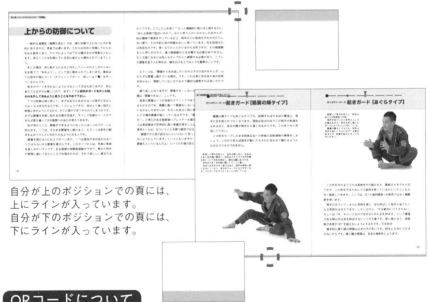

自分が上のポジションでの頁には、
上にラインが入っています。
自分が下のポジションでの頁には、
下にラインが入っています。

QRコードについて

　本文に登場するQRコードは、スマートフォンや携帯電話などでの再生を前提にしたものです。動画はすべてYouTube（https://www.youtube.com/）の動画配信サービスを利用して行われています。

　視聴については著作権者・出版社・YouTubeの規定の変更などにより、予定なく中止になることがあることを予めご了承ください。

※QRコードは（株）デンソーウェーブの登録商標です。

柔術の基本構造

ポイント

- 柔術全体の流れと基本構造を理解する。
- 経験にタグをつける。
- 「防衛ライン」という発想を持つ。
- 勝敗はコントロールの結果。

まず本書をお読みの皆さんに知っておいてほしいのは、柔術の構造は複雑だということです。そのため効率よく上達するには、柔術全体の構造と流れを知ることが重要になります。

ここでいう構造には、柔術という競技全体の構造と、技術的な構造の2つがあるのですが、この第1章ではまず競技柔術全体の構造について解説していきます。

相対的な関係を理解する

なぜ柔術は複雑なのでしょう？

まず技術的にやるべきことが多いことが挙げられます。

例えば1つの関節技が成立するまでに、ポジションや相手の抑え方、関節を極めるための正しい力学的な角度などの複雑な要素が存在します。そして大事なことは、こうした技術を使った攻防のほとんどが、密着した状態で行われることです。つまり相手と自分との相対的な関係が、柔術のすべての過程で大きく影響するわけです。

でも相対的な関係という要素は、対人競技であれば当たり前ですね。では柔術のどこが特殊なのでしょうか？　まずは競技における相対性について順番に説明していきましょう。

柔術は自分の都合だけで動けない

例えばゴルフの場合です。止まっている状態の球を正確に打てるかどうかは、基本的にはプレイヤーの自律性（自分の判断に基づく行動）のみに影響されます。

ですのでゴルフの場合は動かないボールとプレイヤーとの相対性はゼロといえるでしょう（もちろん一緒にコースを回っている選手や観客などはいますので、厳密にはゼロではないのですが）。

では野球はどうでしょう。「打たれまい！」とするピッチャーと「打とう！」とするバッターとの間に、相手に応じて球種やコースを変化させたり、それを読んだりする相対的な関係が生じます。それでもピッチャーがワインドアップなしでいきなり球を投げてきたり、投げられた球が2つになったり、キャッチャーがスイングを邪魔したりはしないので、バットをスイングするという行為自体は本人の自律性が高い状態です。

　対するピッチャーも投球自体をバッターに邪魔されることはありません。ですから野球は相対的ではありますが、互いの自律性がある程度は守られた状態といえます。

　これがボクシングになるとグッと相対性が高くなります。階級や時間制限、攻撃はパンチのみ、などのイコールコンディションは整えられていますが、その制約の範囲内であれば基本的に何をしようが自由です。相手に勝つためにはお互いに、自分のしたい攻撃（自律性）をしつつ、相手の攻撃（自律性）を邪魔（防御）する必要があります。

　それでもボクシングの場合は、パンチを打つ必要があるため、お互いにある程度の距離が必要です。ですから当たる当たらないを別にすれば、パンチのタイミングや打ち方などといった自律的な要素を相手に邪魔されずに発揮することができます。また一発のパンチで局面が大きく変わる要素もあり、個人のスピードやパワー、センスなどといった自律性が活かしやすい競技といえるでしょう※。

　ところが柔術の場合は、基本的に相手と密着した状態での攻防となるため、常に相手の抵抗（相手の自律性）を受けることになります。簡単にいえば自分の都合（自律性）だけで攻防が成立する場面が少なく、技術のあらゆる段階で相手からの影響を受けるわけです。

　相手が強いと自分がまったく動けなくなったりすることを考えると、これは他の競技とはまったく違うことが分かります。

　例えば「Aさんを相手にした時には、テキスト通りガードポジションからスイープに成功したのに、Bさんの時はスイープに失敗して、足を越えられてパスされてしまった」
という場面があったとしましょう。

　この場合、あなたはスイープという技術が身についているといえるでしょうか？　「できる」とも「できない」ともいえず、恐らく答えは

※実際には「離れた間合いのコントロール」という柔術とは異なる複雑な要素があるのはもちろんです。ここではあくまでも例として出しています。

「ケースバイケース。相手による」ということになるでしょう。

　実際に1つのスイープを完成させるには、相手のバランスを崩すことから始まるかなり複雑な工程があります。テキストや動画を見ると手順自体は分かるので、覚えてしまえばできそうに見えるかもしれません。ですがそこには、これまで書いてきた両者の実力差を含む、柔術ならではの相手の強さによってすべきことが変わるということがあまり考慮に入れられていません。

　書いてしまえば当たり前のことなのですが、この当たり前に気がついてそこから考えていくことが、柔術を上達させるために必要な一歩です。これに気がつかないと、「スピード」「パワー」「技術力の不足」といった視点からしか結果を考えられないわけです。もちろんそうした要素も大事なのですが、柔術の難しさであり面白さは、前提として互いにこうした自律性が発揮できないようにコントロールすることにあります。ゴルフでは相手にスイングを邪魔されることはありませんので、筋力を強化し、素振りを繰り返し、正確なフォームを身につけることが結果に直接関係しますが、柔術の場合はスイングは常に邪魔されるものなのです。

　効率よく柔術を学ぶためには、まず柔術がこうした相対性が高い競技であることを理解して、まずは「全体の流れを知る力」という考え方を持つことが大事になります。

柔術の全体の流れとは？

　柔術の「全体の流れ」とは、両者が動き始めるスタートからどちらかが関節を極める、絞めるというフィニッシュまでの過程のことです。

　そしてこの流れの中で自分がどこにいるかを常に把握していることが重要になります。

柔術の全体的な流れ

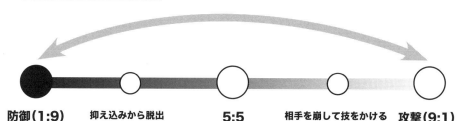

防御(1:9)　抑え込みから脱出　**5:5**　相手を崩して技をかける　**攻撃(9:1)**

防御から攻撃までの柔術の道筋を下になった側からイメージしたもの。

　この考え方をもとに本書では、一番単純な形として、防御（1:9）から五分五分（5:5）、攻撃（9:1）までを5段階に分けています。

　3章以降ではこの流れに沿ってそれぞれのシチュエーションで最も原則的な動きを示しています。

　この全体の流れが分かってくると、「今すべきこと」と「何を目指すか」という計画を立てて動くことができるようになります。

　もちろん常にその通りになるわけではありませんが、意図を持って動くことで、結果的にそれが成功した時にも失敗した時にもその原因が明確になります。

　基本的に柔術の技術は、人間に備わっている反射的な防御反応を利用して有利に進める仕組みになっています。分かりやすくいえば、「思わずにやってしまった」動きが攻められる原因になっているわけです。

　そのため理性的な判断なしに反射的に動いていると、よほどの才能がない限り相手の思うツボで、結果として「何が起きたか分からないうちに極められてしまった」ということになるのです。

　勉強でも仕事でもそうですが、失敗の原因が分からないとそれを繰り返すことになりますね。これは一般には当たり前のことなのですが、格闘技という先入観でしょうか、柔術では失敗の原因を理論的に考えない人が多いようです。会員さんを見ていると、多くの人はうまくい

かない理由を自分の攻撃力の不足、いわゆる極めやパス、スイープ時の「力強さ」や「技術力」の不足に求めたり「精神面」の弱さのせいにしたりするケースが多いようです。

ですがそこで実際に不足しているのは、失敗の原因を追求し修正する意識です。そしてそれに気がつくためにはその場その場で反射的に動くのではなく、相手との相対的な実力差を考慮した上で、全体の流れの中で自分がどこにいて、そこから何を目指すのかという意識を持つことなのです。

もちろん最初からうまくはいかないでしょう。ですから初めは詰め将棋でいえば2手詰めくらいの短いスパンで構いません。

例えば防御でいうと**「極められる体勢から、体を起こして外す」**といったシンプルなことです。それでも最初はうまくいかないでしょうが、そこで「何がうまくいかなかったのか」について考え、それを踏まえて再度実行することで少しずつ成功率が上がってきます。

そうなれば次は**「極めを外そうとする→相手がそれを防ごうと変化してくる→それに対応した外し方をして成功する」**、という3手詰めに進むことができます。この繰り返しのうちでその時に目指すべきゴールとその手順が身につくわけです。もちろん相対的な関係がベースですから相手によってはうまくいかず、その時々で臨機応変に手順を進めたり戻したりする必要があります。そこで大事になるのが、自分の動きを意識化することです。

どういう状況で自分がどう動き、その結果、成功したか失敗したかを意識することで、自分の動きという生データにタグ※をつけていくわけです。こうしてタグづけされたデータ（経験）は、同じようなパターンの際に利用することができます。

逆に自分の動きを意識せず、タグをつけないということは、せっかくのデータをゴミ箱に捨てて検索できないようにしているともいえます。

※ここでいうタグとは、#どんな流れで、#どんなポジションになって、#相手の意図をこう予想して、などといった、5W1H（「When:いつ」「Where:どこで」「Who:誰が」「What:何を」「Why:なぜ」「How:どのように」）のようなもの。

　よく「**柔術はキャリアがものをいう競技だ**」といわれますが、それはこのタグづけされたデータ量が重要な競技だからです。

　キャリアが長くなるに従って、動きも単発のものから、いくつかの動きがつながった一連のコンビネーションとなり、相手の実力に応じてできるようになっていきます。ベテラン選手の「**自然に体が動いた**」というのは、こうした無数のタグづけ作業の積み重ねからくるもので、原初的な反射とは違うわけです。

　そしてこのタグづけを効率よく進めるためには、全体の流れを知る必要があるのです。

流れが分かれば余裕が生まれる

　「自分の動きを意識するといっても、実際に相手と格闘している中でそんな余裕があるの?」と思う人もいるかもしれません。

　私は、全体の流れを「正しく」知ることがこの余裕を生むと考えています。

　「正しく」と書いたのは、技術的な対処法だけではなく、自分と相手との相対的な実力差を含めて理解することが大事だからです。

　どういうことでしょうか?

　改めて全体の流れを見てみましょう。多くの人は、柔術は互いに対等な状況、19頁の流れの図でいえば5:5の状況から始まると思っていますが、実際は違います。

　相手の方が実力的に上であれば、5:5という状況から始まってはいますが、ハッと気がついたら、いきなり4:6や3:7に追い込まれ、そこから攻防が始まることになります。これが入ったばかりの初心者であれば当然、1:9、つまり極められる直前からとなります。この関係は相対的なものなので、黒帯同士であってもあり得ます。

つまり、そうした相手との相対的な実力差まで含めた上で、自分が流れの中でどこにいるかを理解することが「正しく知る」ということです。そしてそこが現実的な攻防の出発点になるわけです。

　こう書いてしまうと自分が攻められていて、いよいよ考える余裕はなさそうな気もするかもしれませんが、実は逆なのです。なぜなら柔術は、フィニッシュである極める（絞める）に向かうに従って攻撃側も防御側も選択肢が少なくなる、つまりやることが限られてくる構造になっているからです。

　それを示したのが柔術の基本構造図です。

　見ていただくと分かるでしょうが、一般的にスタートだと思われている５：５の拮抗した状態はひし形が最も厚い、お互いに選択肢が無数にある状態です。一見すると平等のようですが、実際はお互いの経験の差が最も出る場面です。

　逆にフィニッシュへ向かうほどに薄くなり攻撃側も防御側も選択肢が少なくなります。

　この構造を踏まえた上で必要なのが「防衛ライン」という考え方です。

柔術の基本構造

防御 ← → **攻撃**

選択肢

横軸は防御から攻撃までの状況を、縦軸は選択肢の多さを示している。状況が拮抗している中央部分ではお互いの選択肢が多く、経験の差が最も現れ、勝敗が決まるゴールに向かうに従って選択肢は少なくなる。

「防衛ライン」というアイデアを持つ

　ここで私がいう防衛ラインとは、相手との実力差を踏まえて全体の流れの中で守るべき場面（ライン）を選択することです。

　「スタートは5：5である」という思い込みを捨て、相手との実力差を考慮に入れて現実的なシナリオを立てるのです。

　例えば、相手の方が少し自分より上回っているのであれば4：6や3：7に、もっと差があれば1：9というように、自分にとって一番不利な極められる直前を防衛ラインとして最初から想定してしまうわけです。

　消極的に思えるかもしれませんが、こうすることによって「フィニッシュに向かうほど選択肢が少なくなる」という柔術の構造上、初心者にとっては何をすべきかが明確になります。

　もちろん実力差があれば最終的には極められるでしょう。ですが、「絞め技を防御する」「腕十字を防ぐ」などといった、そこでやるべき目的がはっきりしているのであれば、ただ極められるのではなく、そこに至るまでの過程（パスガードや抑え込み、セッティングなど）についてある程度余裕を持って、意識的に眺めることができます。その結果、「相手がどうやって攻めてきて、自分は何に成功して、どこで失敗したのか」といった自分の動きに意識が向いて、経験にタグがつけられるわけです。

　ここで大事なのは「柔術は自分の方が一見不利に見えるポジションでも、相手をコントロールできる」ということです。

　柔術はお互いの経験値（データ量）の違いが実力差として現れる特性上、一発逆転やまぐれで勝つ可能性は低い競技です。その反面、この基本構造が理解できれば、負ける側にとっても負け方をコントロールする要素が残されているわけです。

　この考えを持つことはとても重要なので是非覚えてください。

　慣れてくれば極められながらも、

「ああ、これはうまいな。分かっていても防げなかった」

「なるほどここで封じられているのか、さすがだなぁ。でもそれなら次は……」

といった分析ができ、そうしてタグづけされたデータが蓄積され、防御力はもちろん、逆に自分が攻める際にも役に立つのです。

防衛ラインを自分で選択する！

もう少し防衛ラインの話を続けましょう。例えば初心者が下の状況で、パスされて極められるまでの過程を5段階に分けてみましょう。

①足裏で相手を止めている（遠距離）

②スネで相手を止めている（中距離）

③足腰は制されているが腕のフレームで相手を止めている（近距離）

④パスされたがローサイドで止めている

⑤ハイサイドで抑え込まれているが不服従のポーズやガードで止めている

防衛ラインの考え方

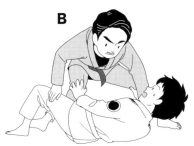

Aの段階で、上の人は「この程度のガードならパスして極められるな」と考えている。これに対して、「まだ大丈夫、もっと頑張って、ガードに戻そう」などと考えていると、Bのように実際には止められず、足を抜かれて一気に攻められてしまう。

大事なのはAの時点で、「これは足を抜かれるな。じゃあ抜かれた瞬間にガッチリ止めよう」とお互いの実力を正しく見積もって防衛ラインを決めてしまうことだ。そうするとB'のように慌てることなく対応できる。

　多くの人はなんとなく「①を破られたら②で防いで、②が破られたら③で……」という感じですが、相手との実力差がある時にはそれでは間に合いません。

　この状況を柔術の基本構造に当てはめると①の段階は最も選択肢が多く、実力差が出る場面です。実際には、強い人はこの時点で既に①を超えた先を想定しています。

　ですが初心者はそれが分からず、「まだ突破されていない。もうちょっと頑張って守ろう！」と思ってそこに固執してしまいます。その結果、いざ破られてしまうと防衛ラインを①から②へ変えている余裕はなく、慌てているうちに最終防衛ラインである⑤を作れずやられてしまう。それで残るのは「わけが分からないうちに取られた」という混乱した情報です。

　これを繰り返していても、残念ながら実のある経験にはなりません。

　相手との実力差があるこの場面で選択すべきなのは、⑤の最終防衛ライン「極められる直前」なのです。一見危険に見えますがそこが相手にとって最も自由度が低く、逆に自分にとって守りやすく経験を蓄積できる上達に直結する場所なのです。

　この原則が分かってくればそのうちに相手との実力差によって、
「この相手なら①でOK」
「厳しいから最初から④でいこう」
といった選択が自分でできるようになります。

　柔術全体の流れを頭に入れた上で、お互いの実力差に応じて自分のポジションや行動を「意識的に選択する」ことがとても大事です。最終的に一本を取られても、そこまでの流れ自体はコントロールできていて見積もりの想定内にある。このような体験であれば情報にタグがつ

き、積み重ねることで対策を考えることができます。これが上達の過程なのです。

　また、ここでは防衛ラインと説明していますが、自分が攻撃する立場の場合には攻撃ラインといい換えて考えることができます。

　つまり戦略として自分の防衛ラインを自分が得意な防御のポジションまで下げることで相手を呼び込み、そこから得意の攻撃を仕掛けるわけです。こうなると相手は攻めているように思っていても、実際にコントロールしているのは自分です。

　こうした視点を練習で持つことで、相手に応じて自然に「今はどこに防衛ライン・攻撃ラインを作るのが最適なのか？」という判断能力が養われます。この考え方があるかないかで1つのスパーリングから得られるものがまったく違ってきます。

　こうした視点をさらに機能的にするために必要なのは、「ポジション」の考え方を見直すことです。

リアルなポジションを認める

　初心者を含む多くの人は、攻撃・防御にかかわらずテキストや動画に紹介されているような「理想的な正しいポジションを目指さなければならない」という思い込みが強いようです。

　例えばパスガードを狙って動いた場面で、相手の抵抗に遭い、なんとかガードはかけられていないものの、パスガードには至らないポジションに留まっていることがよくあります。そこで多くの人は、無理に「より有利な」ポジションへ進めようとして返されてしまいます。同じことは防御側でもあります。攻めてきた相手をなんとかクリンチハーフガードで捉えた場面で、そこからクローズドガードに戻そうとして

逆にパスされてしまう場面です。

　ここで改めて考えてほしいのは、「そもそもなぜそんな自分が望んでいないポジションになったのか？」ということです。

　実力的に自分が相手よりも優っていれば問題なく目指したポジションに到達したはずです。それができないのは、そこに相手と自分との相対的な力の差が現れているわけです。つまり不本意かもしれませんが、そこが今のあなたが到達できるリアルなポジションなのです。

　その現実を無視してポジションを進めようとすれば破綻をきたすのは当然です。

　ここで必要なのはまず現実を認め、そのリアルなポジションをキープすることに専念することです。

　例えば自分が下で相手をクリンチハーフガードに入れた状態を考えてみましょう。この状況は一般的には「足抜き」と呼ばれる状態で、上の人間は自分の足を抜いてサイドやマウントなどに進もうとするのに対して、下の人間はガードに戻そうとする状態だと考えられています。

　基本的に上になった相手が有利と見なされる状態ですが、ここからパスガードをするにはまだ足を抜かなければなりません。下の人は足さえ抜かれないようにしておけば慌てる必要はないのです。

　ところが多くの下の人は「なんとかしてガードに戻さなければ！」と無理に動いてしまい、それが相手の足抜きを許す隙になります。つまり進んでこのポジションを明け渡してしまっているわけです。

　これは、多くの技術書や動画で、この状況からクローズドガードに戻す方法を推奨していることも原因でしょう。もちろんそれ自体が間違っているわけではありません。ただそれが成立するための前提、「相手との実力差」という重要な要素が抜けています。

　そもそもなぜクリンチハーフガードになったのでしょう？　もしあなたが相手のパスガードを防ぐことが余裕でできているのなら、クロー

ズドガードに戻すのも選択肢の１つです。

　ですが、もしハーフガードが相手のパスガードを防ぐギリギリの選択なのなら、それがあなたと相手との実力差から生まれた必然的なポジションです。そこから無理にガードに戻そうとすれば、その動きを利用して相手は攻めてきます。また仮にガードポジションに戻せたとしても、力の差を考えるとガードから攻めようとした隙を突かれて不利な体勢になる可能性が高く、それ自体が相手の狙いの可能性もあります。もしかすると相手は実は足抜きが苦手で、あなたの両足をさばいてそのまま一気にパスをしたいのかもしれません。そもそも容易にガードに戻せるような相手であれば最初から他の展開があったはずなのです。

　ではどうすればよいのでしょう？

　ここで必要となるのが、無理に理想のポジションを目指すのではなく、実力差から必然的に生まれた現実のポジションを受け入れ「**このポジションを隅から隅まで味わい尽くしてやるぜ！**」と、キープすることなのです。

　それがクリンチハーフガードであれば、相手の足抜きを防ぐことに集中すべきことですし、パスの途中であれば、そのポジションをキープすることだけを考えるのです。実力以上のポジションに進もうとするから隙ができて結果ガードに戻されるのです。

　防御の場合は、相手の攻め手をすべて無効化して、「おかしいな？こっちが有利なはずなのに全然攻められない」と途方に暮れさせ、「これ以上ここにいたくない！」と思わせるのです。これができた時に初めて相手より精神的に優位に立てて、エスケープやカウンターができるのです。

　もちろん相手が強ければ足を抜かれるでしょう。それは仕方がない

ことです。その時はどうやって抜かれたかをしっかり把握しておき次回に活かせばよいのです。「それでは試合だとアドバンテージが取られてしまう」というのはパスされなくなってからすればいい心配です。

　こうしたポジションに対する考え方が身につくと、先に紹介した防衛ラインというアイデアがさらに有効に使えます。

　自分が不利な状況でも相手をコントロールする経験を積み重ねることで情報にタグづけされ、それがやがて防御の得意技へとなっていきます。そしてそれを増やすことが上達の礎になるのです。

勝敗はコントロールの結果

　柔術の構造を踏まえた上で、こうした考え方をすることで、自分が全体の流れの中でどこにいて、何を目指すべきかがクリアになってきます。すると技術についても、現実を無視して理想的な結果を求めて使おうとするのではなく、場面と相手に応じて使えるものをチョイスし、その技術を使うための流れを自分で作るという発想が生まれてくるようになります。これが発展してくると、いくつかの手順をセグメント（まとまり）にしてパターンにすることで、ほとんど無意識に相手の動きを誘ったり、こちらの狙いを悟られないような精妙な流れを作ったりできるようになるのです。

　逆にこのアイデアがないと、いつまでも一足飛びに理想のゴールを目指すようなことを繰り返し、「成功した」「失敗した」という結果だけが評価や価値の基準になってしまいます。スピードやパワーで解決できることもありますが、あるレベルを超えた相手には歯が立たなくなってしまい、いずれ成長は止まります。

　柔術は互いに極めや絞めなどの「一本」を目指して争うという印象が

強いのですが、それは分かりやすい結果でしかありません。

　実際にそこで争われているのは「如何にして相手をコントロールするか」ということなのです。そして自分のコントロールが極大に達した時に、自然に相手から一本が取れているものなのです。

柔術の核は「コントロール」

　ここで私のいうコントロールとは、「ある瞬間にあって、ある瞬間にはない」というものではありません。相手に対する影響に濃淡はあっても途切れることなく最後まであり続けるものです。

　例えばオープンガードの相手を攻める時に、（**1 足をさばき→2 ハーフガード→3 サイドポジション→4 アームロック**）という流れがあります。

　多くの人は、（**1→2→3→4**）の各段階を見て、そこだけを「コントロールする場面だ」と思い、抑え込みの強さや技術力を追求しているようです。そのため「**1** から **2** に進める！」と決めたら、相手の抵抗は埒外にして一か八かで進め、成功すれば「よし！」、失敗したら「スピードが足りない」「相手が強い」とあらぬ方向に原因を求めてしまいます。

　ですが本当に大事なのは（**1→2、2→3**……）と各段階の間にある（**1.1、1.2**……**1.9、2.0、2.1、2.2**……）といった小数点以下の部分を含めて、シームレスにずっと相手をコントロールし続けることなのです。

　この例でいえば、**2 のハーフガード**で**キープ**できている相手へのコントロールを失わず、小数点以下の部分を着実に増やしていった結果、**3 のサイドポジション**へと進み、さらに **4 のアームロック**に近づいていくわけです。

　本書では第 3 章以降に**キープ**という言葉が「これでもか！」というほど登場しますが、それはこのコントロールを失わないために絶対に必要な発想だからです。

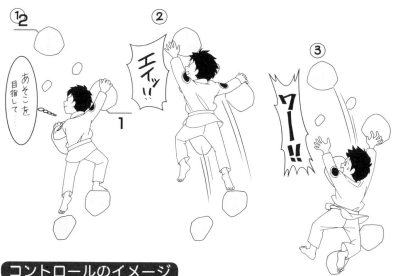

コントロールのイメージ

多くの人はポジションを「1から2へ進める」と決めたら、
そこに向かってあまりリスクを考えず向かおうとする（イラスト上）。

これは岩登りで例えると、安定した3点支持（手足のうち3点を支持に使い、残る1点で前に進む手がかりを見つけて進める方法）を捨てて進むようなものだ。

大事なのは、1から2の間にある小数点以下の無数の手がかりを見つけ、3点支持を保ち、常に相手をコントロールしつつ進めることなのだ（イラスト下）。

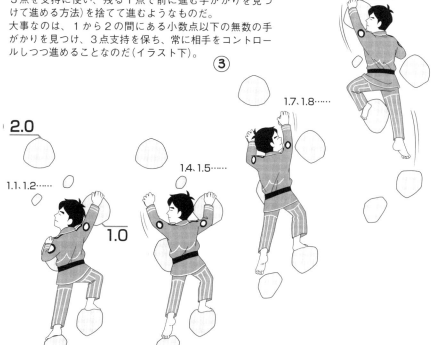

またこうした持続的なコントロールには体の構造が大事になります。こちらは第2章で紹介します。

　こうしたコントロールを身につけるために必要なのが、ここで紹介した柔術全体の流れを理解し、相手と自分との相対的な関係を把握することです。
　そしてリアルなポジションの中で、的確に防衛ライン（攻撃ライン）を選択し、自分が相手より技術的に上回っているポジションをキープし、そこから適切な技術で相手をコントロールし続け、かつ余力があって「いける」と判断した時に、よりよいポジションに進むことが大事なのです。
　実際に強い人は、膨大なタグづけされたデータを利用し、この一連の作業をほとんど無意識のうちに高速で行っています。いい換えると、初心者と上級者とは時間の把握の仕方が違うのです。「時間は相対的である」とはアインシュタインの相対性理論ですが、経験を積むとともに同じ1秒の中で選べる選択肢が増えてゆき、刻々と変わる状況に対応して自在に変化し、自分に有利に進めることができるのです。
　先ほどのコントロールの話でいえば、小数点以下を限りなく小さく0.1から0.01、0.001、0.0001……にすることで、選択する瞬間を増やしているわけです。さらにタグづけされた情報を元に、より発展的な優れた方法を発見することが柔術の面白さでもあるわけです。

　ここまでが本章のトピックスである「柔術全体の構造」です。
　できるだけ概念論にならないようにしましたが理解していただけたでしょうか。次の章では柔術で使われる技術の構造論について説明していきます。

第2章

技術の構造論

ポイント

- 体の構造論を知る。
- 体幹を働かせ姿勢を維持したまま動く。
- 対人の構造論を知る。
- 相手の死角を利用する。
- アーチ構造の作り方。

　様々な技術が存在する柔術ですが、意外にそのベースになる力の出し方について説明されることはありません。

　ここでは、技術はもちろん、相手をコントロールし続けるために必要な構造について説明します。

　迷った時にはこの章を読み直してください。

体の構造論とは何か？

　柔術が人間同士で競われるものである以上、体格の差はあるものの人間という生き物の構造自体はそれほど変わりません。ここでいう技術の構造論とは、プレイヤーである人間の構造を踏まえた上で、より自分の体重や力を効率よく動かし、相手を抑えたり極めたりするために使うためのものです。

　ですからここで紹介するのは、「Aという攻撃技に対してBという防御技で解決する」といった対処法的なアイデアではありません。

　そのどちらの技術にも共通する、人間の構造と物理的な事実を、柔術の動きの中で効率的に活かすための力学的なことです。つまり**技術の前に存在する前提**といえるでしょう。

　ここではまず**体の構造論**から説明し、その後で相手との相対的な位置関係で生まれる**対人の構造論**を説明していきます。

▍体幹を働かせる

　体幹には様々な定義があるようですが、本書では両肩と両足の付け根を結ぶ四角の胴体部分だと考えます。関連する筋肉は大まかにいうと腸腰筋（腸骨筋・大腰筋）、臀筋群（大臀筋・中臀筋・小臀筋）といった、立ったり歩いたりしている時に自然に使われる筋肉です※。そのためか、いざ意識して働かせようとすると意外に戸惑うようで、練習を見ていても、あまり使えていない人から、よく使えている人、場面に応じて使ったり、使えなかったりする人とまちまちです。理由は腕や肘の筋肉や腹筋、背筋などと違い使っている感覚が薄く、意識しづらいからでしょう。

　ですが柔術の技術的な構造を考えると、体幹はその構造を支える土

※実際には、インナーユニット（横隔膜、多裂筋、腹横筋、骨盤底筋）と呼ばれる、腹圧を保ち体幹を安定させる筋肉も含まれます。

台になります。これは建物に例えると地盤にあたります。ゆるい地盤にどんなに頑丈な基礎を築いても、沈んだり傾いたりするのと同じで、「体幹が働いている状態」がなければ、外からの力に耐え、力を発揮できる構造は作れません。逆にこの体幹を働かせることで、腕を含む上半身と足裏までがつながり、全身が協調した強い構造を作ることができるのです。これが第1章で登場した持続的なコントロールに必要なのです。

　こう書くと難しく感じたり、なにか特別な体幹トレーニングが必要だと思ったりする人もいるかもしれませんが、そんなことはありません。基本的に立ったり歩いたりができれば、素地自体は既に足りています。後は練習の中で、それを意識できるようになればよいだけです。

　まずここではいくつか簡単に、体幹が働いている状態を意識する方法を紹介しましょう。

体幹の筋肉群

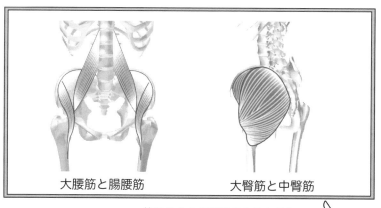

大腰筋と腸腰筋　　　　　大臀筋と中臀筋

普段はあまり意識することがないこうした筋肉が、柔術をする上で重要な働きをする。

①壁を押す例

　壁に向かって少し離れた位置から手で壁を押します。この時、最初は股関節から力を抜いて行ってみましょう。足の付け根（鼠蹊部）とお尻にさわって力が入っていないことを確認してから行うと分かりやすいです。この状態で壁を押すと「グッ」と肩に力が入るのが分かるでしょう。

　次に同じことを今度は股関節に力を入れた状態で行います。足の付け根をさわってしっかり力が入っていることを確認してから壁を押しましょう。

　先ほどに比べて力が強くなり、足の裏から手の平まで全身が壁を押すという動きに参加しているのが分かるでしょう。

体幹に力が入っていない状態で壁を押すと、腕だけの力になってしまう。また反作用で自分が崩れてしまう（右）。しっかり体幹に力が入っていると、足の裏で床を踏む力がそのまま壁を押す力になるのが分かる（左）。

②四つん這いになる例

　膝立ちの姿勢で足の付け根にさわって、股関節とお尻に力が入っていないことを確認しましょう。その状態のまま手を床につき、胸をつけて腹ばいになります。

　次に膝を床から浮かし、両手、両つま先の4点で体を支えます。この状態で前に進んでみましょう。動こうとする度にどこか一部に負担がかかり、手足の連動性もなく動きづらいでしょう。

　同じことを今度は股関節に力が入った状態で行います。膝立ちの姿勢で足の付け根に触れ、しっかり股関節に力が入っていることを確認して、その状態を維持したまま手を床につき、次に膝を浮かせて前に進んでみましょう。先ほどとは違い手と足につながりがあり、スムーズに動かすことができるはずです。

体幹に力が入っている状態で四つん這いになると、自然に手足が連動してスムーズに進むことができる（上）。
腕の力で体を持ち上げると、全身がこわばり動くことができない。（下）

この２つの例で感じた「股関節に力が入った状態」が「体幹が働いている状態」です。感じ方は人によって様々でしょうが、この体幹に「グッと力が入ったこの状態」を保つことが、柔術で必要な体の構造のベースになります。

　その上で次に必要なのは「関節を固定する」ことです。

関節を固定して力を伝える

　多くの人は力を出そうとする時に、関節を伸ばして相手を押す方向で使っています。

　例えばクローズドガードに入れられた場合、初心者の多くは下から攻めてくる相手をなんとか遠くに押しやろうと両腕の肘を伸ばしてしまいます。これは自然な反射ですが構造的には弱く、またバランスを崩しやすい状態で、結果的に相手は攻めやすくなります。

　実はここで大事なのは、肘や肩の関節の角度を固定することなのです。

　この場面では右手で相手の両襟を握り、みぞおち付近に小指側を当て、左手は相手の右鼠蹊部の道着を握って手の平が上を向くようします。さらに左肘を自分の左腰と相手の右腿の間にねじ込めればベストです。この形で相手が自分の襟を握って引きつけてきたら、腕で抵抗して相手を押そうとせず、肘の角度を保ったまま右拳を重くして両膝を浮かし、自分の体重がつま先と右拳にかかる形を作るのです。

　相手は襟を引けば引くほど、こちらの右拳は自然に自分のみぞおちにめり込み苦しいため、簡単に攻めることができません。

　ここで知ってほしいのは、関節は伸ばしたり曲げたりするよりも、一定の角度で固めた方が強い力を伝えられるということです。

　理由は筋肉が働く仕組みにあります。

相手を抑えようと、反射的に腕で抵抗した例。

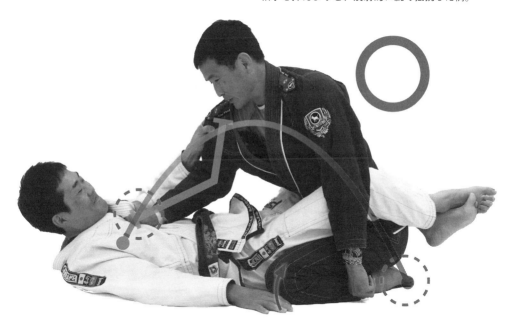

肘の角度を固定して相手を抑えた例。膝を浮かせ、
体重をつま先と拳にかける。※ここでは見やすいよ
うに左手を離している。

実際には左肘を自分の左腰と
相手の右腿の間に入れる。

39

基本的に筋肉は縮むことで力を発揮するのですが、この縮み方には大きく、①**短縮性収縮**、②**等尺性収縮**、③**伸張性収縮**の３種類あります。

　反射的にやってしまいがちな「肘を伸ばして相手を押す」という動きは①短縮性伸縮で、発揮できる力は３つの中で一番弱いのです。

　一方、肘の関節を固定してこれを保とうとすると、筋肉は縮もうと働きつつも、筋肉の長さ自体は変わらない②等尺性収縮となり強い力が発揮されます。③伸張性収縮は、一番力を発揮する状態なのですが、柔術の場合は相手の力に負けて動かされていることになるので使いません。

　この筋肉の性質を利用するために必要なのが、ここで紹介した関節を強い角度で固めることなのです。

　この関節を固定した体の使い方は、コントロールを含む柔術のあらゆる場面に必要になるので是非覚えておいてください。

　第３章(「２つの腕フレーム」48頁)ではこれを利用して、自分と相手とのスペースを確保する「フレーム」という概念を紹介しています。

短縮性収縮と等尺性収縮

生徒は筋肉を縮める動き(短縮性収縮)で腕を動かそうとしているのに対して、先生は腕を固定して、筋肉の長さはそのまま(等尺性収縮)の状態で関節を固めている。柔術ではこの「止める」と「動かす」の使い分けが重要になる。

アーチ構造を意識する

　柔術の基本は相手をコントロールすることです。そこで重要になるのは、自分が上でも下でも、できるだけ自分の体重を使い相手にプレッシャーをかけることです。

　これ自体は当たり前なのですが、それなりに経験がある人でも意外に腕の力で相手を抑えようとします。もちろん力が強ければそれで抑えられることもありますが、それではいずれ限界がきます。

　前提として大事なのは、常に自分の体がどのようなアーチ構造になっているかを意識ことです。

　この構造が作れると、自分の体重で自然にを効率よく必要な箇所に分配して相手にプレッシャーをかけることができます。

　アーチ構造とは、いわゆるメガネ橋をイメージすれば分かりやすいでしょう。この構造では土台となる両端の2点に圧力が分配されて構造を支えます。

　人間が一人で立っていれば両足に、正座をしていれば両膝からスネ・つま先に体重が乗りますね。当たり前のようですが、対人組技競技ではこれを形を変えることで、相手に体重をかけるのです。これを使いこなせる方が強い、といっていいくらい重要な概念です。

膝を浮かした2点構造を作る

　例えば相手のガードに入れられた多くの人は、体を安定させようとつま先と膝でバランスをキープしつつ、両腕で相手にプレッシャーをかけて抵抗しようとします。本人にしてみれば、できるだけ床との接触面を広くすることで体を安定させつつ、相手に対応しているつもりなのですが、実はあまり効果的ではありません。

理由はこの状態では自分の体重はつま先と膝にかかっているので、相手に向かっているのは腕の力だけなのです。この状態で無理に腕でプレッシャーをかけようと前傾すると、襟を取られ上半身をコントロールされスイープや三角絞めなどの不利な展開が待っているわけです。ではどうすればよいのでしょう？

　ここで大事なのはアーチ構造の概念を理解して、膝を浮かせ、手とつま先で自分の体重を支えるアーチ構造を作ることです。そうすることで自然に自分の体重が腕を伝わって相手にかかり、相手は苦しくなります（39頁参照）。
　構造で相手に力を伝えているのであまり力感はないのですが、相手にはしっかりプレッシャーがかかっています。一方の相手にとっては、重さを預けられた状態のため、それに耐えるだけでもスタミナをロスします。これに慣れると鼻歌交じりで相手をコントロールできます。

アーチ構造で抑える

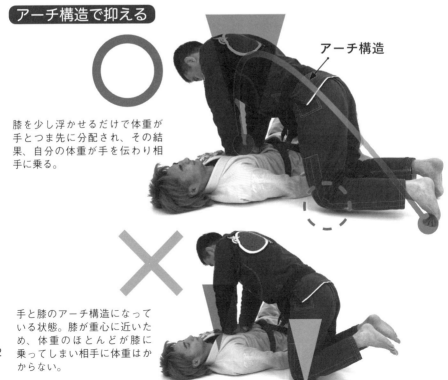

アーチ構造

膝を少し浮かせるだけで体重が手とつま先に分配され、その結果、自分の体重が手を伝わり相手に乗る。

手と膝のアーチ構造になっている状態。膝が重心に近いため、体重のほとんどが膝に乗ってしまい相手に体重はかからない。

体重は増やしたり減らしたりすることはできず、分配することしかできないということを理解してください。

ここまで読んで「あれ、さっき出てこなかった？」と思った人は鋭いです。そう、先ほどの「関節を固める」の説明の中で、肘の角度を固めた上で「両膝を浮かす」と出てきたのがまさにこのアーチ構造です。

実はこの順番で説明したのには理由があります。先に「関節を固める」という概念がないと、腕に強度が生まれず効果が感じづらいからです。

そしてこの「関節を固める」と「アーチ構造」を活かすためには、土台である「体幹が働いている状態」がなければ成り立たないことも分かるはずです。ピンとこない人は、実際に体幹が働いている状態と働いていない状態を試してみてください。

この膝を浮かせることで作るアーチ構造は柔術の動きのどこでも活きます。ポジションを変えたり体さばきをしたりなどの際にも、2点のどちらかを相手の体に置くことでプレッシャーをかけたまま動くことができます。

アーチ構造
①

②

③

①②③アーチの先端を相手に置いて動くと、その動き自体が重みとなって常に相手に伝わる。パスガードは「上手に相手に寄りかかること」といえる。

このように相手に荷重をかけたり、引いたり、ぶら下がったりする動きを考えて実行し続けることが、柔術ではとても重要になります。

この膝を浮かせたアーチ構造の利点には、相手の動きに合わせて動くことができることもあります。

例えば自分がサイドポジションで相手を抑えている場合に膝をついた状態だと、相手がエビで逃げようとした時に膝に体重が乗っているため逃げられてしまいがちです。ところが膝を浮かせたアーチ構造だと簡単に相手についていけるわけです。

これはクリンチハーフガードで上になっている際にもいえます。相手の右足が両足の間にある場合、上体で相手を抑え膝を浮かせるようにします。この状態だと相手に自分の体重が十分に乗るので、フルガードに戻されづらくなります。

クリンチハーフガードのアーチ

肘と膝を床から浮かせることでハーフガードの抑えが強力になる。この場合は、胸の1点に重心をかけるアーチ構造になる。

立った状態からのアーチ構造

　またこのアーチ構造は立った状態からでも重要になります。例えば自分が立った状態で、オープンガードの相手をパスガードする際です。

　両足で立った状態では重心は自分の両足の間にあるので、そのまま相手を抑えても力を伝えることはできません。また動かせる範囲も腕の長さで決まってしまうので、この状態から「相手の足を床に押しつける」体勢を作ることも難しくなります。

　そこでわざと自分のバランスを崩し、手で相手に「寄りかかる」ような体勢を作ります。こうなると自分の体重が相手にしっかりかかり、居るだけでプレッシャーを与えられます。また相手の足を動かす範囲が広くなり、そのまま足を床に押しつけることもできます。

この状態では自分の右手に重心を乗せることができない。

アーチ構造で相手を抑えると、重さがしっかり相手に伝わる。

アーチ構造があると、自分の重心位置を利用して、相手の足を床に押しつけることもできる。
アーチの線を見ると胴体を丸めている印象を受けるかもしれないが、胴体を反らすことでアーチ構造を作っている。

45

姿勢を保持することで力が出る

ここまで説明してきた、「体幹が働いた状態で関節を固め」「アーチ構造を作る」ということが私の考える「体の動かし方の基本構造」です。

これを一言で表すなら「姿勢を保持する」ということになるでしょう。

こう書くと、「え！止まったままで、動かなくていいの？」と驚く人もいるでしょう。初心者はもちろんそれなりの経験者でも、「動くこと＝相手に作用している」という思い込みがあるからです。

ですが実際には、ここまで書いてきたように、体幹が働いて全身が協調した正しい構造ができていれば、その姿勢を保持するだけで相手に作用するのです。それは膝を浮かせるだけで、相手に大きな力が伝わることで分かったはずです。もちろん常に膝を浮かす必要があるわけではありません。大事なのは姿勢を保持したまま動くことです。

より具体的にいえば、相手に当たっている場所は固定し、それ以外のパーツで、実際に動くかどうかは別にして、体全体を移動させるような力をかけるのです。相手を止めることと相手を動かして崩すことはまったく別なのです。つまり、

 ポイント！

①パーツで相手を固定し、

②姿勢を保持したまま床を押し、

③床からの反作用で体を動かし、

③相手を崩し動かす。

のです。大事なのは床を押すことで生まれる反作用です。

「そんなことができるのか？」と思うかもしれませんが、別にそれほど難しいことではありません。例えばお相撲さんが腰を落として脇を締めて行うすり足の稽古です。移動に必要な部分だけを動かして、その他の部分は固めている。あの動きが最も安定して相手を押せるのです。

　つまり姿勢を保持すること自体が、いつでも動ける力を保った状態なのです。先ほど紹介したサイドポジションの状態で、膝を浮かせたアーチ構造だと相手を追えるのも、抑えている姿勢自体に力があるからです。この力が、第１章に登場したように、途切れることなく相手をコントロールするためには必要なのです。

　この構造が分かってくると動きの質が変わってきます。それまで手や足といったパーツで床を押して動き、相手を抑えようと頑張っていたのが、姿勢を保持しながら動けば、相手にしっかり全身の力を伝えられるからです。また床以外にも相手を圧する力から生まれる反作用を利用することで、さらに自分は動きやすくなるのです。

　もっとも、最初のうちはなかなかうまくいかないでしょう。理由は先に書いたように土台となる体幹はもともと意識がしづらいからです。

　実はここに第１章で触れた、柔術の実力がキャリアと密接に関係している理由があります。キャリアが長ければ長いほど、必然的に体幹を働かせる機会が多く、特に意識しなくても体幹を使った動きのパターンが自然に体に馴染むからです。こう書いている私自身、この構造に気がついたのは比較的最近で、「え！みんなそこから分かってなかったの！」と驚いたところです。逆にいえばここで、こうした基本的な構造を紹介することで効率よく上達が進むのではないかと期待しています。

　そして、この固めることを、簡単かつ実戦的な形で理解するのに最適なのが腕のフレームです。

2つの腕フレーム

　ここでいうフレームとは、肩から先の腕全体を建物のフレーム（骨組み）のように動かない構造体として使うことを指しています。

　腕フレームには、前腕を使う**前腕フレーム**と手の平の付け根・手根を使う**手根フレーム**の2つがあり、状況に応じて使い分けます。

　基本的にはどちらも肘を固定したまま腕を使うことで、体幹のアーチを動きの中で有効に活かすことができます。

前腕フレーム

　両手を胸の前で組み、前腕の小指側の面を相手や床に当てて使います。この時に肘の角度は90°にすることで構造として強さを発揮します。

　肩関節はしっかり固め、これも90°で固定します。これがしっかりできないと構造的に弱く役に立ちません。第5章に登場する「腕ガード」（273頁）で相手のパスを防ぐ時には、ボディビルダーのように、肩周りと腕の筋肉をすべてパンプアップさせることで強固なフレームを作ります。

この体勢で肩や肘の関節の角度や肩甲骨の位置、胴体の反り、つま先の場所など色々変えて、一番強い構造を探す。（手根フレームも同様）

手根フレーム

　人間の手は他の動物に比べて器用に動き、それこそが人間の人間たるゆえんといえます。柔術でも手は、「相手の腕を取る」「道着を掴む」「足をさばく」「床を押す」など、ほとんどの場面で使われる重要なパーツです。また構造的にもアーチの先端になることが多く、強いプレッシャーがかかる部位でもあります。

　ところがその器用さゆえか手の中でも指への意識が強く、これが構造という面から見ると邪魔をしているケースが多いのです。

　実は構造的に見れば、荷重を支える時に使うのは手の指ではなく、手の平の付け根、「**手根**」です。この部分を相手や床に当てることで、アーチで作った姿勢を保持したまま動くことができるのです。

手根の位置

49

実際にここまでにやってきた四つん這いの状態で動く時にも、自然に手の指ではなく手根で床を捉えているはずです。手首が丈夫な人は拳を使うこともできます。これは人間の骨格構造を考えれば当然で、細い骨と小さな筋肉で構成されている指では強い圧には耐えられず、支えられたとしても指の緊張で腕全体が固まってしまいそのまま動くのは難しいからです。

　それに比べて手根は、上腕骨からつながる橈骨と尺骨に近いため体を支えやすいのです。この体の構造を相手の動きを止める時にも使えばいいわけです。

　逆に手の平全体を使うと、手首に負担がかかり腕と体が肩で切り離

手根と指で掴む

①手全体で握るのではなく、手根と指を
　別々に使って挟むイメージ。
②引く力には指を引っかけて止め、
③押す力には手根で押し止める。

袋取り

袖口を折り返して指を入れ引っかける取り
方。しっかり取れて強いが指に負担がかかる。

されてしまいます。

　さらに手根部を細かく分けると小指側が大事です。

　前腕には尺骨と橈骨の２本の骨があり、手首側を比べると橈骨の方が大きいのですが、上腕側を比べると尺骨の方が太いのです。このため小指側の手根で支えた方が直接上腕骨に力が伝わり、大きな力を相手に伝えられるわけです。

　ここまで読んで、「構造的に強いのは分かったけれど、相手の袖や腕を握る時はどうするの」と思う人もいるでしょう。もちろん指を使います。押し込む時には指で引っかけた道着を手根で押します。

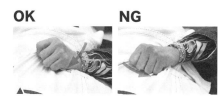

OK　　**NG**

後ろからの握り

相手のズボンを掴む時は郷地グリップ。手根を押しつけて握る。押すにも引くにも強い。指だけで握ると指を痛める恐れがある。

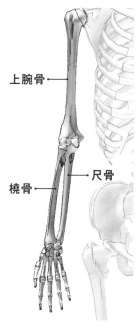

上腕骨

尺骨

橈骨

手と上腕骨をつなげる尺骨と橈骨。手首側を比べると親指の橈骨の方が太いが、上腕骨側を比べると、小指側の尺骨の方が太い。

親指を使う？使わない？

　腕がらみやV1など、相手の腕を握ってコントロールする時によく問題になるのが、親指を使う**サムアラウンドグリップ**と、使わない**サムレスグリップ**のどちらを選択するかです。

　人によって考え方は様々ですが、原則的に柔術の場合はサムレスグリップの方が使う頻度が高いと考えていいでしょう。

　理由は、何かを握る時に親指を使うと、前腕の筋肉が緊張して、その影響で肩の筋肉も固まり動きが制限されるからです。

　関節技はそもそも、相手の手首や肘を、関節可動域を超える範囲に動かす必要があるので、こちらの腕の可動域が大きくなればなるほど、技が効果的になります。

　また、相手の腕を床に押しつけて固定する際にも、サムレスグリップであれば自分の指先から前腕の部分を相手の腕に巻きつけて床に押しつけることができるので、相手は逃げづらくなります。

　サムアラウンドグリップが使われるのは、下から腕がらみを取るなど、相手の腕を床に押しつけられず空中でコントロールする場合と考えればいいでしょう。

サムレスとサムアラウンド

①腕がらみやV1など、相手の手を床に固定する際には親指を使わないサムレスが基本。
②しっかり握ろうと親指を使うと、かえって腕が固まり抑えが効かなくなる。
③相手の前腕をねじる必要がある時は、親指も使い、相手の手の甲を掴んでひねる。

対人の構造論

次は、自分と相手との関係においての構造論です。

こちらもここまで書いてきた技術の構造論と同じで、対処法的な話ではなく基本的なアイデアです。数学の公式のようなもので、現実の状況を変数に当てはめて考えるイメージです。

相手の可動域を考える

基本的に柔術の関節技は、相手の関節を本来は可動しない方向に動かすことで極まります。ですがその過程では、相手の動ける範囲や可動域、方向を理解して、その中で動かすことが重要になります。これを無視すると、そもそも動くはずがないところに無理に動かすことになるため、労力がかかる上に相手は抵抗しやすくなります。

特に重要になるのが股関節と腕関節です。

まずは股関節から説明していきましょう。

股関節の可動域を理解する

股関節は可動域が大きい関節（球関節）で、前後・左右・捻りの3次元方向に動かすことができます。パスガードの時に相手の足をどかしますが、この動かし方に無頓着な人が多いです。例えば膝は相手の股関節にくっついてるので、膝が動く軌道は股関節を中心にした円弧にしかなりません。

こう書いてしまうと当たり前のことなのですが、この原則を無視して失敗しているケースが多いのです。

よく見かけるのが相手のガードに入った状態で、膝を抑えようとする時です。多くの人が膝を上から真っ直ぐ床に押しつけてコントロールしようとしているのですが、これは構造的に無理です。

相手の膝を動かすためには、股関節から膝までの長さを計算に入れて少し外側に開きながら押しつけなければなりません。イメージとしては関節を中心にコンパスで円弧を描く感じです。その円の縁に沿って相手を動かすわけです。

円弧で動かす

①股関節の構造を考えると、膝を真下に押しても骨を圧迫しているだけで意味がない。
②③稼働方向を考慮に入れて、コントロールすると動く。

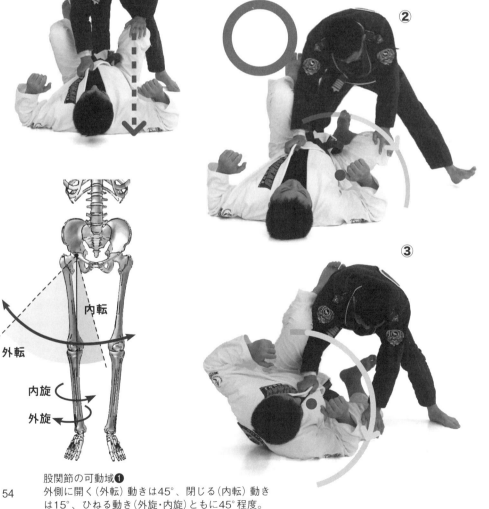

股関節の可動域❶
外側に開く（外転）動きは45°、閉じる（内転）動きは15°、ひねる動き（外旋・内旋）ともに45°程度。

①前後も同じ。関節の構造を考えると、
②のように骨を圧迫する方向に押したり、
③のように技術的に意味のない方向に
押すことは意味がない。

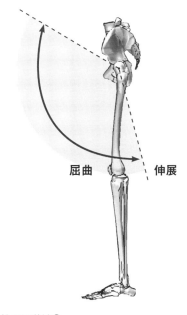

屈曲　　　伸展

股関節の可動域❷
前後の可動域は、前（屈曲）に125°程度、
後ろ（伸展）に15°程度。

腕の可動域を理解する

　柔術の極めどころとなるのは腕の肘関節です。

　肘関節は自由度の高い股関節と違い、肘を曲げる（屈曲）と伸ばす（伸展）しかしません。細かくいうと前腕にある尺骨と橈骨による橈尺関節があるのですが、ここでは肘関節の一部として扱っています。

　柔術では腕関節を極める技が多いことからも、肘関節の可動域についてしっかり理解しておくといいでしょう。

　例えば腕十字を取ろうとする時に、相手の肘を真っ直ぐ自分の方向に引っ張っている人がよくいます。頑張っている感はありますが、この力の方向では肘には作用しません。肘の可動域を考えれば、股関節と同じように円弧で引かなければならないのです。また腕を取る位置も肘よりも手首に近い方が効率的です。これは**てこの原理**で、支点の肘から遠いところを力点にした方が効率よく作用（腕を伸ばす）するわけです。

　また、相手の手首にかける力ばかり考えてもダメです。理由は、相手の肘が動くと肘関節が伸びないからです。右頁のように腹で肘を止め行う必要があります。腕十字は、倒れるというより、倒れないようにしながらも体をどんどん反らすと結果として体が倒れてしまうもの、なのです。

　こうした可動域を理解することで、相手の弱いところに自分の強いところを合わせることができるようになります。

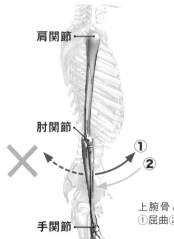

肩関節

肘関節

手関節

上腕骨と尺骨・橈骨の間にある肘関節は、
①屈曲②伸展方向にしか曲がらない。

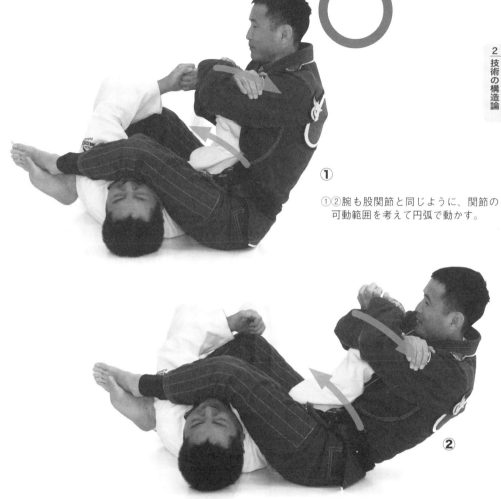

①

①②腕も股関節と同じように、関節の
可動範囲を考えて円弧で動かす。

②

もともと肘が曲がらない方向に
引っ張っている。

57

末端から止めていく

　柔術は相手の動きを制限してコントロールしていくことが基本ですが、その際に覚えておいてほしいのは手首や足首といった末端から止めていくということです。

　人間の関節は基本的に体幹から末端になる程に小さくなり、それを動かす筋肉も小さくなります。一方で体はつながっているので、末端の小さな関節をコントロールできれば、ドミノ倒し的に大きな関節をコントロールできるわけです。

　例えば腕十字で相手に頑張られた時に、無理に肘を伸ばそうとするのではなく、まず手首からコントロールしていくわけです。

　また下の相手を攻める場合に、いきなり足全体をコントロールしようとするのではなく、まず足首を床に止めて足先の方向を固定できれば、自然と上にある、膝・股関節の方向も決まりコントロールしやすくなるわけです。

　念のために説明すると、この方法では、膝→腰→胸と制するパスガードよりも手間がかかります。理由は、足首→スネ→膝→腿→腰→胸と、自分に近く、相手に遠いところから順々にしか上れないからです。

　しかし、相手が強くて一足飛びにパスガードできない相手であれば、そうするしかしかたがありません。強い相手にも通用する方法を増やすのが本当の上達です。そして、「膝まで制することはできるが、腿を止めにいくとガードに戻される」という状況であれば、まずしばらくは膝を制したところでキープする練習をするのです。そこからの相手の対応をすべて理解して、それらに対処できるようになった時に、「相手の腿までコントロールできるようになる」という本書の一貫した主張を忘れないでください。

　この足先・膝・股関節の関係は、自分が動く時にも重要です。

①

②

③

末端からてこの原理で切る

肘を伸ばしたいのであれば、まず末端
の手首から伸ばしていく。抵抗する力
も弱く、てこが効くため切りやすい。

いきなり肘から曲げようとすると余
計な力が必要になる。

59

相手の死角を考えて利用する

　柔術だけでなく、格闘技の眼目は相手の死角を利用することです。

　スイープやテイクバックはこれが土台です。パスガードは例外で上から相手の死角でないところに接近するのですが、接近しきったら相手の四肢は無効化されるので、自分の体と床で相手の動きを封じられる、と考えてください。

　この場合の死角は背後はもちろんですが、相手が腕や足を有効に使える場所以外と考えればいいでしょう。イメージとしてはドラム缶を抱える時に、体に触れているところ以外と考えればいいでしょう。腕や足で有効に相手を押したり引いたり、抑えたり、挟んだりできない場所です。この死角に回り込む方法は大きく4つ、

死角を考えて動く

ミクロに組手だけを考えることより、マクロにお互いの体の位置関係の有利不利を考えることの方が重要。完全に死角に入らなくとも、少し近づくだけでも流れが変わる。

ドラム缶のを抱えたイメージ。

グレーの部分が死角のイメージ。ポジションによって変わる。

ポイント！

❶腕を流して外側に回る。

❷脇をくぐる。

❸足の外側を回る。

❹股に入る。

です。柔術の技術は非常に多彩ですが、極端にいえばこの４つを実行するためのものといえます。そこで重要になるのがお互いの構造を考えることです。

下から死角に回る４パターン

❶腕を流して外側に回る。

❷脇をくぐる。

❸足の外側を回る。

❹股に入る。

構造を利用する

　例えば相手をガードに入れた状態で、下の人間が両手で相手の左腕を取っている場面です。一見すると相手は自由な右腕で何かできそうに見えますが、実は違います。理由は左腕が自分の正面で止められているためです。

　基本的に人間の腕は、自分の正中線を越えて動かす（内転）ことが苦手なので、この状態では**構造的に2対1になってしまうのです**。

　ここから無理に右腕を使おうとすればバランスを崩してさらに不利になり、それが下の人にとっては狙いの1つです。

自分が動く

　さらに深く相手の死角に入るために大事なのは、相手を動かしつつ自分が動くことです。

　この時より理想的には相手の腕に掴まり、アーチ構造でぶら下がる感じで行います。既に紹介したアーチ構造がここでも活きています。

　これに限らず相手を動かしたいのであれば、自分も一緒に動くことが大事です。原理的には作用反作用の法則といえるでしょう。相手を右に動かそうとして生じる反作用を利用して自分は左に動くわけです。

　こうした相手の死角を利用するために大事なのは、相手と組んでいる時に相手の体の方向と動きに意識を向けておくことです。

　繰り返すうちに相手の動きやすい方向、強い方向、動きたい方向などが分かってきます。その中から相手の抵抗が比較的少ない・弱い方向をチョイスして技にはめていくイメージです。そうすることで、少ない労力で相手をコントロールすることができるわけです。

　もちろん常にそうする必要があるわけではなく、必要に応じて強引に進めることも大事なのですが、ベースとなる考え方として持っておくとよいでしょう。

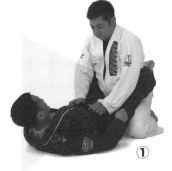

②　　　　　　　　①

③

構造を利用した例

①相手と真正面から向かい合った状態から、
②下から両手で右腕を取り自分の正中線（グレーの面）で留める。一見すると上の人間は残った左腕で相手の腕を取れそうだが、実際には正中線を越えているため届かない。
③これを無視して無理に動こうとすると、バランスを崩してしまう。

②　　　　　　①

③

相手を動かしつつ自分も動く

①②下から相手の右腕の袖と肘を取り、
③相手の腕を右に流しつつ、
④⑤自分は左に動く。相手を動かしつつ自分も動くことで、より深く相手の死角に入ることができる。
自分が動く時に体を固めて振り回すとより強力に崩すことができる。

④

⑤

アーチ構造の作り方

　ここまでが技術の構造論です。次の章から登場する柔術の動きや技術は、すべてこの構造の上にあります。

　こうした体の構造を作るために一番効率がよいのは、実は基本のマット運動です。

　地味であまり人気がない運動ですが、アーチ構造を体に染み込ませるには最も効果があります。またそのまま技術的にも使えるものも少なくありません。

　スペースもいらず自宅でもできますので、隙間時間を見つけてトライすることを強くお勧めします。

　その時には腕や足といったパーツを使わず、できるだけ体を固めて姿勢を保持したまま動けるように工夫をしてください。また基本的にゆっくり行うこともお勧めです。勢いではなくゆっくり行うことで、構造で体を支えている感覚が精妙になるからです。手根はもちろん、足の裏も全体をベタッとつけて動くのではなく、足裏の縁や母趾丘、カカトなど支えている場所を細分化して意識してみてください。その上で、場所によって動きやバランスなどがどう変わるかを感じましょう。

　30頁にある通り、この基本運動の写真①→②の間の動作もできる限り細かく分けて、自分の体をコントロールしながら動いてください。動きの直線が短くなるほど軌跡はなめらかになります。単純に円を描く動きは一見それと同じに見えるかもしれませんが、細かい時間軸で動いていれば、実戦で相手が変化してきた時に対応して動きを変えることができます。一気に円を描く動きでは、動きの途中で相手の変化に対応できないのです。

　ここでは必須のものを紹介しておきますので、動画と併せて参考にしてください。体の硬い人はできなくても気にせずできる範囲でやってみてください。

　※見開き頁にも動画を紹介していますのでご覧ください。

基本運動

動く時に頭の先から手足の先まで意識を持って、自分がどの筋肉の力で動いているか、その時に自分の体の部位が空間のどの位置にあるかを把握しながら行うことが大事です。足のつま先、手の指先、頭の位置、顔・おへその向きまで意識を向けてください。

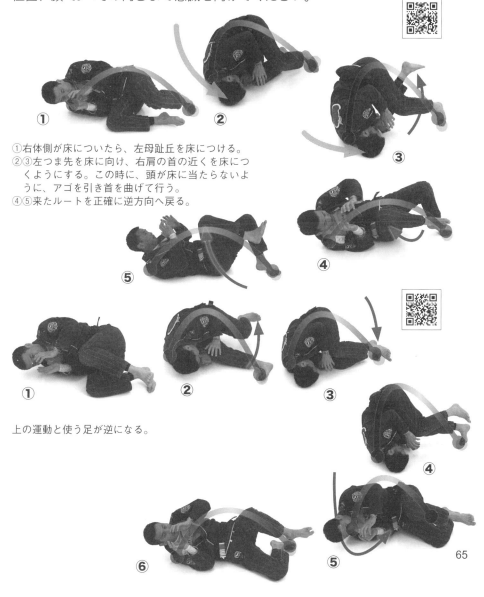

①右体側が床についたら、左母趾丘を床につける。
②③左つま先を床に向け、右肩の首の近くを床につくようにする。この時に、頭が床に当たらないように、アゴを引き首を曲げて行う。
④⑤来たルートを正確に逆方向へ戻る。

上の運動と使う足が逆になる。

抑え込みを防ぐことに特化したエビ
①手根を鼠蹊部に当て、
②左足を大きく振り上げ、
③お尻の近くに足裏をつく。これにより溜めができ、
④体幹の働きで左つま先で床を押し、頭からつま先まで反らす。この時まで、右足は伸ばしておく。
⑤⑥左つま先で床を押し続けながら、体を丸め膝を引きつける。
③から⑥までは、常に左つま先と右肩とのアーチがあり、腰が浮いている感じで行う。
⑦～⑩反対側でも同じことを行う。
③④での胴体を反らし、⑤⑥での丸める動きが非常に重要。

左頁の動きで抑え込みを防いだ例
左頁④の反らす動きで相手を押し返し、
⑤の丸める動きで相手との間に隙間を
作り、膝を入れている。

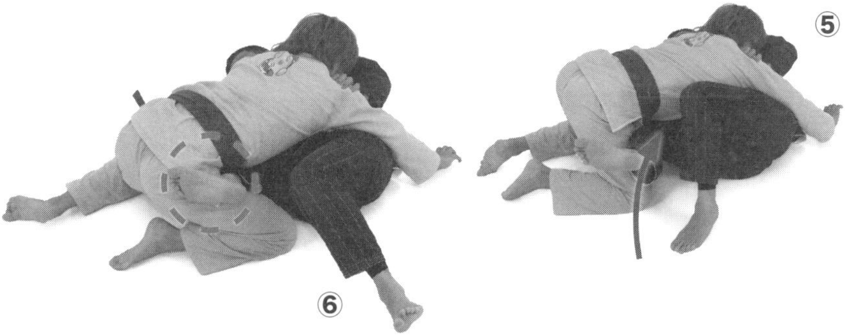

NG 相手を止めずにエビだけをしても、コントロールされていると逃げられない。

パスガードでの腰を開く動き
足を振って動く方法もあるが、ここでは股関
節と膝関節はほとんど動いていない。
⑤〜⑧は左腕で床を押す力で、
⑨〜⑫は体をひねる力で動いている。

体の勢いで動くのではなく滑らかに、感覚を
養うように、体のどこに力が入るのか、また
は入れないのかを感じながら行う。
滑らかに動ければ速くも動ける。

① ② ③

右頁の動きを逆方向から
最初と最後の位置だけを見れば、時計
回りに回っただけだが、単に回り込む
動きよりも、この動きなら条件さえ整
えば、自分の体の前に相手の足などの
障害物があっても乗り越えて進むこと
ができる。

④ ⑤ ⑥

⑦ ⑧

⑨

69

壁を使った運動

　床に転がった体勢から、壁に足を当てて回転運動をします。初めは壁を蹴って回ってもOKですが、慣れてきたら足は壁に引っかけ肩とつま先とでアーチ構造を作り、自分の重心移動を利用して回ることを目指しましょう。また壁を相手に見立てて行うと効果的です。上から見ると足の外縁を使っていることがよく分かるでしょう。

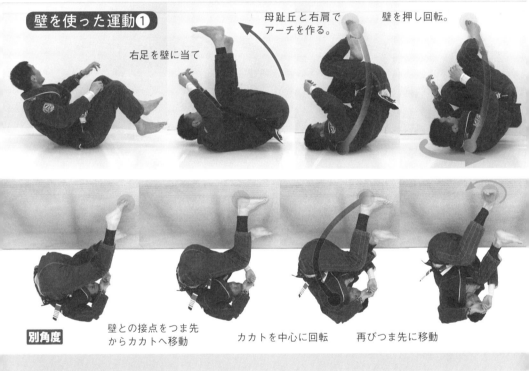

壁を使った運動❶

右足を壁に当て

母趾丘と右肩でアーチを作る。

壁を押し回転。

別角度

壁との接点をつま先からカカトへ移動

カカトを中心に回転

再びつま先に移動

壁を使った運動❷

左足を右足に寄せ、　　　左足で壁を押し、　　　回転する。

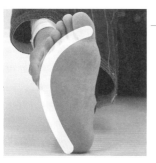

足の外縁を使う

回転するには、壁に当たっている足の
つま先の方向を刻々と変化させること
が必要。足裏をべったりつけるのは論
外として、ずっと同じ箇所を当てていると体の可動範囲は限られてしまう。
アーチを作るために重要なのはもちろ
ん、アーチ構造を動きに活かすにはこ
の感覚が必要になる。

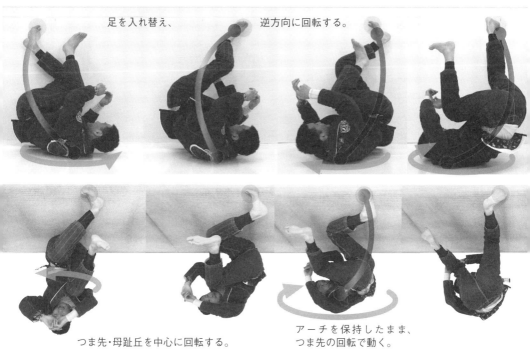

足を入れ替え、　　逆方向に回転する。

つま先・母趾丘を中心に回転する。

アーチを保持したまま、
つま先の回転で動く。

壁を押し続け、アーチを
維持し続ける。

再び壁に足を当て、
今度は右足で同じことをする。

構造を当てはめる癖をつける

　実際にスパーリングなどをやっていく中で気がつくことがたくさんあるはずです。特に頭の位置は構造を保ったまま動くためにはとても大事なのですが、あまりに煩雑になるためここでは省いています。是非、実際の動きの中で見つけてください。

　またこうした構造は、ここから登場する技術を理解するための補助線にもなります。写真や動画を観る際に、

 ポイント！

・股関節の位置

・アーチ構造の意識

・関節の可動域

・相手との位置関係

・作用と反作用

を当てはめて考えると、そこに潜む構造が見えてきます。さらに自分の練習動画を録画して観ると上達の効率が加速するので、是非これを癖にしてください。

　第3章以降でもアーチ構造を理解するための補助線を要所に入れていますので、こちらも参考にしてください。

柔術を楽しむために

　この章の最後に、柔術を長く楽しむために初心者が注意すべきことを書いておこうと思います。

　よく「柔術は安全な格闘技」といわれますが、私は手放しでそうだとは思いません。大きな理由に**筋トレ不足**があります。普段の練習でつく筋力は最低限のレベルのものだと思った方がよいです。特に首は重要です。

　また「そもそも筋トレをしたことがない」という人は、３ヶ月間だけで構わないので、ジムでビッグ３（デッドリフト、スクワット、ベンチプレス）＋懸垂をやることをお勧めします。その間は柔術を休んでも構いません。その期間で得た経験は、その後の柔術の練習にも必ず役に立ちます。

　また危険性についての知識が足りない人が多いこともあります。

　時々動画サイトに紹介されている派手な技を観た会員さんに、「この技どうやってやるんですか？」と聞かれますが、大体レベルに合わない危険な技です。その旨を説明すると「そうなんですか！全然気がつかなかったです」という反応が非常に多いのです。初心者ほどリスクが分かっていないので注意が必要です。特に怪我は一生ものになることもあるので注意してください。首抜き後転の運動は絶対に必要ですので、何度も反復練習をして、危険が迫ったら無意識に体が動くようにしておきましょう。特にスパーで求める**運動強度とリスク**がお互いに一致していない人と組むのは危険です。初心者のうちは不安があれば遠慮なく断るか、打ち込みや限定スパーをお願いしましょう。

グリップに注意！

　柔術の特色の１つであるオープンガード自体が、体の柔らかさに頼る系統のものが多いので、これに頼り過ぎるのも体に負担をかけるの

で危険です。下になったらハーフガードと亀ガードを駆使すればよいのです。足をどかされても腕を上手に使いましょう。

　手指も怪我が多い部位です。ガードに慣れていないと相手の道着を力いっぱい握りがちですが、相手が強引に切りにきたら大人しく離してしまいましょう。グリップを切っている瞬間は攻められることはないわけですから、さっさと離して相手の次の動きを止めることに意識を向ければいいだけの話なのです。

　特に袖を袋取りにするグリップは危険です。ガードで守りやすいので頼ってしまう気持ちは分かるのですが、これを力まかせに外されると指に大きな負担がかかります。ある程度使えるようになっても、これに頼らないようになることを目指しましょう。私自身は黒帯３年目になるまで袋取りは怖くてやりませんでした。確かに効果的なのですが、今でもワンポイントでしか使いません。理由は指の関節や爪に負担を蓄積させたくないからです。また、スパー中に道着に指が絡まってしまった場合は、すぐに声を出してスパーを止めてもらいましょう。「動いてたらほどけるだろう」と甘く考えていると、思わぬ方向に相手が動いて怪我をすることがあります。

　私自身は、初心者のうちは道着を使わない、グラップリングから練習することも怪我を減らす方法だと考えています。そもそも道着が必須な技術はスパイダーガードやラペラガードくらいで、ハーフガードとフックガードとフレームだけでも寝技は十分楽しめるからです。初心者でも結構動くことができますし、道着をグリップする固定に頼らず、手指を相手の体にひっかけて相手をコントロールする技術は、実は寝技の土台となる必須の技術なので慣れておいて損はありません。

　本書では効率よく上達するための方法を紹介していますが、怪我をしないことは一番重要なことなのです。

第3章
柔術必須の技術

ポイント

- 必須の基本技を覚える。
- まずは抑え込みから。
- 「パスガード」の基本と3つのガード。

　この章で紹介するのは、英語の勉強でいえば、「基本英単語500」的なことです。理屈は後回しにして、まずこのくらいは覚えないと話が進まないレベルと考えればいいでしょう。

　とはいっても慣れない動きで戸惑うことが多いと思います。焦らず、まずはレベル3を目指してください。

　ここからやっと具体的な技術の説明が始まります！

必須の基本技

　初心者の人は、まずこの章にまとめた基本技の名前と、その技の形を覚えましょう。そうでないと道場で会話が成立しないからです。どの分野でも専門用語があって、まずはそれを覚えないと話が始まらないのと同じです。

　経験者で、「もう分かっている」という方は読み飛ばしてもらって構いません。

　技にはそれほどポジションが変わらない「ポジションキープの技」と技の途中で大きくポジションが変わる「ポジションチェンジの技」の2種類があります。

 ポイント！

① ポジションキープの技

　抑え込みや極め技などのこと。これらはとりあえず最終場面の技の形を覚えればOKです。

② ポジションチェンジの技

　パスをしたりスイープしたり大きくポジションが変わる技です。テイクダウン、パスガード、スイープについては最初・途中・最後の3場面の技の形を覚えてください。

これを覚えていくことがまず第一歩です。

　次の頁から柔術における最低限の基本技を紹介していきます。

　これは英語学習における「基本英単語500」のようなものですので、まずは写真と動画で技の名前と正確な最終形を覚えてください。初めのうちはプロセスは大体でOKです。

※本書での技の名前は著者の道場で使われているものを基本にしています。
☆がついているものは大賀道場オリジナルのものです。

柔術必須の基本技一覧

[ポジションキープ] 関節技

代表的な極め技を紹介します。詳しいプロセスは動画をご覧ください。怪我に注意して、自分が極める際には慌てずゆっくり、極められる場合は早めに「参った」しましょう。

腕十字(アームバー)

腕がらみ(上)
(キムラ、チキンウィング、アームロック)

V1 (アメリカーナ)

腕固め(上) (ストレートアームバー)

フットロック (アキレス腱固め)

茶・黒帯にはフットロック以外の足関節も許されていますが、本書では省いています。

腕がらみ（下）
（キムラ、チキンウィング、アームロック）

三角腕固め

腕固め（下）（ストレートアームバー）

絞め技

柔術の絞め技は、腕や相手の道着の襟を使って首の頚動脈を絞めます。
関節技と同じく、絞める際はゆっくり、絞められる場合は早めに「参った」します。

片十字絞め

ベースボールチョーク

肩固め

ズボンチョーク
（ボーアンドアローチョーク、弓矢絞め）

片羽絞め

袖車絞め

逆十字絞め

裸絞め
（バックチョーク、スリーパーホールド、
リアネイキッドチョーク）

[ポジションキープ] 抑え込み

いわゆる抑え込みです。人間の体をコントロールする意識を養うのは寝技で絶対的に必要です。形を覚えたら、相手に抵抗を徐々に強くしてもらって、それを止めたり、かわしたりする練習を、楽しめる範囲で徹底的に行うことをお勧めします。

横四方固め(サイドポジション)

相手の首と脇を制している。初心者向けに説明されることが多い形だが、実は意外に難しい。

相手の左肩と右腰を制している形。極め技に変化しやすい。

相手の首と右腰を制している
形。比較的簡単なので一番初め
に習得するのにお勧め。

相手の左肩と左脇を制している形。極
め技に変化しやすい。

上四方固め（ノースサウス）

相手の両腕の上から抑えて
いる形。極め技に変化しや
すいが、作りづらい形。

相手の両脇を越えて抑えている形。作り
やすく抑えやすい。初期の習得にお勧め。

崩袈裟固め

抑えやすい形。
初期の習得にお勧め。

マウント

相手に馬乗りになった形。慣れると極め技に変化しやすい。

ニーオンベリー

片膝を相手の腹に乗せた形。アバラに膝を乗せないよう注意！

本書では背中を向けた相手に足が入ったら「バック」。そうでなければ「亀」としています。

バックキープ

バックを取った状態でキープ。それができたら極め。

亀になった相手をキープ

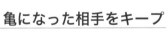

まずは逃げられないように。それができたら崩して足を入れる。

[ポジションキープ] バランスキープ

日常生活ではほとんど経験することのない体勢と動きが、寝技の攻防では要求されます。ここで紹介しているのは攻める過程でのポジションですが、これらのように攻めている途中の体勢でもバランスをキープし、相手をコントロールし続ける必要があります。1つ1つ取り上げて練習しましょう。

ハーフマウント (上ハーフ)

相手に自分の片足を抑えられた状態。慣れるまではキープが難しい。しかし絶対的必須ポジション。

座 (コンバットベース)

片膝を立てて相手に密着。両肘で相手の腿を止めるのもポイント。

立った状態や正座でのバランスキープのポスチャー（姿勢）です。攻防の際によく登場する形です。

立 (腰出し)

頭を上げる。頭と足首を結んだ線より腰が前に出ている形。

立 (襟膝)

頭を下げて足腰を遠ざけて、ガードを無効化する。

座 (ダブルアンダー)

正座して相手に密着。相手の足裏やつま先が自分に当たらないように。

［ポジションキープ］ガードポジション

本書ではガードポジションを防御的な「ディフェンシブガード」、攻撃的な「オフェンシブガード」、一時的な「テンポラリーガード」の3つに分けて説明しています。

［オフェンシブガード］
クローズドガード

両足で相手の胴体を挟んだ形。動きが少ないので初心者にも理解しやすい。

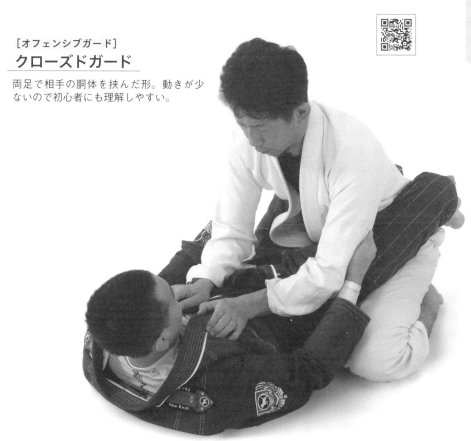

スパイダーガード

両袖を取り、足裏を相手の肘腕に当てたガード。
名前は蜘蛛の形に似ていることから。
相手を遠ざけるのではなく、脇の開閉をコント
ロールすることがメインの目的。

シンオンシンスパイダーガード

上のスパイダーガードに加え、自分のスネ
を相手のスネ(shin)に当てると、シンオン
シン(shin on shin)との複合ガードになる。

［オフェンシブガード］
ラッソーガード

ラッソー（Lasso）は、巻きつけて動物を
捕らえる縄のこと。文字通り足を相手の
腕に巻きつけて相手を捕らえる。
外れないように袖口もコントロールする。

［オフェンシブガード］
デラヒーバガード

ブラジルの柔術家、ヒカルド・デラヒーバ
選手が得意としたガード。相手の足に自
分の足を巻きつけ、カカトを持つ。相手
の背中側に回り込んで攻めやすい形。

ディープハーフガード

両足と体全体で相手の片足を捉えたガード。

片袖片襟ガード

相手の片袖、片襟を掴んだガード。足を
相手の脇下と肩に当てる。

ニーシールド

自分の片膝を相手の腹や胸に当てて防ぐ
ガード。

シンオンシンクォーターガード

クォーターとシンオンシンの複合ガード。
相手の足を跳ね上げて股下の死角に入り
やすいガード。

[オフェンシブガード]
クォーターガード

前傾姿勢で相手の片足を捉えて
いるガード。ここから相手の右
足を取ったまま立ち上がって相
手を倒せば2点取れる。

［オフェンシブガード］
Xガード

相手の股下をくぐるガード（左写真）。足がX状になっていることが名前の由来。右写真は変形でシングルXガードと呼ばれる形。

［オフェンシブガード］
フックガード（バタフライガード）

自分の足首で相手の膝裏をフックする。跳ね上げたり、スイープしたりに向いたガード。

解説動画

[ディフェンシブガード]

クリンチハーフガード

相手の片足を両足で挟んだガード。
本書では最重要のガードと位置付けてい
る。両足で相手の片足を挟み、帯と後ろ
襟を掴んで相手の動きを止める。

96

［ディフェンシブガード］
亀ガード

手足を畳み込み、文字
通り「亀」のようになっ
て守るガード。バック
を取られないように注
意しながら攻められる
体勢に戻す。

☆ホイホイガード

サイドからの相手の侵入を膝と肘をクロスすることで防ぐガード。

[テンポラリーガード]

☆くるくるガード

オープンガードで、相手にぶつからないように動くガード。ディフェンスからオフェンスまで幅広く使われる。

☆ゴロガード（手ぶらガード）

[テンポラリーガード]

いわゆる猪木アリ状態。引き込みの直後に相手が離れたり、相手が寝技の攻防を切って離れたりした時に現れるガード。腰を浮かせて、足腰を相手に向ける。

☆起きガード（シットアップガード）

[テンポラリーガード]

状況的にはゴロガードと同じだが、お尻をついた前傾姿勢。体が硬くてもできる。

ここで紹介しているものは、既にパスガードされた状態なので、正確にはガードポジションではないのですが、実際にはよく登場する状態ですのでここで紹介しておきます。

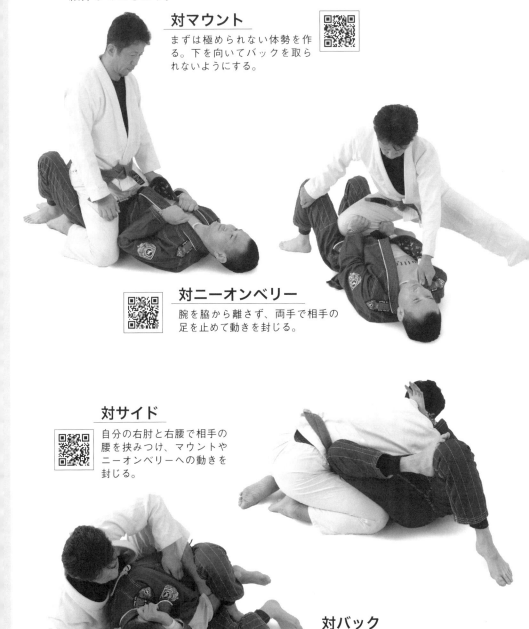

対マウント
まずは極められない体勢を作る。下を向いてバックを取られないようにする。

対ニーオンベリー
腕を脇から離さず、両手で相手の足を止めて動きを封じる。

対サイド
自分の右肘と右腰で相手の腰を挟みつけ、マウントやニーオンベリーへの動きを封じる。

対バック
相手の背中に組みついた状態。両足が胴体にかけられたダブルバック。片足の場合はシングルバック。

[ポジションチェンジ] パスガード

パスガードはたくさんの種類がありますので、ここでは代表的なもの
を紹介します。

コンバットベース

膝で相手の片足を制
し密着してパス。

①

①相手の内腿に膝を乗せ、
②越え、
③サイドポジションを取る

②

③

片足跨ぎ→足抜き

密着して相手の片足を
跨ぎ、自分の片足を抜
いてパス。

①

①②こちらの右足に絡んでいる相手
　の右足を、左足で踏み外し、
③サイドポジションに入る。

②

③

[ポジションチェンジ] スイープ・バックテイク

下から相手をすくい、ポジションを入れ替える技術です。ここではクローズドガードからの基本的な方法を紹介しています。まずは動きに慣れることから始めてください。

腕を流してバック

腕を流すのは汎用性が高い上に非常に有効な動き。

① クローズドガードの状態で、相手の腕を取り、
② 流して崩しつつ、反対方向に体を起こし、
③ バックを取る。

②' 相手の脇下をしっかり握ることで体を起こす。

103

ペンデュラムスイープ(振り子)

柔術らしい動き。練習して損はない。

① 左手は相手右袖口。相手の胴体を両足で挟み、

② 体をヨーイングで反時計回りに回転させ、相手の腕を引く。この時、右手で相手の左膝裏を掴む。

③ 左足を振り上げ、ピッチング方向に回転して位置エネルギーを貯め、

④⑤⑥左足を振り下ろす勢いで体を起こし、右手で相手の膝裏をカチ上げ、

⑦そのまま上になる。

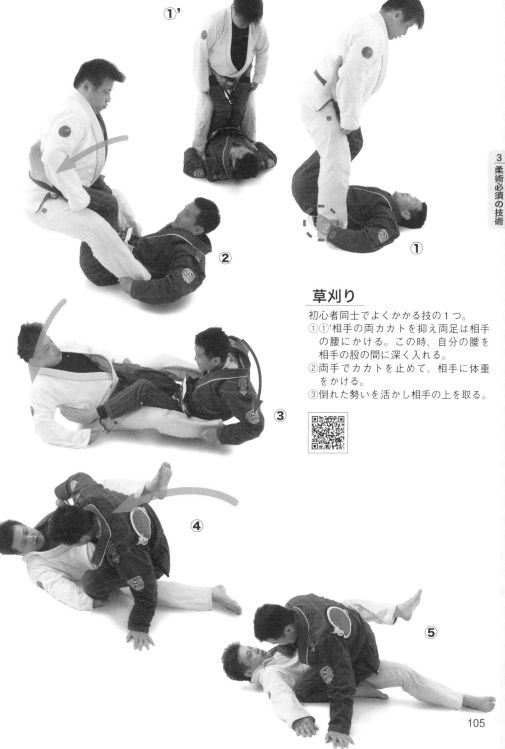

①'

②

草刈り

初心者同士でよくかかる技の1つ。
①①'相手の両カカトを抑え両足は相手
　の腰にかける。この時、自分の腰を
　相手の股の間に深く入れる。
②両手でカカトを止めて、相手に体重
　をかける。
③倒れた勢いを活かし相手の上を取る。

①

③

④

⑤

ハーフガードからのスイープです。実際はクローズドガードになることよりも、ハーフガードになることが多いので使えるチャンスが高いのです。

　ハーフガードで相手をコントロールできるようになったら是非使えるようになりたい技術です。

脇をすくってバック

相手の脇をすくうのは汎用性
が高い上に非常に有効な動き。

①相手の背中に左腕をまわし、道着を
　掴み、
②左足を振り上げる勢いで脇にくぐり、
③振り下ろす力でくぐり抜け、
④⑤バックを取る。

フックをかけてスイープ

ハーフガード→フックガード
は相性がよい。

①

※リンク先「上達論　ふみ
ふみガード2」でフックを
かけてスイープ」の説明を
しています。

②

①②右足で相手の右足を固定したま
　ま、左足を下に潜り込ませ足首で
　フック。
③④引いた右足の膝と足先で床を押
　しながら体を反転。フックした左
　足で相手を押す。
⑤サイドポジションを取る。

③

④

④'

⑤

ブリッジ返し

体を反らす力でポジションを変える。
ブリッジが得意な人が使うと強力。

① ② ③ クリンチハーフの体勢から、
　ブリッジ。
④ ⑤ 相手を飛び超えるようにしてポ
　ジションを変える。

①

②

③

④

⑤

①

ヒデキスイープ

相手の腕を自分の脇で固定して回転、ポジションをチェンジする。ブリッジ返しの逆方向の技なので、両方使えるとよい。ねわざワールド品川の長谷川秀樹代表の得意技。

②

① クリンチハーフの体勢で、相手の右腕を自分の左腕で固定。この時、左手で相手の帯を取る。
②③③'回転。両足で相手の右足を固定。
④上になる。

③

③' 別角度

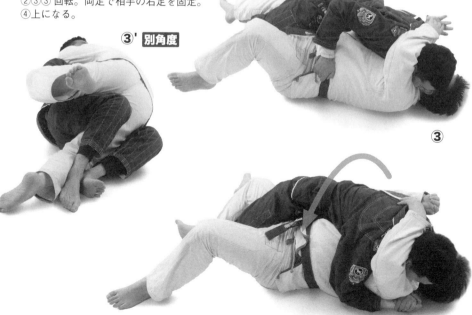

④

[ポジションチェンジ] **スタンド**

スタンドの攻防は怪我をしやすいので、初心者にはお勧めしません。ただ、試合に出る場合は相手がかけてくる可能性があるので、防御や受け身を練習した方がよいです。体力が十分ついた段階で怪我に気をつけながら行ってください。

蹴る引き込み

両者が立った状態で、自分が床に引き崩して引き込む。うまくいけばこのまま攻めることができる。

蹴らない引き込み

現実的な引き込みの方法。相手のどこかを掴み座る。

① ② ③

④

① ② ③

③'

両足タックル

相手の両足を取って倒す。

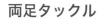

片足タックル

ガードから立って倒す攻防でも
使われる。上達したら必須技術。

腰投げ

相手を腰に乗せて投げる。

111

[その他] 状況の名前

　ここで紹介しているのは状況の切り分けるために、大賀道場で使われている名前です。

立ち技(スタンド)

両者が立った状態。通常試合はこの状態から始まり、引き込み、投げ、タックルなどからどちらかが下になると寝技の展開になる。

猪木アリ状態

一方が立った状態で、対する相手が寝ている状態のことを指す。

相手をガードに入れる

初心者は引き込みと混同しているケースがあるが、「ガードに入れる」とは、自分が下の状態で、相手を自分のガードに捕らえることをいう。※写真は自分のクォーターガードに入れるところ。

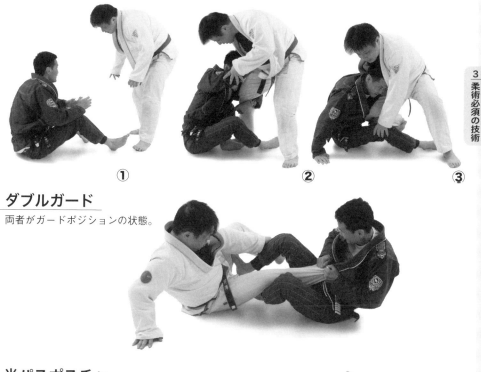

① ② ③

ダブルガード

両者がガードポジションの状態。

半パスポスチャー

パスガードをする途中の姿勢（ポスチャー）を指す。大賀オリジナルの言葉で、種類は無数にある。

「技の形」の覚え方

　お互いの体全体を見てください。「技をかけている手足のみ」を見ても不十分です。それではその状況を再現できないし、技も効きません。

　技は体全体を使ってかけるものなのです。いい方を変えれば、体の５％くらいしか使っていない技は未熟な技で、体をフルに使えている技が高度な技なのです。大事なことは、

 ポイント！

> ①お互いの体全体がどのような位置関係（間合い、角度）になっているか。
> ②技をかけている人間の両手両足が、どこにどのような形であるか。
> ③技をかけられている人間の両手両足が、どこにどのような形であるか。

　この３つを把握するようにしてください。

　技をかけることに使っているように見える特定の手足の位置や動きだけを一生懸命ああでもないこうでもないと見ている人が多いですが、それより上記３項目を観察する方が結果的に意味がありますし、はるかに効率的です。

自分の
足はここと、
そこで
手はここと
相手の手は……

技は偶然かかるものではない。
技がかかる条件となる、自分と相手の手足がど
こにあるのかをしっかり把握するのが大事。

技がかかる条件

　前頁の「③技をかけられている人間の両手両足が、どこにどのような形であるか」は、見落とされやすいですが非常に重要です。

　後で詳しく書きますが「技」というものはいつでもかかるものではありません。「**ある"特定の状況下"**」でしかかからないのです。その"特定の状況"を表している代表的なものは、相手の手足の位置です。自分の手足の位置は自分で変えられます。お互いの体全体が同じ位置関係であっても、相手の手足の位置が変われば相手のディフェンス方法が変わるので、こちらがかけるべき技の種類は変わるのです。

　別のいい方をすれば、実戦では相手の手足の位置をコントロールできません。ですから相手の手足の位置を観察して、その状況に適切な技を選択して技をかけるのです。そのためには「すべての技とそれをかける時の相手の手足の位置」はセットにして覚える必要があるのです。

　見る場所が多くて大変だと思うかもしれませんが、お互いの手足を合計してもたかだか8本です。

　大事なことなので何度も書きますが、技をかけることに使っているように見える特定の手や足だけを一生懸命見ても技はかかりません。前頁の3項目を把握すれば技の80%は理解できると思ってください。

技を覚え、使いこなす段階

　私は大きく６つのレベルに分けています。以下の表は、初心者が技を覚えて使いこなせるようになるまでの段階を、私なりにまとめたものです。

　レベル４以降は初心者のみでなく、黒帯までの技を覚えたすべてのレベルを含んでいます。黒帯でも自分の知らない技を目にしたら、レベル１から始まります。表中に「技を極められる」「成功させる」と書いてあるのは、自分と実力が同等くらいの相手を想定しています。

技の習熟度レベル

レベル1	名前と静止画を覚える。	覚える段階
レベル2	考えながらその技の動作ができる。	
レベル3	考えないでスムーズに技をかけられる。	
レベル4	極め技は相手が抵抗しなければ極められる。ポジションキープは、完成形だと相手が逃げようとしても逃げられない。スイープとパスは、完成形近くから始めると、相手が逃げようとしても成功する。	使いこなす段階
レベル5	極め技は、最終形までいけば相手が抵抗しても極められる。パスとスイープは半分くらいまで形を作れば、相手が抵抗しても成功する。	
レベル6	極め技はポジションキープから極められる。パスとスイープは五分五分のところから相手が抵抗していても成功する。	

レベル１〜３の段階は、相手が抵抗しないいわば打ち込みです。ですから「自分が覚えたか、体がスムーズに動くか」という自分だけの問題で、いわゆる基礎課程といえるものです。

　一方、レベル４以降の段階は第１章で書いた通り、相手と自分との相対的な関係になるので、技が成功するかどうかは、相手と自分の実力の差に大きく影響されます。

　例えば紫帯の人の得意技は、白帯の人に対してはほとんど成功するレベル６でしょう。ですが黒帯の人に対してはまったく通用しないレベルかもしれません。

　この相対的なレベルの違いが分かっていないと、具体的にその時点で何をすべきかが分からなくなってしまいます。私もよく生徒さんに「技が極まらないのですが」と聞かれますが、その人がどのレベルの人を相手に想定しているのかが明確でないと、適切な返事ができず困ることがあります。

　技が極まる・極まらないにも色々な段階があり、その理由の１つに相手と自分とのレベル差によって異なることを考えると、相対的な自分のレベルと今何が足りないのか、それを補う手段が自然と見えてきます。そのためにも練習の大きな指針として、このレベル分けを頭に入れておいてください。

まずレベル２を目指す！

　初心者はまず基本技のすべてについてレベル2の「考えながらその技の動作ができる」までいければOKです。しかし青帯に近い白帯になる頃には、基本技についてはレベル3の「考えないで技をスムーズにかけられる」までになってください。

　紫帯になる頃には基本技のすべてでレベル4になってほしいところです。その上で「自分が得意技にしたい」と思った技だけでも、レベル4→5→6まで進めてみてください。レベル6の段階にきたら、その技は得意技になっています。「得意技」については、後で詳しく書きます。

　レベル１〜３の段階では、「**ポジションキープの技の形を覚える**」ことと、「**ポジションチェンジの技は動きを覚える**」ことに注力してください。実際にうまく使えるかどうかはレベル4の段階で考え始めれば十分です。まずは形や動きを覚えないと次に進めません。

　初めから有効な技を身につけたいという気持ちは分かりますが、それは無理です。まだ自転車に乗れない人が、自転車のレースで好タイムを出したいと思うのと同じくらい無理です。なんとか自転車に乗れるくらいがレベル３だと理解してください。

　レベル３に到達してレベル４を目指す段階になると、第２章で書いたことについての感度が上がり、技の細かいコツを説明されても理解できるようになります。技というものは無意識で動いて、いつでもかけられる土台ができた後、様々なコツやケースを学び、練り上げていくものなのです。

　ここでいう無意識とは、九九と同じように、技の名前を聞いたらぱっと体が動くことです。技そのものの動きの速さはそこまで要求しませんが、技をイメージしてから体が動き出すまでの速さは必要です。

レベル１〜３の人へ

　レベル１〜３の期間で大事なのは、技の練習とともに「他人の体を扱う感覚を養う」ことです。柔道やレスリングなどの組み技の経験者を別にすれば、ほとんどの人は他人と組み合う経験はなく、慣れないうちは、それ自体がおっかなびっくりの体験です。

　ですからできるだけ頻繁に色んな人の体を借りて、この感覚を体に蓄積させることが必要になります。これは柔術を学ぶ上で絶対に必要な段階なので焦らず、また周りの人もそれを理解して無理をさせないようにしてあげてください。人によっては２年くらいこの期間が続きます。

　また、対人練習で知っておいてほしいのは、受けの大事さです。ポジションキープの技は、受けの人をそれほど選びませんが、ポジションチェンジの技の打ち込みが有意義になるかどうかは、**受ける人の技量が実はとても大きい要素になります**。体格差やお互いの相性もありますが、より大きな原因は柔術の技そのものにあります。

　基本的に柔術の技術は、相手の反射的な動きを利用してかけるものなので、無防備に寝転んでいる相手にパスガードなどのポジションを大きく変える技の練習をするのは非常に難しいのです。

　実際にやってみるとすぐに分かりますが、寝転んでいる状態では頭や腕は床についているので、簡単には首や脇をすくえません。

　ですのでポジションチェンジの技の練習は、受けのうまい人に受けてもらうか、まずポジションキープの技を練習して、ある程度、寝技の感覚が身についてから練習をすることをお勧めします。この感覚が身につくと相手の受けが下手な場合、自分から「右手はここに置いてください」などとお願いをすることができます。

レベル４以上になったら

　ある程度感覚を養えたら、技自体に意識を向けられるようになりますので、レベル４の「相手が抵抗をする段階」の練習に入ります。

　ここで気をつけたいのは練習の順番です。

　私はまず、抑え込み、バックキープ、ガードキープがある程度できるようになってから、それぞれのポジションからの極め技やパス、スイープを練習することをお勧めしています。

　理由は、相手の抵抗に打ち勝って、ポジションをキープできなければ、そもそも極めることができないからです。

　これはパスガードやスイープも同じで、パスガードの練習をする前にはまず抑え込みのキープ、スイープの練習の前にはまずガードキープがある程度できるようになっている必要があるのです。

　このレベルになると、「早く攻め技をやりたい！」「実戦でポジションチェンジの技がかけられるようになりたい！」となりがちですが、この順番が重要です。また実際の問題としてパスガードに必要な**相手をコントロールする感覚**は、抑え込みの中で養われるもので、それなしにパスガードはできません。同じように、スイープに必要な感覚はガードキープで養われます。

　念のために書いておきますが、これは「抑え込みやガードキープができるまでは、パスやスイープの練習をしても無意味だ」ということではありません。それはレベル３ですべき練習だからです。しかし、スパーリングで使えるようになるには、その前提として「その相手には抑え込みやガードキープが、少なくともレベル４になっていることが必要」ということです。これはよく覚えておいてください。

極めに至る流れ

　次の頁からは、柔術で使われる代表的な技を中心に、スタートからフィニッシュまでの流れを紹介しています。

　個々の技が英単語だとすれば、これは**基本構文**といえます。

　この一覧表の技については動画を繰り返し見て、できるだけ早めに、**レベル1「名前と静止画を覚える」、レベル2「考えながらその技の動作ができる」**段階になってください。

　単語とともにこれらの基本構文を覚えると、それ以降に入ってくる情報に自分なりのタグを付けられるので、その後の上達が非常に効率的になります。

　逆にこれがないと、同じ情報を得てもすぐに忘れてしまって、上達の効率が悪くなります。練習を続けている限り、表にある代表的な技を応用した様々な技に遭遇します。私もいまだにそうです。

　代表的な技を覚えることでまず頭を整理し、それに応用技を結びつけることで、自然に頭に入る状態を作ってください。

まずはこの章で紹介した技を覚える。実際に動くのも大事だが、覚えるには「記憶に残そう」と意識することが重要。

極め技への流れ一覧表

極め技 （QRコード）	クローズドガード→片十字絞め
	クローズドガード→腕がらみ
	クローズドガード→腕十字
	クローズドガード→腕固め
	片袖片襟ガード→三角腕
	上からフットロック
	クローズドガードされた→袖車絞め
スイープ （QRコード）	クローズドガード→両足草刈り→サイドマウント→腕十字
	クローズドガード→横返し→サイドマウント→片羽絞め
	クローズドガード→腕がらみ→ヒップスロー→腕十字 **（初心者コンビネーション4）**
	下ハーフ→クローズドガードに戻し→腕を流し→バックから片羽絞め
	前傾ガード→山本返し→ハイマウント→腕固め **（初心者コンビネーション2）**
	前傾ガード→朽木倒し→クロスニーパス→サイドポジション→V１アームロック
	前傾ガード→横帯返し→サイドポジション→頭を跨いで腕がらみ
	片足草刈り→サイドポジション→ストレート腕固め
	スパイダースイープ→サイドポジション→ニーオンベリー→片十字絞め
	ラッソースイープ→サイドポジション→ニーオンベリー→野球絞め
	クォーターガード→片足タックル→足を抜いてサイドポジション→ニーオンベリー→腕がらみ
	デラヒーバ→8の字スイープ→マウントポジション→片十字絞め
	下ハーフでフックガード→スイープ→サイドポジションから腕十字
	下ハーフ→脇を潜って→バックから送り襟絞め

パスガード	離れたところから足をどかし→サイドポジションからV1アームロック **(初心者コンビネーション1)**
	離れた両足かつぎ→バックから片羽絞め **(初心者コンビネーション3)**
	離れたところから足をどかし→ニーオンベリーから腕十字
	クローズドガードを座って割って→片足跨いで足抜いて→サイドポジションからV1アームロック
	前傾ガードに対して正座→回して抑えて→ニーオンベリー→ブラボーチョーク
	草刈りを防いで胸膝パス→ニーオンベリー→裾を使ったベースボールチョーク
	スパイダーを外し→パスガード→マウントからV1アームロック
	ラッソーを外し→パスガード→エルボーチョーク
	クォーターガード→クロスニーパス→袈裟固めからVクロス
	デラヒーバにかつぎパス→マウントポジション→バックから腕十字
テイクダウン	両足タックル→マウントポジション→両腕を極める
	片足タックル→マウントポジション→オモプラッタ
	片足タックルに対する内股→バックを取るが足首を極められる

※**(初心者コンビネーション1〜4)** は、大賀が、初心者に初めに説明することが多い技の流れです。

123

初心者は抑え込みから！

　レベル１〜３の人に最適なのは抑え込みの練習です。

　ここで大事なのは、抑え込みには「**アイドル状態**」と「**特化状態**」があるのを知っておくことです。この概念を知っているだけで練習の効率はもちろん、抑え込みの質が変わってきます。

　アイドル状態とはアイドリング状態の車のように、いつでも動き出せる状態です。相手を抑え込みながらも、相手の逃げる方向に合わせていつでも動ける状態です。

　初心者の間違いは「相手をピクリとも動かせない状態」を目指して力一杯相手を抑えることです。これはよほど実力差がない限りは起こり得ません。相手の動きに応じて、自分の５〜９割の力や体重を使って止めることが大事になります。その時に膝を浮かせたアーチ構造が大事になるわけです。その上で、１〜５割の力は、相手が逃げようとした時にそれを止められるように、備えとしてとっておきます。

　一方の**特化状態**は、相手が様々な抑え込みの逃げ方のうちの１つを選択してきた時、それを止めるために特化した形のことです。こちらは相手の各種反撃法によって対処法がまったく変わるので、それぞれを個別に１つずつできるようになる必要があります。

　基本的に抑え込みは、相手が逃げようとしていなければアイドル状態で抑え込み、相手が逃げてきたら、その動きに合わせた特化状態で抑えることになります。

　うまい人を相手にすると、フェイントを仕掛けてくるのでそれに応じて様々に形を変化させる必要があります。初心者のうちはなかなかうまくいかないでしょうが、まずは結果を過度に気にせず試行錯誤を続けることで、

124

ポイント！

①相手の逃げ方を感知する能力。

②相手の逃げ方の変化に合わせて、素早く対応する能力。

③相手の逃げ方に応じた防ぎ方。

が向上します。大事なのは、逃げられる過程や理由を理解することです。そうすることでアイドル状態、特化状態での力加減や相手の動きに反応できる体の乗せ方や力の配分が分かり、相手の動きに応じて効率的に抑える感覚が身についてきます。

アイドル状態と特化状態のイメージ。それぞれのアイドル状態（抑え込み）に、いくつもの特化状態（逃げ方）が存在する。

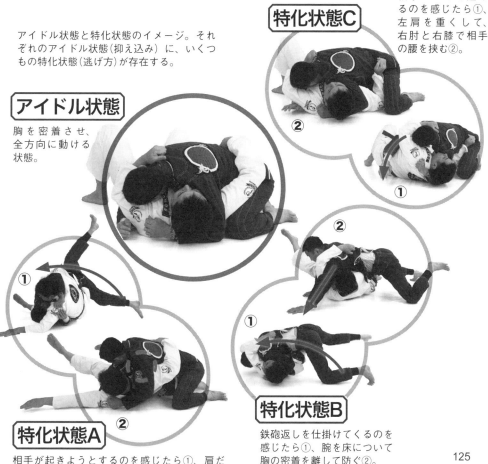

特化状態C
相手がエビで逃げるのを感じたら①、左肩を重くして、右肘と右膝で相手の腰を挟む②。

アイドル状態
胸を密着させ、全方向に動ける状態。

特化状態A
相手が起きようとするのを感じたら①、肩だけを止めて防ぐ②。胸の密着が常に必要でないことを実感できる。

特化状態B
鉄砲返しを仕掛けてくるのを感じたら①、腕を床について胸の密着を離して防ぐ②。

125

XYZの３軸で考える

　寝技の動きを言葉で共有するには、床に寝ている体の動きを定義することが有効です。図のようにX軸 ローリング（左右の傾き）・Y軸 ピッチング（前後の傾き）・Z軸 ヨーイング（回転しようとする方向）の３軸で人間の動きを考えるのです。これは船や飛行機の世界で、動きを正確に伝えるために使われている言葉で、本書ではこの概念を柔術用にアレンジして説明しています。

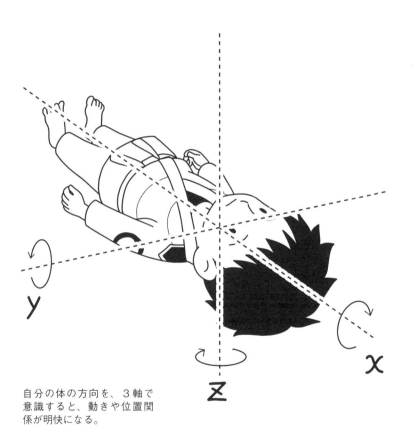

自分の体の方向を、３軸で
意識すると、動きや位置関
係が明快になる。

X

ローリングの例

床を転がる軸（X軸）の動き。

ピッチングの例

体を縦軸（Y軸）で動かすブリッジや上半身を起こそうとする動き。

Y

ヨーイングの例

床との水平をキープしたままの軸（Z軸）の動き。

Z

完全に抑えなくてもOK

　ここまで書いてきた通り、相手を完全に抑える必要はありません。X
軸（ローリング）、Y軸（ピッチング）が90°以内であれば大丈夫です。Z
軸（ヨーイング）は自分も一緒に動いて相対位置が変わらなければいく
ら動かれても OK です。

　闇雲に抑えつけようと頑張るのではなく、相手の動きを3軸で整理
して、最低限必要な場所だけ止める意識が大事です。そうすることで
余力が生まれ、相手の逃げに対してよりスムーズに対応できます。

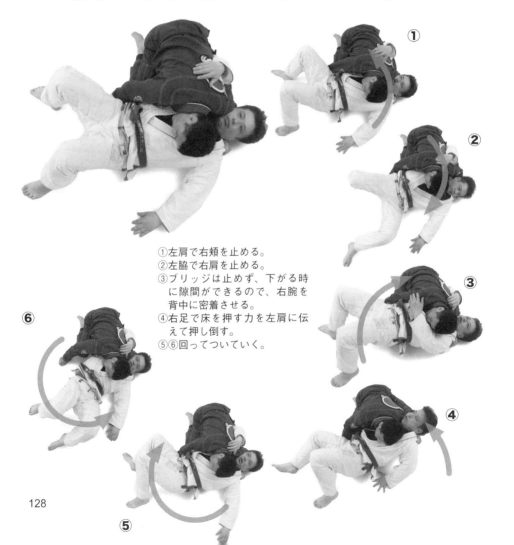

①左肩で右頬を止める。
②左脇で右肩を止める。
③ブリッジは止めず、下がる時
　に隙間ができるので、右腕を
　背中に密着させる。
④右足で床を押す力を左肩に伝
　えて押し倒す。
⑤⑥回ってついていく。

ピッチングの注意点

ローサイドだと、肩が柔らかい相手はこの逃げ方をしてくる。胸を密着させようとするのは有害。逆に少し胸を浮かせて右足で床を蹴り、自分の体を相手の頭方向に移動させると相手を押し倒せる。

×

①　②

○

ヨーイングの注意点

顔をしっかり相手の胸につけていないと、足の力を使って左肩で相手に寄りかかっていると、簡単に相手についていける。

×

①　②

①は相手の左肩を、②は相手の右肩を止めている。どちらも胸を密着させていない。
抑え込みで相手をまったく動けないようにする必要はない。
ローリング（上）、ピッチング（下）は最大80°程度であれば許容範囲。

しっかり抑え込めていれば、ヨーイングでいくらでも相手に
ついて動くことができる。

失敗例：相手の体が離れて下を向かれると、抑え込みを逃げられてしまいます。また、抑えようとするあまり乗り過ぎてしまうと、自分も一緒にロールされやすく、逆に抑え込まれることがあります。

体が離れ、相手の顔が完全に下に向いた亀の状態。

①

相手と一緒にローリングしてしまい抑え込まれた状態。

②

③

足の位置に注意する

　抑え込みをキープするポイントの1つに、自分の体を相手の足に当たらない場所に置くことがあります。抑えつつ相手の足の位置がどこにあるかに注意しましょう。

どれも抑えられている人の
足が体から離れている。

失敗例：相手の足の膝や下（スネ、つま先、足裏など）が自分の体に当たってしまうと、足の力でガードに戻されてしまい抑え込みは失敗です。

　腿が当たってもコントロールされることはないので、気にする必要はありません。

足首を絡まれて、抑え込みに失
敗して返されてしまった例。

① ②

抑え込みの感覚を養う！

　抑え込みがうまくできない人は、練習で相手の人にお願いして、下の写真の最も簡単で強力な抑え込みを体験しておくとよいでしょう。

胴体を反らす。

相手の右側に正座をして、右膝を相手の右横帯、右肘を相手の左横帯に。左腕を相手の頭の下で自分の左膝と肘をくっつける。

相手の右腕と頭は自分の左脇に入っている。

頭の下に自分の左膝が入っているのが重要。

アゴを引き顔は左に向けて相手の胴体につける。

両指先は床につけたまま目一杯外側に開く。

上から見ると、相手の上体を完全に抑えているのが分かる。

　この形を作ったら、下の人に逃げようとしてもらってみてください。相手がエビで逃げても無理なくついていけ、相手が足を体の間に入れるのも防げるはずです。また相手のどこも握っていないので、両手で相手のブリッジ返しを防げるので安定感があります。

　ポイントさえ押さえていれば、抑え込みは簡単で、ある意味楽なものなのです（もちろん相手によるのですが）。

でもどうして初心者でもこんなにしっかり抑えることができるのでしょう？　ポイントは相手の頭の下に自分の膝を入れていることです。

　このため相手は、エビはできますがブリッジができないので逃げるのが難しいのです。また、エビで動いても腰を肘と膝で強く挟んでいるので自動的についていけるわけです。

　この抑え込みは簡単で強力なのですが、実は実戦でこの形に入るのはとても難しいです。ガッカリする人もいるでしょうが、抑え込みの感覚を養うにはお勧めなので是非トライしてください。相手を苦しめずに行えるので初心者にお勧めです。

　この抑え込みで感覚を養えたら、今度は基本技一覧にある抑え込みの形で相手をコントロールできるようになりましょう。

「脇を深くすくう」は間違い？

　経験者を含む多くの人は、「抑え込み＝脇を深くすくう」という思い込みがあるようです。脇をすくうこと自体は間違いではないのですが、あまり深くすくうとかえって相手を逃してしまいます。

　正確にいえば、ハイサイド（「第7章「ロー・ミドル・ハイで抑え込む」354頁参照）であれば脇を深くすくって構いません。しかし、ローやミドルサイドでは、脇は浅くすくって、肘で相手の腰を止めた方が相手の腰の動きを制することができます。

　こうした思い込みの原因は、初心者の頃に「相手の脇をすくっても、すぐに脇をすくい返されてしまう！」という経験があり、それが必要以上に影響しているようです。

　実は脇をすくい返されるのは、相手がすくい返すために腕を動かす空間があるためです。ですから自分の体をしっかり近づけて、相手が腕を回す空間をなくしてしまえばよいのです。

① ②

③

「脇を深くすくおう」と意識し過ぎて、相手の左腰を抑えないと、エビで足を入れられてしまう。

①

相手を抑えるには、肘で相手の腰をしっかり抑えることが重要。これで相手の動きを封じる。肘と膝で相手の腰を強く挟むことで、相手の動きを封じる。

②

体をしっかり近づけて、相手が腕を回す空間をなくす。

初心者のうちは脇をすくわれると逃げられるので、脇をすくうこと。

「パスガード」の基本

　柔術の攻防の基本はよいポジションの取り合いです。パスガードの攻防では、下になった人間は足を相手の体に当て侵入を防ぎます。攻める側はこの足を越える必要があり、これが柔術の攻防の基本である**パスガード**です。

　第2章で書いた通り、構造的に足の可動範囲は相手の股関節の位置と角度で決まります。パスガードをする側は、この可動範囲の限界を探りつつ、足を自分に当たりづらいところにどかしたり、かいくぐったりして相手の胴体を制することを狙います。

　反対にガードを作っている側は股関節、つまり「腰」を動かして足全体の可動範囲を変えて足腰をコントロールされないようにします。

足が当たる位置が大事

　このパスガードの攻防で重要になるのが足です。基本的にパスの際には、当たってはいけない位置（×）、相手の足には当たってよい位置（△）、当たってよい位置（○）があります。

 ポイント！

> ×：足裏、スネの前面
>
> △：足の甲、スネの外側と内側、腿の内側、腿の外側、腿の裏側
>
> ○：腿の前面

　実はパスガードは、上記の当たってはいけない部分を避けたり潰したりしながら、当たってよい部分に自分の体を当てにいくゲームであるともいえるのです。

　また、下の人間は逆のルールのゲームをしているわけです。

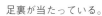
足裏が当たっている。

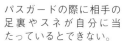

パスガードの際に相手の
足裏やスネが自分に当
たっているとできない。

スネが当たっている。

相手の内腿や外腿ならパ
スガードができる。

相手の足が垂直だとパス
ガードできない。内側へ
倒す必要がある。

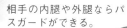

垂直の状態。

倒れた状態。

137

3つの「ガード」

　柔術を始めたばかりの初心者が戸惑うのが、**「ガード」**という言葉の使い方でしょう。一般に「ガード」といわれれば「防御」を思い浮かべますが、柔術の「ガード」は「防御」だけではなく「攻撃」を含むからです。

　例えば柔術一般で「相手を自分のガードに入れる」といういい方をしますが、これは相手を自分にとって有利なガードに捉える攻撃の局面で使われます。防御の場合は「（相手の攻めを）ガードでしのぐ」といういい方になります。

　「構え」という訳語の方が本当は正確かもしれません。上段の構え、天地の構え、天破の構え……、攻防ともにできる色々な構えがありますよね。本書では、できるだけ柔術の流れを明確に理解してもらうめに、このガードを、

 ポイント！

- **ディフェンシブガード（防御的ガード）**
- **オフェンシブガード（攻撃的ガード）**
- **テンポラリーガード（一時的なガード）**

の３つに分けて説明しています。

　ディフェンシブガードは２：８から４：６で自分が不利な局面に使う防御のためのガード。**オフェンシブガード**は６：４から９：１で自分が有利な局面で使う攻撃のためのガード。そして５：５の状況で使うのが**テンポラリーガード**です。

　柔術はこのガードポジションの使い分けが非常に重要で、実力者同士の試合では、文字通りシーソーのようにオフェンスとディフェンスが目まぐるしく入れ替わり、僅かなミスで流れが変わります。

　経験を積むうちに、それほど厳密に目的を意識する必要がなくなる部分もありますが、初心者のうちは第1章で書いた柔術の構造を念頭に、「自分の状況」と「何をすべきか」を明確にするためにも、ガードを目的別に意識することが有効です。

　詳しいガードの説明は、第4章以降で行いますが、まずはここまでに登場したガードの形と、大きな概念として、この3つのガードがあることを頭に入れておいてください。

　こうしたことを書くのは、多くの人がクローズドガードやスパイダーなどのオフェンシブなガードになれば、相手を攻められるという思い込みがあるからです。実際には柔術が相対的なものである以上、オフェンシブガードを作れば自動的に相手を攻められるわけはではありません。実力的に自分が相手より優っていれば、オフェンシブガードで相手をコントロールして攻められるでしょうが、相手の方が優っていれば、オフェンシブガードを作れたとしても攻めることはできないわけです。

　本書でガードを目的別に分けているのは、漠然とガードを選択するのではなく、状況に応じたガードを選択し実行するためです。

本書で分類している3つのガード

ディフェンシブガード
クリンチハーフガード、ホイホイガード、亀ガード、腕ガード、肩ガード ディープハーフガード
オフェンシブガード
くるくるガード、クローズドガード、ハーフガード、スパイダーガード ラッソーガード、クォーターガード、デラヒーバガード、フックガード リバースデラヒーバガード、Xガード、片袖片襟ガード
テンポラリーガード
起きガード、ゴロガード

お勧めの部分練習&ステップアップチェック

　レベル1～3までの、お勧めの部分練習法と達成度を測るチェックポイントを紹介しておきます。この練習を繰り返す中で寝技に必要な感覚が養われます。上の人が中心の練習ですが、相手をする側にとっても大事な練習になります。

ポジションキープの練習

　特定のポジションを作った状態で30秒間攻防します。攻防をしている途中で極め技が極まったり、ポジションが変わったりしたら、再度最初のポジションに戻って再び行います。

横四方固め、上四方固め、マウント、袈裟固め、ベリーから始める

上の人は、できれば極め技に変化して極める。少なくとも逃さない。実力差があって上が強い場合は、相手の道着を掴まない、などハンディをつけてあげる。
下の人は、できれば逃げる。少なくとも極められない。実力差があって下が強い場合は、ゆっくり動く、などハンディをつけてあげる。

140

この練習の目的

寝技では、相手をコントロールする感覚が必要になる。それを養うための基礎中の基礎の練習。むやみに力をかけたり体重をかけたりするのではなく、自分の体の適切な箇所を使って、相手の適切な箇所に、適切な方向に、適切な量の力をかけることで相手をコントロールする。それを体験して、ある程度ここでマスターしてほしい。

ステップアップチェック

☐上の人：自分と近い実力の人を、30秒逃さないようになればOK。

☐下の人：ここではとりあえず、極められないように守る形や、抑え込みから逃げる動きを覚えればOK。実際に逃げられるようになるのは、次の章以降の課題。

極め技の部分練習

　基本の極め技の打ち込み練習です。極められる側は相手のレベルに合わせて無抵抗状態から徐々に強く抵抗します。

　ゆっくり行えば怪我はしないので、相手が「参った！」をするまでは力をかけ続けます。お互いの体全体を感じて、どこにどのような力がかかっているかをイメージして力をかける練習をします。

　また相手が抵抗してきても、ポジションを失わないようにしましょう。そもそも極め技の形は、相手をコントロールする土台としてとても強い形なので、ポジションキープの練習にもなっています。ですから極めることだけに夢中にならず、そのポジションで相手をコントロールすることにも神経を集中することが大事です。これができるようにならないと、相手を極めることはできません。

取り：自分と近い実力の人を、30秒ポジションから逃さないようになればOK。
受け：そのポジションから逃げようとする。怪我をしないように注意。

142

この練習の目的

　関節を極めたり首を絞めたりするためには、感覚と、ある程度の解剖の知識が必要になります。取りの人は無抵抗の相手に技をかけながら、体の中の骨や関節、頸動脈をイメージして、それらを極める方向に曲げたり、適切な力で圧をかけて血流を止めたりする感覚を養います。

　特に大事なのは、コントロールする力と極めるための力はまったく別物ということです。これが分かるようになると実戦で、逃げようとする相手をしっかりと止めておいてから、極めるための力を最小限出して、極めることができるようになります。こうなると相手に怪我をさせることもなくなり、極め技の成功確率が飛躍的に上がります。

　まず相手をポジションから逃がさないことが大事なのです。

ステップアップチェック

●受けが無抵抗の場合

□取り：無抵抗の相手を極められるようになったらOK。

□受け：無抵抗で相手の技を受ける。怪我をしないように注意。

●受けが抵抗する場合

□取り：実力が同じ相手であれば極められるように。

□受け：抵抗して防いだり逃げたりする。怪我をしないように注意。

3│柔術必須の技術

頭さわりゲーム

　準備体操にもなるゲームです。上の人が立った状態で動き回り、下の人の足をどかして、頭に両手でさわれば勝ちです。相手のガードの中から片手で頭をさわっても無効です。膠着しないように、お互い道着を掴むのはNG。グラップリングのように手足を直接払うのはOKです。

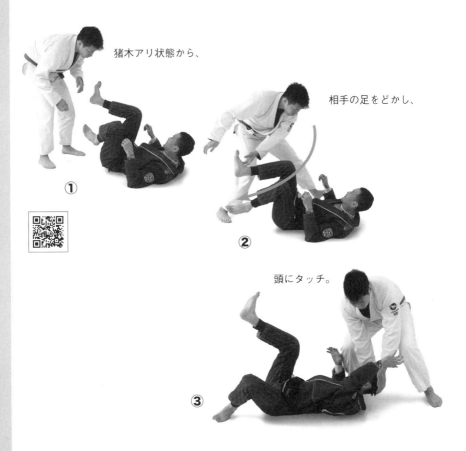

猪木アリ状態から、

①

相手の足をどかし、

②

頭にタッチ。

③

下の人はゴロガード※の状態で、手足をフルに使って 30 秒逃げ切る。
上の人は両手で相手の頭にさわれば勝ち。

※ゴロガード：床に寝転がった状態のガード。402頁を参照。

この練習の目的

　ガードでの足の使い方を学びます。足を伸ばしてしまうと、かえってどかされやすくなります。ピンボールのフリッパーや、バレーボールのトスの要領と似ています。足は曲げておいて、相手が近づいた時にだけ当てるようにしましょう。

ステップアップチェック

これはとても難しい練習で、黒帯になっても上達が続く動きなので、チェック項目はありません。奥の深い練習ですが、初心者でも楽しめ、オープンガードには必須の動きでもあるので、初心者の頃から親しんでおきましょう。ガードワークと足をさばく力が確実につきます。

Q.道場以外でできる練習方法はありますか？
A.とにかく動画を見ましょう。

　自分の動画を見ることが非常に大事です。私自身、いまだに会員さんとのスパーリング動画をすべて見直しています。見れば見るほど反省点だらけですが、これを見ないと理想に近づけないのです。動画を見直すのは時間もエネルギーもかかりますが、これ以上の上達方法を私は知りません。

　また他の人の動画を、自分に置き換えて見ることをお勧めします。私が昔よくやっていたのは、人の試合動画でポイントが入ったり、一本取ったりするシーンがあったら巻き戻して、やられた側の視点で「どこが悪かったのか？」「どこの時点で、どう防いだらよかったのだろう？」、逆に攻撃側の視点から「どこがよかったのか？」「その技はどこから始まっているのか？」を考えるようにしていました。あまり上手な人の動画は高度すぎて分からないので、自分と同じレベルくらいの人の動画がお勧めです。

　今は録画機器も安価に手に入りますし、スマートフォンでも簡単に撮影できるので、道場主の許可があれば積極的に撮影して見直すことを強くお勧めします。もちろん私の道場では推奨しています。

第4章 防御を覚える

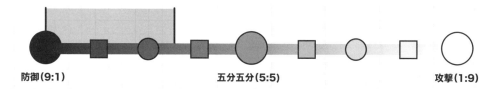

防御(9:1)　　　　　　　　　五分五分(5:5)　　　　　　　攻撃(1:9)

ポイント

- **防御の得意技を作る。**
- **大基本「不服従のポーズ」を覚える。**
- **最重要の「クリンチハーフガード」。**
- **上からの防御に必要なポスチャー。**

　いくつかの技についてレベル4に達したら、とりあえず何も知らない素人には勝てます。しかし「スパーリングを楽しみたい。できれば勝ちたい」という目標であれば、ここからが本番です！　そのために必要なのが「防御」なのです。

定石としての柔術

　いくつかの技についてレベル４に達したら、とりあえず何も知らない相手には勝てます。ですが「スパーリングを楽しみたい」「できれば同じか、少し強い人に勝ちたい」というのが目標であれば、ここからが本番です。ようやく本当に柔術を楽しむ用意ができたと思ってください。

　下の図は、第１章で登場した柔術全体の流れをさらに細かく表したものです。

　通常は真ん中の５：５のイーブンな状態がスタートになるのですが、この本では既に書いた通り、初心者にとって現実的なスタート地点である１：９から説明していきます。理由はその方が技術構造的にやる

柔術全体の流れ（詳細版）

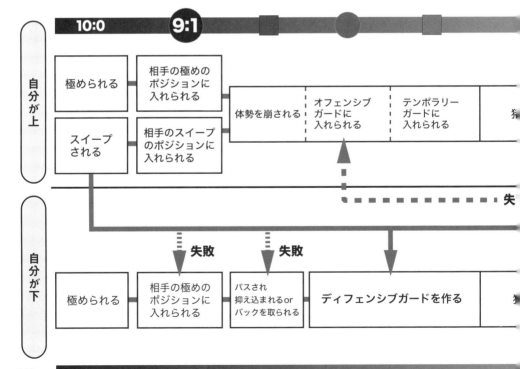

べきことが明確になり、行動に余裕ができるので上達の効率がよいからです。（第1章「流れが分かれば余裕が生まれる」21頁）

またこの方法を採ることで、防御から自分が攻撃するまでの流れを1つのつながりとして理解することができると考えるからです。それが身につけば、この本には載っていない新しい技術についても、無理なく流れの中に組み入れることができます。

とはいっても、すべての技術を紹介することは不可能ですので、将棋における「定石」といえる普遍的なものを中心に紹介していきます。初心者はもちろん、それなりの経験者でも必ず知っておいた方がよいものですので、是非参考にしてください。

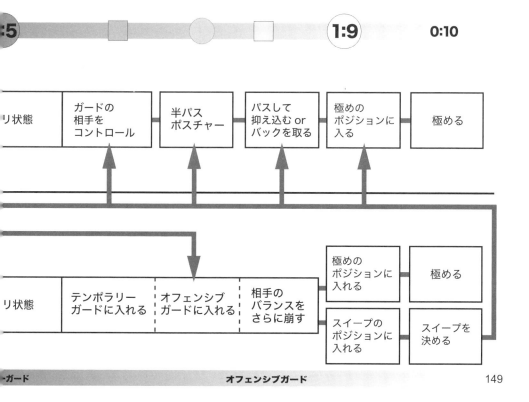

防御の得意技を作る！

　この段階で必要なのは、まず防御の場面で得意なポジションを作れるようになることです。第1章に書いた通り上達のために必要なのは、相手との相対的な実力差を理解して、1つ上のレベルの相手にしても、「この形さえ作れば一息つける」という余裕を持てる防御のポジションを身につけることです。これができるようになると、結果的にやられても、その過程で得た情報にタグがつけられるので上達につながります。

　繰り返しになりますが、「強くなる」とは、こうした得意のポジションを増やすことから始まるのです。

攻撃より防御は効率がよい!?

　防御を先に覚える利点は、攻撃の技術よりも防御の技術の方が体得の効率がよいことも挙げられます。

　基本的に柔術の技は偶然かかることはなく、いくつかの工程があります。相手への攻撃を完遂するためには、そのすべての工程をクリアしなければいけません。

　例えば Aという技に工程が10個あり、各工程の成功率が90%だとすると、A全体の成功率は0.9の10乗で35%です。ではもし未熟で各工程の成功率が50%だとしたらどうでしょう？　全行程をクリアできる確率はたったの0.09%、1,000回かけて、やっと1回です！攻撃を完遂させることの難しさが分かるでしょう。

　対する防御側は、攻撃側の工程のどこか一箇所だけでも邪魔に成功すればよいのです。この場合、自分が一番得意なポジションで待ち構えて、そのポジションだけででも相手の攻め手の数と質を上回る防御法を持っていれば、相手の攻めはそこで止まらざるを得ません。そう

なると、一見攻められていても精神的には自分の方が優勢になるのです。

　確かに自分は攻められているのですが、自分よりキャリアの長い相手がそこから攻められなくて困っているのです。これはなかなか痛快な出来事です。そこからさらに自分が経験や知識を増やせば、攻め返すことができるようになります。

　そうしたことからまず防御の得意技を作ることが大事なのです。

　ここではまず自分が下の状態での防御から紹介していきます。

下からの防御を覚える順番

　自分が下になった状態からの防御を覚えるために、最も効率がよい順番は以下の４ステップです。

ステップ1	極め技・絞め技の防御
ステップ2	極めの形を作らせない
ステップ3	抑え込みからのエスケープ
ステップ4	パスガードを防ぐ

　ここでは、スパーが始まっても、すぐに抑え込まれてしまう初心者を想定して説明していますが、柔術が相対度が高い構造であることを考えれば、誰もが初心者扱いされる場面があるはずです。

　この機会に是非、ステップ１から始めてみてください。技術の幅が広がり、上達に拍車がかかるはずです。

※もちろん細かく分ければ無限ですので、あくまでも基本的にはということです。

［ステップ1］ 極め技・絞め技の防御

　自分が初心者のうちは否応なく相手に抑え込まれたり、バックポジションを取られたり関節を極められたり絞められたりします。

　そこで**防御のステップ1**は、最悪の状態である**「極め技の防御」**から紹介していきます。いずれも極め技の形を作られた場合、あるいは作られそうな場合を想定した定石です。

関節技を極められる直前ですべきこと

　相手が関節技の形に入っている、もしくは入る直前にすべきことの原則は、

 ポイント！

① 極められそうな所に対して力で抵抗する。

② 動いて相手のバランスを崩す。

です。実際には①をしつつ、②「相手を前に倒す」「自分の体を抜く」などの動きを使って、相手のバランスを崩して逃げます。

　無理にガードポジションに戻そうとせず、まずレベル3までにやってきた抑え込みの形に戻すことを目指しましょう。

　ここでは自分が下（ボトムポジション）と上（トップポジション）でよく登場する腕十字、V1などを中心に、基本的なものをまとめて紹介しています。

　もちろん極まってしまったら、我慢せずに早めにタップや「参った」をするのが前提です。

腕十字を前に倒して外す

①腕十字に対して、
②③大きく足を振り上げ、
④起き上がることで外す。

取られている手で自分の腕
を掴み、反対側の手は相手
の足をくぐらせておく。

①

②

③

④

①

②

腕十字を脇を回して抜く

体が柔らかい人向けの抜き方。
①腕十字に対して、
②③肩と足のアーチを保ち、床を
　歩くように体を反転させる。取
　られている腕の脇が90°以上開
　くように動く。
④⑤うつ伏せに変化して潰し外す。

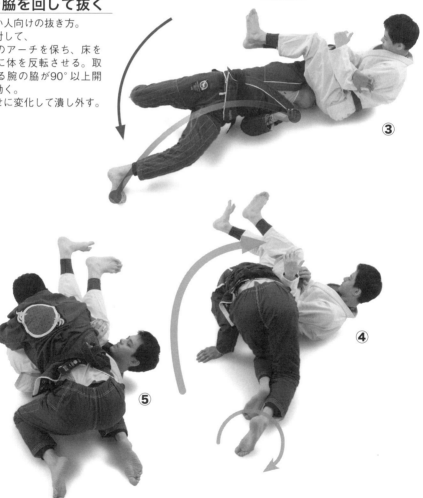

③

④

⑤

相手の体を伸ばせなくする

①②③

①腕十字に対して、
②右手で自分の左襟を、左
　手で相手の右襟を取る。
　相手は体を伸ばせなくな
　るので、腕十字はできな
　くなる。
③④⑤相手が襟を持つ手を
　切ろうと腕を取る手を外
　したところで、体を起こ
　す。

⑤④

NG 自分の袖を掴んで両手クラッチで防ごうとする人が多いが、
これは外し方を知っている人には効果がない。

①②③

155

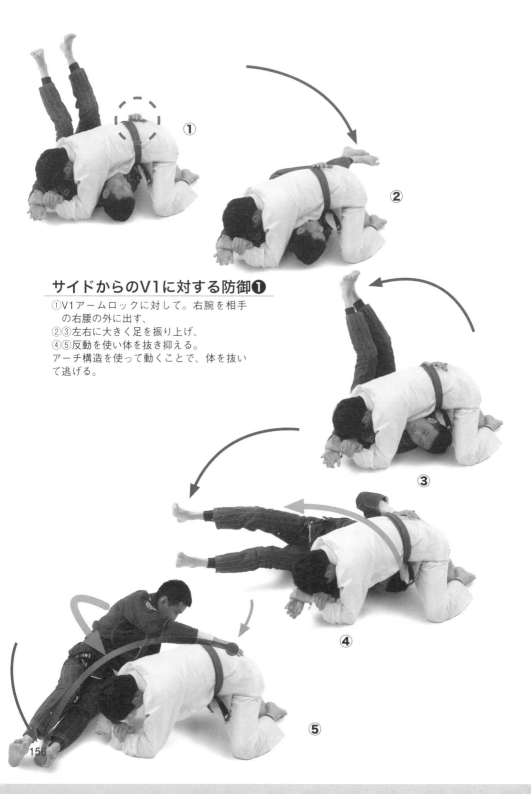

サイドからのV1に対する防御❶

①V1アームロックに対して。右腕を相手
　の右腰の外に出す、
②③左右に大きく足を振り上げ、
④⑤反動を使い体を抜き抑える。
アーチ構造を使って動くことで、体を抜い
て逃げる。

156

サイドからのV1に対する防御❷

相手の左肘が自分の首から遠い場合の逃げ方。
①②右手を相手の肘に当て、
③④左にローリングしながら肘を押し外す。

①

②

③

④

①

サイドからのV1に対する防御❷

①②③両手が組めるくらい近い場合は、両手
　をS字グリップにして外す。
両足で逆エビをして下に下がると、より極ま
らなくなる。

②

③

S字グリップ

158

サイドからのV1に対する防御❸

①②③対角線の足で床を踏みアーチを
作ることで肘を重くして防ぎつつ、
④⑤⑥膝を入れて外し防御に戻す。

右足と左肘で体が浮くぐらいの
アーチを作る。

①

②

③

④

⑤

⑥

クローズドガードからの腕がらみに対する防御

①右手をついて左足を軽くする。
②左足を前に出して、腕をカバーする。
③左膝を床につくと取られることはなくなる。
④右手で相手の奥襟を取って上に上がると、相手の
　左脇が開いてクラッチが外れる。

① ② ③ ④

ハーフガードからの腕がらみに対する防御

自分の腕を股の間に入れて体を起こして切る方法。

①

②

①②③前頁と同じ。
④⑤右手で相手の左腰を上から押す力で上半
　身を起こし、相手のクラッチを切る。
⑥左腕を取られないように攻める。

③

④

別角度

⑤

⑥

正座ベースは288頁 →

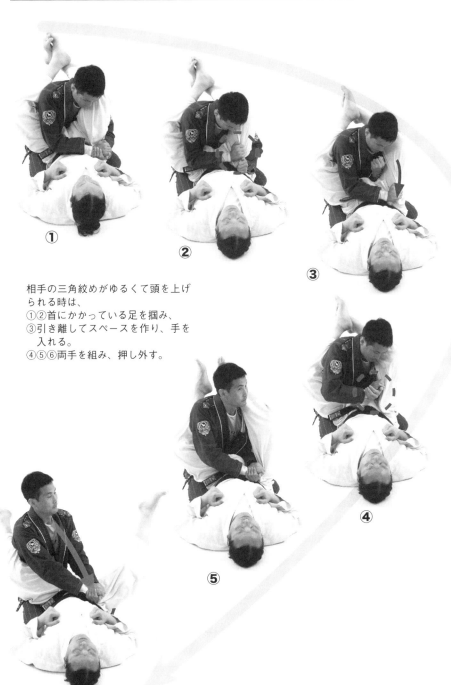

① ② ③

相手の三角絞めがゆるくて頭を上げ
られる時は、
①②首にかかっている足を掴み、
③引き離してスペースを作り、手を
　入れる。
④⑤⑥両手を組み、押し外す。

④

⑤

⑥

クローズドガードからの三角絞めに対する防御❷

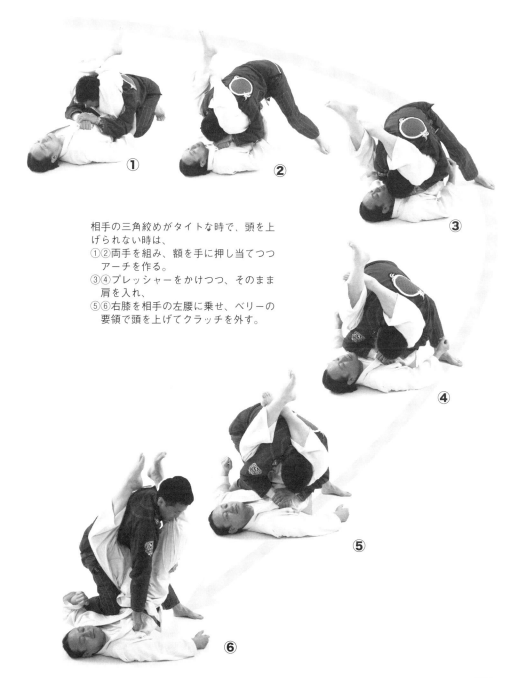

相手の三角絞めがタイトな時で、頭を上げられない時は、
①②両手を組み、額を手に押し当てつつアーチを作る。
③④プレッシャーをかけつつ、そのまま肩を入れ、
⑤⑥右膝を相手の左腰に乗せ、ベリーの要領で頭を上げてクラッチを外す。

マウントからの腕十字に対する防御❶

① ②

右脇を締めるとクラッチは強くなるが、
相手は左足を顔にかけ、さらに強い力で
クラッチを切ることができる。そこで、
①右肘をおでこに当て、相手の左足が顔
　にかからない状態を作り、
②③クラッチのまま、相手の動きに合わ
　せて反時計回りにヨーイングしつつ、
　右にローリング。
④アーチでプレッシャーをかけつつ、
⑤土下座ポスチャーになる。

③

④

⑤

土下座ポスチャーは228頁

164

マウントからの腕十字に対する防御❷

①

②

③

相手の足の固定が弱い時に使える方法。
①両手クラッチの状態から、
②右手で自分の左襟を掴み腕を伸ばされないようにして、左手で相手の足を股の間に動かす。
③両腿で足を固定。左手で顔の上にある足を掴む。
④⑤手で足を外し、自分の頭の下に持っていき、
⑥ブリッジ、
⑦⑧ローリングしてハーフマウントに。

クリンチハーフマウントは231頁 ➡

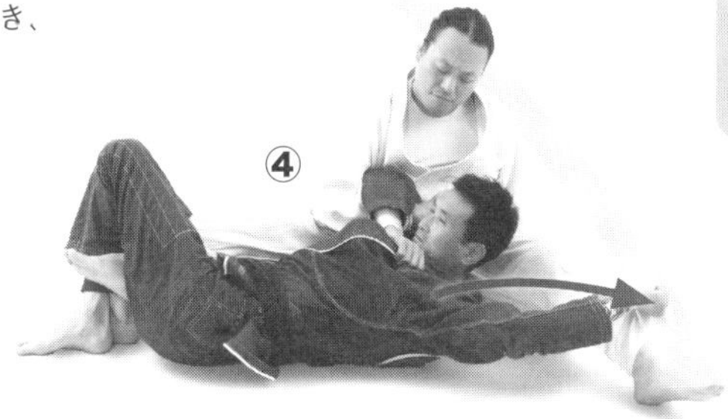

④

⑤

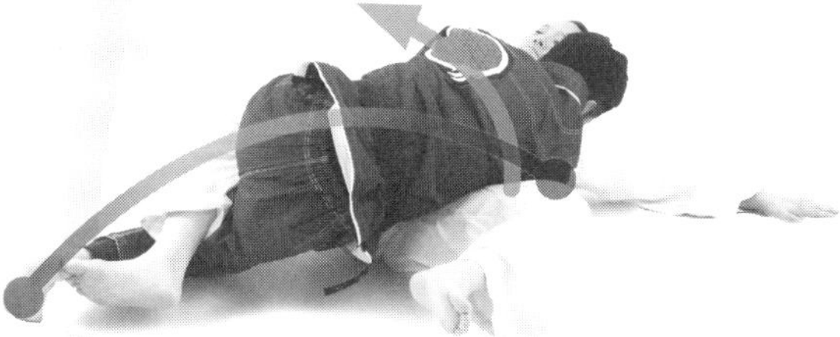

⑥

⑦

⑧

165

クローズドガードからの腕十字に対する防御❶

①腕を取ってくる動きに合わせ、
②③肘を落とす。この時、頭を下げると肘が床に近づ
　きしっかり落とせる。

①

②

③

別角度

①'

②'

膝を上げることで肘が重くなる。
ここにもアーチ構造が活きている。

③'

クローズドガードからの腕十字に対する防御❷

①②技が進んだ場合は、腕を組み抵抗しつつ、
③膝を相手の仙骨に当て、相手を固定する。
④⑤その体勢のまま体重で潰して腕を抜く。

別角度

③'

①

②

③

④

⑤

フットロックに対する防御❶

自分の足を相手の膝裏や腰に当てる。相手が
足関節が得意だと分かっていたら、このよう
なガードを使う。

NG 足を相手の脇の下に入れると簡単に取られてしまう。

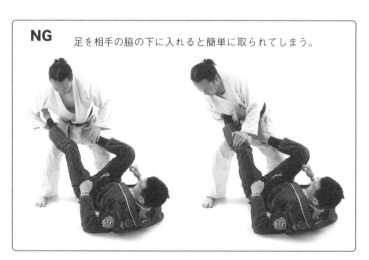

①

フットロックに対する防御❷

①フットロックに対して、
②相手の肘付近を掴んで引き寄せ
　ながら右足を突っ込むことで、
　ポイントがずれる。
③そこで立ち上がれば、相手はこ
　ちらの足首を伸ばすことはでき
　ない。

②

③

169

絞め技の防御ですべきこと

　前提としてアゴや首関節が痛い場合は、頚動脈や気管が絞まっていなくても、危ないのでおとなしく「参った」しましょう。その上で、バックからの襟を使った絞め技を防ぐ大原則は以下の3点です。

 ポイント！

❶相手の手が喉に入るのを阻止する。

❷手を喉に入れられたら、襟を取られないように守る。

❸襟を取られたら襟を引けないように、相手の腕を引く。

　相手の腕を近づけないのが原則です。とはいっても、相手がうまければ接近を防げず、襟を掴まれるでしょう。その時は、逆に相手の腕を引きつけます。こうすると相手は襟を引っ張れないので、絞めができなくなるからです。本能的な動きとはかけ離れた防御方法かもしれませんが、これが技術です。これで守れることを知ったら、実戦では相手の攻めの進行度合いによって防御方法を使い分けましょう。

❶相手の手が喉に入るのを防ぐ

①相手が左手で絞めにきた場合、肩や腕でブロックして、
②相手の左手が正中線を越えないように止める。

❷襟を遠ざけて逃す

相手の絞め手がこちらの正中線を越えて
しまったら、自分の襟を相手の手から遠
ざけて、襟を取られないようにする。
この写真の場合、右手で自分の左襟を守っ
ている。これから左手で相手の右手を押
し返して、自分の右半身側に押し戻す。

❸肘を引いて絞めを防ぐ

①襟を引いて絞めようとしてきた時は、絞めにきた相手
　の腕の肘と袖口を掴み、
②自分のみぞおちの方に引いて防ぐ。

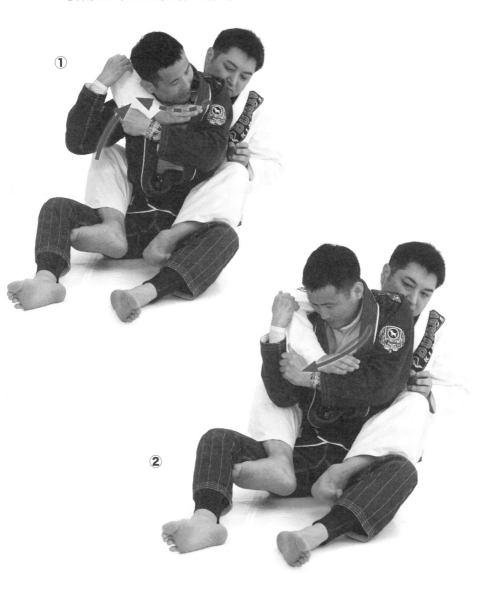

①

②

172

後ろからの絞めに対する大基本

両襟を耳にかけるようにすると、
絞めはできなくなる

バックからの絞めに対する防御

自分の足を相手に絡める。こうすることで相手は絞めし
かできなくなる。
両手で襟を耳が隠れるまで被る。自分の体を丸めること
で、相手は絞めづらくなる。

173

マウントからの十字絞めに対する防御

頭を床につけて、腕を体につけたまま伸ばし、相手の腰
の片側を止める。この体勢で両襟を取られても、相手に
ハイマウントを取られない限り、絞めは極まらない。

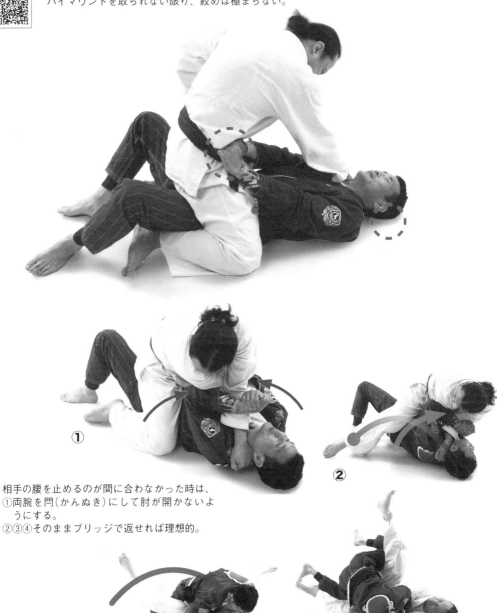

①

②

相手の腰を止めるのが間に合わなかった時は、
①両腕を閂（かんぬき）にして肘が開かないよ
　うにする。
②③④そのままブリッジで返せれば理想的。

④

③

クローズドガードからの十字絞めに対する防御❶

手を相手の腰と上半身に当て膝を浮かす。横から見た時
に、大きな三角形を作るイメージ。

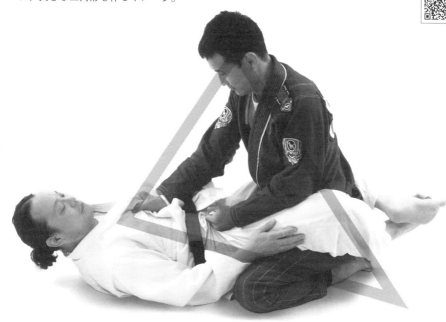

相手に襟を取られても、構造ができていれば、相手が
引く力はそのまま相手の胸にかかり、自分は崩れず、
相手は苦しいため防げる。

NG 抑えようとして膝が重くなら
ないように注意する。

クローズドガードからの十字絞めに対する防御❷

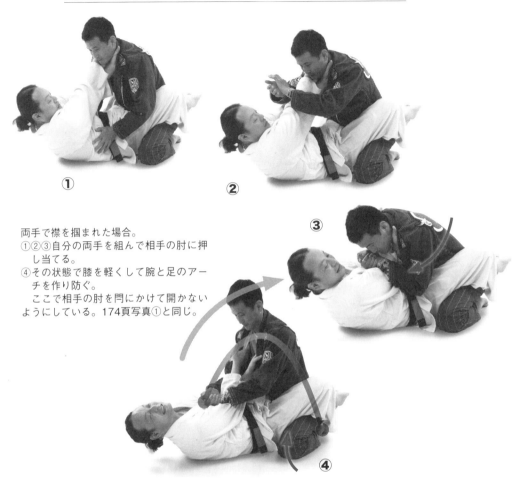

両手で襟を掴まれた場合。

①②③自分の両手を組んで相手の肘に押し当てる。

④その状態で膝を軽くして腕と足のアーチを作り防ぐ。

　ここで相手の肘を門にかけて開かないようにしている。174頁写真①と同じ。

相手の肘が開くのを止められなかった時の最終手段として、相手の腕の上から手を入れてアゴを抑えて防ぐ方法もある。

次に紹介するのは**ステップ2「極めの形を作らせない」**です。

相手にコントロールされてはいるが、極め技の形は作られていない状態でやるべきことを紹介します。

この段階ではまず「極め技の形を作らせない」ことが重要です。消極的に見えるかもしれませんが、「相手にそれ以上のポジションの進展はさせない」という、第1章で紹介した防衛ラインを作る第一歩といえます。

防御のキープは肉体的に劣勢ですが、落ち着いていれば相手をコントロールできている状態なので、精神的には余裕があり、優位に立てるからです。それを邪魔するものは「逃げなければいけない！」という思い込みや「早く逃げたい！」という恐怖です。

そもそも実力が上の相手にコントロールされるのは当たり前で、逃げられません。これはそれなりの経験者にも同じことがいえます。

第1章で書いた通り、ここでやるべきことは、防御をキープしつつ相手をコントロールしようと工夫することです。このマインドが身につくと、次第に相手を嫌がらせたり逃げたりする隙が見えてきます。そのためにはまずパニックにならず防御することが大事です。

また、これは実際の試合でも大事なテクニックです。

「なんとかして、逃げなければいけない！」という
思い込みがあると、いつまでたっても上達しない。

177

相手が入る空間を消す

「パスガードされる」とは相手の胴体か膝が自分の腹（上腕と腰の間）に乗った状態のことをいいます。これを防ぐために一番確実なのは、自分の腿と胴体に引きつけて、相手に乗られる空間を潰してしまうことです。

といっても初心者のうちはなかなか足が使えません。そこで登場するのが腕です。足に比べると力は弱く長さも短いのですが、相手の動きに合わせて器用に使うことができます。これを利用してスペースを潰せばいいわけです。

この時に大事になるのが「気をつけ」の姿勢です。脇を締めて前腕で相手に力をかけられる形にするだけで、相手にパスガードされて抑え込まれる確率が減ります。

ここで無理にエビやブリッジをしようとすると脇が開き、相手に取られてコントロールされてしまいます。そうした動きは、まず「相手が自分の腕と腿のスペースに入ってこられない」という判断ができるようになってからやるべきです。

そのために必要なのが次に紹介する「不服従のポーズ」です。

下からの防御の基本は、相手がグレーの空間に入ってくることを防ぐことといえる。

防御の大基本「不服従のポーズ」

　　ステップ1「極め技の防御」に最も大事な定石が、ここで紹介する「不服従のポーズ」です。パスガードなどから極め・絞めに進もうとする相手を止めるためのものです。寝技で下になっている人が最初に覚えるべき大基本で、私はエビやブリッジ、足回しなどの基本よりさらに前に習得すべき重要なものだと考えています。

　　これを覚えるだけで防御のレベルが格段に上がるのですが、知らないまま練習をしている人が多くいます。

　　この「不服従のポーズ」ができるようになると、自然にこれをベースにして余裕を持って動けるようになるので、向上のスピードが全然違います。

　　ですので防御の定石として必ず覚えてください。

３種類の不服従のポーズ

　　不服従のポーズは、ロー・ハイ・ミドルの３種類あり、相手の侵入方向によって腕を使い分けます。

　　共通するのは以下のポイントです。

 ポイント！

> 頭：後頭部を床につける。
>
> 背中：床につけて相手は見ず、天井を向く。
>
> アゴ：しっかり引いて絞めを防ぐ。
>
> 腕：脇を締めて体側につける。
>
> 膝：立てて足裏をお尻に近づける。

いずれのポジションでも基本的に腕は「気をつけ」をした形から肘を曲げるイメージで、脇を締めた状態のまま自分の両腕を相手との間に入れることが重要です。

また足とお尻を近づけていることも大事です。離れていると必要な時にブリッジやエビができないので気をつけましょう。ミドルポジションの時には、軽く自分の襟を引き、絞めを防ぎます。

慌てて無理にエビやブリッジをすると横向きになり、かえって相手にチャンスを与えてしまいます。まずこの形でしっかり相手を止めることを目指すのです。

不服従のポーズの使い方

腕を体側につけて脇を開けないことが基本になります。

ローポジションは、自分の腰より下からニーオンベリーなどでパスしてきた相手に対して、脇を締めたまま肘を伸ばして止めます。

逆に**ハイポジション**は、自分の腰より上からパスや抑え込みなどをしてきた相手に対して使います。肘を曲げたまま相手と自分の間に入れることで相手の進行を止めます。

ミドルポジションは、相手にマウントを取られてしまった時などに使います。両肘で相手の膝を抑えて相手がそれ以上、上がってくるのを防ぎつつ、襟を掴んで取られないようにします。

一見すると絶体絶命のようですが、相手にすると意外に取るところがなく戸惑うポジションです。詳しくは194頁で説明します。

ローポジション

ニーオンベリーなどの足方向からの侵入に対応したポジション。
脇を締めて腕を伸ばす。

左手で相手の右膝内側を、右手で相手の右ズボン裾を取る。
相手の足をどかそうとはせず、体を反らして腕と腰で相手の右スネを挟んで固定する。
コントロールできれば、極められることはない。焦って相手が動いてきたらガードに戻すことができる。

ハイポジション

サイドから頭に近い位置からの
侵入に対応したポジション。
胸の前に腕を置く。

サイドを取られた場合、腕の防御に加えて、
右膝で相手の右腰を止められるのでベリーや
マウントを防ぐことができる。ここでは左足
で右足を補強している。

ミドルポジション

相手にマウントを取られた時
に使うポジション。
襟を掴み、肘を脇の下に置く。

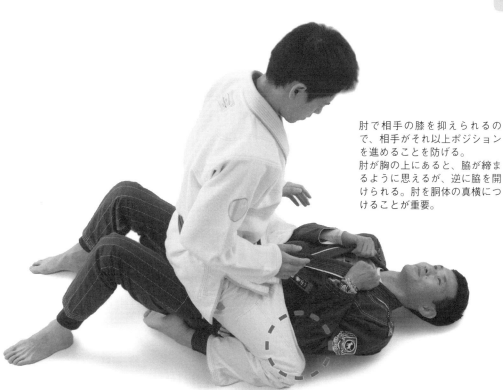

肘で相手の膝を抑えられるの
で、相手がそれ以上ポジション
を進めることを防げる。
肘が胸の上にあると、脇が締ま
るように思えるが、逆に脇を開
けられる。肘を胴体の真横につ
けることが重要。

[ステップ3] 抑え込みからのエスケープ

不服従のポーズで、パスや抑え込まれても相手から簡単に一本取られなくなったら、いよいよ**ステップ3「抑え込みからのエスケープ」**の練習です。

まずここでは次の代表的な3系統を紹介します。その後でステップ2で紹介した不服従のポーズからのエスケープ方法を紹介します。

 ポイント！

> **①隙間を作って「足を入れる」or「くぐる」系**
>
> **②密着返し系**
>
> **③相手の攻撃をエスケープに変える系**

①は相手との間に隙間を作り、足を入れたり、下を向いたり、隙間をくぐったりして逃げます。

②はお互いの胸が密着している状態で自分の胴体をひねることで、一緒に転がって自分が上になります。

③は極め技や絞め、ニーオンなどの攻撃に誘って、相手がポジション変化したところで逃げます。

ここではそれぞれのポイントを紹介していきます。

184

①隙間を作って「足を入れる」or「くぐる」系

　ここでまず必要なのは、相手と自分の密着を少しでも剥がして、足を入れたりくぐるスペースを作ることです。そこで覚えてほしいのは「尻ブリッジ」です。

　一般的なブリッジと違い、お尻の筋肉を強く収縮させることで、小さな勾配を早く力強く作ります。第2章に登場したアーチ構造を瞬間的に強く連続して行うのです。これに、次に紹介するように腕を補助的に使うことで相手の抑え込みを返します。

①

尻ブリッジの基本
①足裏を床についてスネが床に垂直になる形を作り、
②膝から肩まで一直線になるようにお尻の筋肉に一気に力を入れ勾配を作り、
③すぐに力を抜いて元の形に戻る。

②

③

腕の使い方は相手の位置に合わせて2種類あります。

❶相手が腰に近い場合は肘を伸ばし、相手を自分の腰に押しつけながら尻ブリッジをして相手を剥がして足を入れます。

❷相手が頭に近い場合は、尻ブリッジではなく、高いブリッジとともに肩を動かし相手を自分の頭上に押し上げます。これを繰り返すことで相手と自分の間にスペースを作り、相手の脇をすくってバックを狙ったりします。

①

腕の使い方❶

腕は脇を締めて相手を自分の腰に押しつける力をかる。そこで前頁の尻ブリッジを行い、腕の力＋尻の力の合力で隙間を作る。腕で相手を天井方向に押し上げるのはNG。

②

別角度

③

腕の使い方❷

①②腕は肘を伸ばさず、前腕で相手を押すように肩を動かしつつブリッジをする。

③自分の肩が動き、その合力が相手にかかり、自分の頭方向に相手が崩れる。

①

②

③

187

②密着返し系

この系統で代表的なものは、抑え込まれた状態からブリッジで相手を転がして自分が上になる動作です。柔道ではこれを「鉄砲返し」と呼びます。

ブリッジしても相手が返らないという人はつま先に注意してください。つま先と腰はつながり、その方向が股関節の位置を決めます。ですからいくら頑張っても、つま先が下を向いている限りは返すことができません。そのためにはただ足裏全体で床を蹴るだけではなく、足裏の縁やつま先などを巧みに使い、左右の足を入れ替えるのです。

多くの人はブリッジをすることに熱心であまり意識されていませんが、返す動作は左右の足の入れ替えがなくては成立しません。特に自分と同じくらいの体重の相手を「最後まで転がし切る」には、つま先の向きを変えることと、左右の足を入れ替えることが重要なポイントになります。

そういう目でうまい人が足で床を蹴る動きを見ると、床と接している足裏を上手に使い、刻々と蹴る方向を変化させ位置を変えていることが分かるはずです。

この密着返し系は、胸板が厚く、足腰の力があり体を反らせる柔軟性のある人向けです。向いていない人が無理に行うと腰を痛める可能性があるので注意しましょう。

① ②

鉄砲返し❶

マウントからの返し。
両手で相手の右腕を、左足で相手の右足首を止めて、突っかい棒を出せなくしたら、高いブリッジで相手のバランスを崩しながら向かって左方向に転がします。
④の時につま先が下を向いていることが重要。

③

④

⑤ 土下座ポスチャーは228頁 →

189

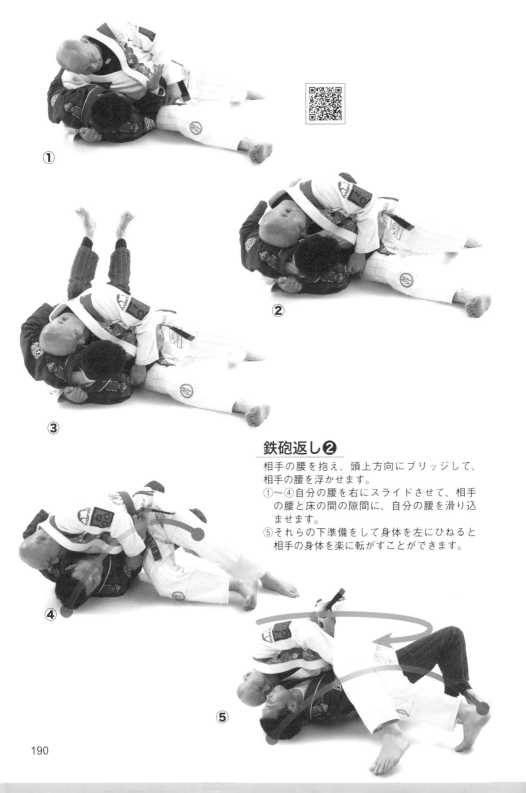

① ② ③

鉄砲返し❷

相手の腰を抱え、頭上方向にブリッジして、
相手の腰を浮かせます。
①～④自分の腰を右にスライドさせて、相手
　の腰と床の間の隙間に、自分の腰を滑り込
　ませます。
⑤それらの下準備をして身体を左にひねると
　相手の身体を楽に転がすことができます。

④ ⑤

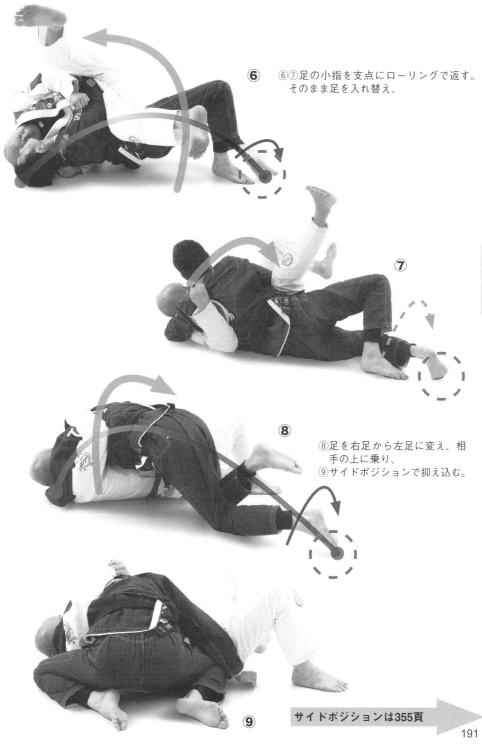

⑥ ⑥⑦足の小指を支点にローリングで返す。
そのまま足を入れ替え、

⑦

⑧ ⑧足を右足から左足に変え、相
手の上に乗り、
⑨サイドポジションで抑え込む。

⑨

サイドポジションは355頁

③相手の攻撃をエスケープに変える系

　柔術はパスされても3点取られるだけで負けではありません。

　試合で相手に抑えられて逃げようとすると、相手はこちらを抑え続けていて構わないのですが、こちらが逃げようとしていなければ、ルール上相手は、ベリーやマウントなどにポジションを進めながら、極めを狙わないと反則を取られるのです。そこに逃げるスキがあります。

　積極的に逃げなくても、守りを固めて相手が反則を取られるのを嫌ってポジションを変えたり攻めようとしてコントロールが弱まる時を狙って逃げる、という消極的なやり方もあるのです。上達の段階的には、この消極的な逃げ方をマスターするのが先です。これで逃げられないほど強い相手には、積極的な逃げ方は余計通用しないと思ってください。

①

②

極め技を狙った時にガードに戻す

相手が絞めを狙って首に腕をかけてきたり、関節技を狙って腕に圧力をかけて抑え込みのプレッシャーが弱まったタイミングで、相手を崩してガードに戻します。
①不服従のポーズで相手の攻撃を止めた状態から、
②相手が絞めようと体を離すタイミングに合わせ、
③尻ブリッジで隙間を作り、ホイホイガードなどへ。

③

ホイホイガードは222頁

ニーオンを誘ってガードに戻す

相手がニーオンベリーに変化することを
察知したら、手より先に膝を入れて戻す。
①不服従のポーズで相手の攻撃を止めた
　状態から、
②③相手がニーオンを狙って作った空間
　に自分の膝を入れ、ガードに戻す。

マウントを誘ってガードに戻す

相手がマウントにくることを察知した
ら、相手が回してくる足を捉える。回っ
てきた足は軽くなっているので、コント
ロールしやすい。
①不服従のポーズで相手の攻撃を止めた
　状態から、
②③マウントを狙ってきたタイミングに
　合わせ、両足で相手の回ってくる足を
　捉える。
ローリングで返し、クリンチハーフマウ
ントなどに。

クリンチハーフマウントは350頁

不服従のポーズからの定石

　ベリーの攻防は、アバラを痛めやすく危険なので、お互い了解の上で初めはゆっくり行いましょう。上の人はスネをアバラに乗せず、下の人は無理に体をねじらないようにします。

ローポジションの定石①

①両足裏を床につけ、左手で相手の右膝内側、右手で相手のズボンの右裾か右足首を掴む。
　そのまま腕で相手のスネを押して、自分の鼠蹊部まで押し返す。
　この体勢が作れれば相手はマウントに変化できない。
②真上を向いたまま、両足でトコトコ反時計回りにヨーイングして隙間を作り、
③右スネを当ててテンポラリー的ガードに戻す。
④膝を抑えようとする手の袖を取り、

⑤ ⑥

⑤⑥体を起こしつつ、
⑦足を取る。

⑦

NG

① ② ③

エビで横を向くのはNG。理由は相手との間に空間（写真②）ができるため、①天井側の腕を極められやすくなる、②バックに回られやすくなる、③相手の膝がアバラに乗っていたらアバラを負傷する危険性が高くなる、など。

①

②

③

ローポジションの定石②

①相手が無理に襟を握ってきたら、
②③そのまま足でトコトコ反対側に
　歩き崩す。

ローポジションの定石③

①相手が強引に乗ってきて、襟を握っ
　てきたら、
②左手で襟を取ってきた腕の肘裏を
　抑えつつ、
③右肘を相手の左腿に当て、ブリッ
　ジで起きる。
④そのまま自分のニーオンベリーに
　なれればベター。

①

②

③

④

ニーオンベリーは370頁

ハイポジションの定石

相手の胸と自分の胸の間
に腕を入れ、膝で相手の
腰を抑える。

①

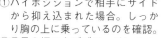

②

①ハイポジションで相手にサイド
　から抑え込まれた場合。しっか
　り胸の上に乗っているのを確認。
②③足を振り上げブリッジしつつ、
　脇を開け肘打ちのような感じで
　相手を止め、
④空いた空間に膝を入れて返す。

③

④

ホイホイガードは222頁 →

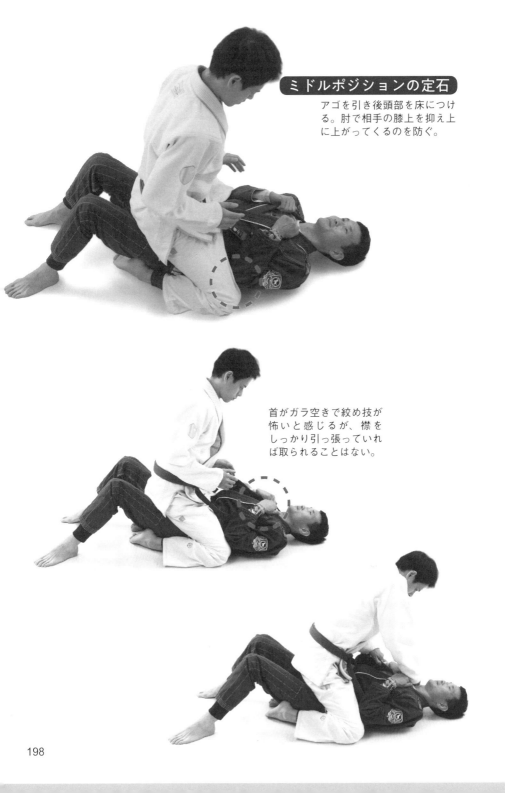

アゴを引き後頭部を床につける。肘で相手の膝上を抑え上に上がってくるのを防ぐ。

首がガラ空きで絞め技が怖いと感じるが、襟をしっかり引っ張っていれば取られることはない。

これは「不服従のポーズ」ではないのですが、マウントを取られた時の返し方としてここで紹介しておきます。「不服従のポーズ」に失敗した場合や、余裕ができた時に使ってみてください。

バンザイで抜く

①マウントを取られた状態で、バンザイ。
②攻め手を失った相手は、十字などを狙いポジションを変える。
③④そのタイミングで体を起こして外す。

「不服従のポーズ」は距離が大事！

　不服従のポーズで大事なのは、相手が自分の腕の有効範囲に入ってから対応することです。慌てて早く腕を動かし過ぎると、相手に逆を突かれてしまうことがあるからです。繰り返す中で適切なタイミングを見つけてください。

エスケープ＝エビ？

　簡単に見える「不服従のポーズ」ですが、意外にすぐできる人は少なく、経験者ほど苦労しているようです。理由は柔術を学ぶ多くの人に「エスケープ＝エビ」というイメージがあるようで、これがなかなか抜けないようです。

　また反射的に、「近づいてくる相手を遠くに押しやろう」としてしまうことも一因でしょう。その結果、自分から脇を開けて相手を呼び込んでしまっているわけです。

　人間の脇を締める力は強いので、一旦締めてしまえば相手がそれをこじ開けることはなかなか難しいものです。それをこの「不服従のポーズ」でしっかり自分の体に刷り込んでください。

①②③慌てないでしっかり相手が接近する
まで待ち、相手と自分の間に手を入れる。
④ブリッジで返し、ホイホイガードなどへ。

ホイホイガードは222頁

NG

①相手が十分接近する前に手を伸ばしてしまうと、
②③腕と胴体の間に相手が入ってきてしまい、抑え
られる。

「不服従のポーズ」の限界

　残念なことに、この「不服従ポーズ」で相手のパスが完全に防げるわけではありません。原因は腕の長さが短いことです。

　相手が自分の胸を目指してパスをしてくれれば、腕で相手を止められますが、うまい相手は、自分の肘と腰の間に胸や膝を乗せてパスを完成させようとしてきます。これを腕で防ぐには限界があるのです。

　しかし、一方でこれはパスのポジションとしてはローサイド(第7章「ロー・ミドル・ハイで抑え込む」354頁参照)で、まだ万全の形ではありません。相手は自分の上半身をきちんと固められないため、極め技をかけられることはなく、こちらは逃げやすい形といえます。

　ですからこの段階では、「相手と自分の間に腕を入れる」「脇を締めて進行を止める」など、相手が一直線にパスガードから極め・絞めに進むことを食い止めることを目標にしてください。

　もちろん最初のうちは「不服従のポーズ」を作る暇もなくやられるでしょう。その時には「極めの直前の防御」の出番です。そうやって防衛ラインを変えて対応する中で、「なるほど、こうやって攻めているのか」と分析できれば、取られても無駄にはなりません。

　ここまで何度も書いてきたように、技術的なレベルの差があれば、どんなに防御をしてもパスガードされます。常に「上には上がいる」ことを前提に、その差を確実に縮めるために必要なのは、力を尽くして防御することなのです。遠回りに見えるかもしれませんが、この順番で学ぶことで、不利な状況の中でコントロールする力を確実に養うことができます。

サイドを取られた場合

　肘と腰の間に割り込まれて「不服従のポーズ」が破られた時は、右前腕と右膝で相手の腰を挟み、相手がポジションを進めることを止めます。こうすることで相手がポジションを上に進めてきたり、ニーオンベリーやマウントに変化したりするのを防ぐわけです。

　また相手を腕で押す時に、ベンチプレスで高重量を上げるように体を反らすと押し返す力が強くなります。この体勢になれば自分の上半身が相手から遠ざかるので、こちらの上半身をコントロールされづらくなります。

①相手が腰を切って袈裟に抑えてきた時は、右肘を床について相手の腰を止め、左手で相手の右襟を取ってフレームを作る。
②相手の右腰と右襟を止めていれば、エビをすると足が入る。

NG　脇が開いてしまうと力が入らず、相手を止めることができない。

コントロールされ際の話

　実際のスパーリングや試合で悩むのは、抑え込まれそうになったり、バックを取られそうになったりといった、相手にコントロールされている場面で、「どこまで抵抗すべきか」ということでしょう。

　これは第１章で書いた防衛ラインにも関連するのですが、原則として「抑え込まれたら一本取られる」という相手に対しては、「パスされる！」と思ったら、すぐに極め技に入らせない防御姿勢を作りましょう。

　試合ではパスガードの点数は取られますが、相手の極め技を防げる可能性は高くなり一本は取られないで防ぎ切る経験値が増やせます。

　この、一本を取られなくなってから、ポイントを取られないようになろう、というのは本書で一貫して訴えている方針に適った対応です。また現実的に一本を取られるレベルの人が、パスガードを防げる確率は低いのです。これが理解できていないと出口のない隘路に陥ります。

　もし簡単に一本は取られないくらいの相手であれば、抑え込まれそうになった時に、極め技を防ぎながら３秒間は必死で逃げましょう。３秒以内に逃げられれば、試合ではアドバンテージしか相手に入りません。

　この「極め技を防ぎながら」という部分で問われるのが、いかに多くの技術・データを身につけているかです。

　そのためには、ここまで書いてきた防御技術を駆使して、経験値を有効に積むことが大事なわけです。

　もし３秒間で逃げられなかった場合は、試合だとポイントをすでに取られてしまったわけです。その時は、潔く抵抗をやめて不服従のポーズを作り、チャンスを窺ってガードに戻す練習をしましょう。

抑え込みから逃げられるようになってきたら、次は**ステップ4「パスガードを防ぐ」**です。かなりの難関ですが、実力の近い相手であれば、段階的に練習すると身につけることができます。

ここで登場するのが**ディフェンシブガードです。**

本書で定義（第3章「3つの「ガード」138頁）しているガードのうち、防御に特化したガードです。ここから攻めることは難しいのですが、その代わり守りは強いガードです。

その中でも初心者が最も使いやすいのは、

 ポイント！

ハーフガード

亀ガード

ホイホイガード

だと私は考えています。

それでは、ハーフガードから説明していきましょう。

4
防御を覚える

205

ハーフガードの基本

　柔術で最も使用頻度が高いガードです。ハーフガードの定義は狭義には、**下の人が両足で上の人の片足を挟んでいる形のガード**、広義では、**下の人が片足で上の人の片足に絡んでいる形のガード**、です。

　私は大多数の初心者にとってハーフガードは最重要なガードだと思っています。理由は、初心者にとってオープンガードは難易度が高く、使いこなせない上に、怪我をするリスクが高いからです。
　ハーフガードの最大の魅力はその形を作りやすいことです。
　攻めてきた相手の片足に絡みつけばよいのです。
　人によっては「相手に攻められて意に反して作らされている形」だと思うかもしれませんが、その形しか作れないなら、そこで相手を食い止めて反撃できるように工夫して練習するしかないのです。
　それができない限り、その前で相手を止めることはできません。
　またたとえオープンガードで相手の攻撃をある程度止めることができても、それを突破されてハーフガードになったらやられるということでは、不安が先に立って十分な攻防ができないでしょう。外堀（オープンガード）を超えられても、内堀（ハーフガード）で相手を止めて撃退し、その形から反撃する、もしくは外堀まで相手を押し戻す。何重にも防御壁はあった方がよいはずです。逆にいえばハーフに自信がつけばオープンガードでも自信を持ってのびのびと動くことができます。

腰に膝を当てたハーフガード

相手の体に自分の膝を当てたハーフガード。
右足を相手の右足に引っかけて相手の後退を止め、左膝頭を相手の右腰骨に当てて相手の前進を止めている。自分の体を右にローリングさせて、床を向くようにすると、相手の動きをより封じることができる。相手の股下に潜る系統の攻撃を行いやすい形。

別角度

相手の片足に両足を絡める。

膝を肩に当てたハーフガード

片足を相手の足に絡めつつ、足裏で腰を抑える。
左膝頭を相手の右肩に当てて前進を止めている。左腕で相手の脇をすくって、脇をくぐる系統の攻撃を行いやすい形。

別角度

スネでふくらはぎを抑えつつ、つま先を相手の足の下に入れることで強く絡める。

ディープハーフガード

相手の死角の1つ股下に入った形。これも本能的動きとは相容れない柔術ならではのポジションの代表例といえる。ブリッジで相手を返したり、股をくぐってバックを取る2系統の技ができるので、試合で得意とする人は多い。

リバースハーフガード

通常のハーフガードでは、相手が上半身を右腕で制してきたら、対角にある相手の左足を絡める。この絡めた足が逆足になった形をリバースハーフと呼ぶ。
通常のハーフガードの攻防と違う展開になるので、レベルアップに伴い身につける必要がある形。

ハーフガードの長所

ハーフガードの長所は、①**体形を選ばず**、②**安全性が高いところ**です。

①は自分の足が太くて短かろうが、相手の足が太くて短かろうが、ほとんどの場合は作ることができます。ハーフガードを作れないほど体格差がある相手であれば、他のガードを作ることはもっと難しいでしょう。

②はオープンガードが体や足腰の柔軟性とグリップの強さを必要とするのに対して、ハーフガードは体が硬くてもそれなりにできるところです。また相手の道着を強く掴んで相手の動きを止める必要もありません。足で相手の足を絡めているので、相手は大きく動けないからです。つまり無理をして怪我をするリスクが少ないのです。残念ながら柔術で無理な姿勢をとり続けて故障を抱えている人もいらっしゃいます。長く楽しむのであれば体に負担をかけないことは大事です。

最重要の「クリンチハーフガード」

柔術競技が始まった1995年頃はハーフガードからの攻めはあまりありませんでした。しかし他のガードと同様、先達がハーフガードからの攻めをたくさん作ってくれたお陰で、今では一生かけても使いこなせないくらいの技術体系があります。私たちがそれを使わせてもらわない手はありません。

私自身競技をしていた時代にハーフガードでの防御をとても得意にしていたので、ややハーフガードへの評価が高くなっているのかもしれません。ただ長年、道場で多くの方に寝技の技術の説明をし、そのフィードバックを受けた経験からも「**ハーフガードは有効である**」と自信を持っていえます。

ハーフガードには様々な種類があり、その形から相手を攻められる形もあります。しかし、まずその前に土台として最も重要なのが、次に紹介する**クリンチハーフガード**です。

クリンチハーフガード

相手に上半身を固められているが、相手の片足に両足を絡めている。この足を抜かれなければパスガードではないので、それをキープする。

別角度

クリンチハーフガードの作り方

　様々な局面で使えるクリンチハーフガードですが、ここでは代表的な例を紹介しておきます。

　相手が膝をついてサイドからパスガードをしてきた時に、思わず両手で相手を押し返そうとしてしまいがちですが、だいたいこれでは止まりません。

　ここで大事なのは、両手で自分から遠い側の相手の足を取りにいくことです。

　そのまま相手が上半身を自分に密着させ体重をかけてくると、取っている相手の右足が軽くなるので、その足に両足を絡めます。これでクリンチハーフガードの完成です。

　自分の両手両足で相手の片足だけをコントロールするので、実力差がある相手にでも比較的容易に行えます。

　このポジションを安定して作れるようになることが上達に非常に大事です。相手はどうせパスガードにくるのですから、それを嫌がらず呼び込むのです。その時に、この形だけは作らせてもらえばよいのです。

　上の人がこの体勢になった場合「**足抜きのポジション**」と呼ばれますが、下の側の呼称はありません。ですので本書では、このポジションを「**クリンチハーフガード**」と呼ぶことにします。

足の絡め方❶

①相手が近づいてきたら、それを防ぐことはせず、左足で床を蹴って右にローリング。少し体を丸めて相手を待ち構える。

②そのまま抑え込みにきたら、できれば両手で、少なくとも右手で相手の右膝を掴む。

③相手が乗ってきたら、逆らわず左にローリングしながら腕で相手の右膝を床から浮かせる。この時、相手の体重は胸にかかっているため、膝は軽くなっている。

④相手の右足を膝を足の間に入れ、

⑤両足で絡み、クリンチハーフガードを作る。

クリンチハーフガードからの展開は239頁

足抜きを防ぐ

　クリンチハーフガードで捉えられた相手は、ほとんどの場合は足を抜こうとしてきます。これを自分の両足を使って防ぎキープします。

　基本的には自分の足の太腿で、なるべく相手の足の付け根に絡ませます（前頁「足の絡め方❶」）。相手の腰に足をかけられればベストです（「足の絡め方❷」）。足を一箇所だけで絡ませていても相手を止めることが難しいので、二重絡みの形を作るのもよい方法です。

　私がよく使うのは、相手のふくらはぎを足の裏で抑える方法です。この形で体を反らすと自分の足裏が重くなり、①相手が動けなくなる、②自分の腰と相手の腰がより密着するので足が抜けない、③フックガードを作って攻めやすくなる、といった利点があります。

　相手は足を抜くことが難しくなると、困って離れてきたり、無理に足を抜こうとしてきたりするので、それに合わせてガードに戻したり、カウンターでそのまま攻めることができます。攻めに関しては、次の章で詳しく説明するので、今の段階ではこのクリンチハーフガードになったら、何分間でも涼しい顔して相手の攻めを防げるようになってください。

足の絡め方❷
片足を相手のお尻に絡める方法。手で足を掴むことでより強力になる。

二重絡みでキープする

①②単純な絡み方では簡単に足が抜かれ
　てしまうので、
③足首も絡める二重絡みにして防ぐ。
相手と自分の腰が離れなければ相手の足
は抜けない。相手の足に強く絡めること
よりも、相手の腰と自分の腰を近づける
ことを考える。

① ② ③

二点で止めると簡単には足は抜けなくな
る。ただしこの形はパワー差があると
キープは難しい。

ふくらはぎを抑える

両足で相手の右膝裏を踏んでブリッジす
る。股と足裏の二点で相手の足の動きを
止めているので足は抜けない。また体格
差があってもほとんど気にならない。

① ②

必須のクリンチハーフガード

本書ではクリンチハーフガードを非常に重要視しています。

理由はやるべきことが明確だからです。

この体勢からでは相手の選択肢は限られているため、相手が足を抜こうとするのを止めたり、そのポジションから仕掛けてくる絞めや関節技を防いだりすることに集中して対処できるからです。

逆にこれ以外のポジションは自由度が高く、第1章で書いた相対的な差が明確に出るため、初心者には何が起こったのかがほとんど分からず、また説明されても理解できないことが多いでしょう。その状態では上達のための有益な経験を積むことができません。つまりクリンチハーフガードは、初心者にとって分かりやすい寝技の攻防ができる、親しみやすいドリルのようなものだといえます。また同時に、黒帯になっても永遠に練習し続けなくてはならないポジションです。なぜなら、試合で非常に頻繁に出現するポジションだからです。

また、本質的なディフェンスを身につけるために是非理解してほしいのは、**ポジションの有利・不利**と、**自分が相手をコントロールしているか、されているか**は別の要素だということです。実際、明らかに自分より強い相手を押さえ込んだ時は、抑え込みをさせられているような感触を持つでしょう。これは、発想を変えて見れば、相手によって自分がクリンチハーフガードにされたとしても、確実に相手の足抜きを止めているのなら、それはポジション的には不利でも、「コントロールはできている状態」なのです。なぜ「コントロールしている」といえるのでしょう？　理由は、クリンチハーフガードで相手を抑えるコツを無意識にしろ理解して身につけたからです。

この状態になると、そこから五分五分の体勢に戻すことも可能になります。このコツを身につけないままガードに戻そうとしても、有利なポジションである相手が、あなたを簡単にパスガードしてしまうのは自明の話です。物事には順番があるのです。

亀ガードの基本

　ここまでハーフガード（主にクリンチハーフガード）について説明してきましたが、

・**相手が足を遠ざけて攻めてきて掴めない。**
・**立ったままニーオンベリーにくる。**
・**相手の方を向けない。**

など、相手の片足に絡むことができないこともあります。そこで使うのが**亀ガード**です。というか使わないとパスされるので使わざるを得ないわけです。

亀ガードは嫌われ者？

　柔術の世界では、亀になることを多くの人が嫌い、柔道の経験者で亀になるクセがある人に冷たい視線を向ける風潮すらあります。「下を向かずに足を相手に向けてガードを作り続けろ！」とアドバイスをされることが多いですが、それで初心者が「はい、分かりました」とできるかといえば、ほとんど不可能でしょう。

　特に体の硬い人や太った人は、足を使うどころか仰向けの状態で体を丸くすること自体が難しかったりします。またたとえ体が柔らかくても、経験値が足りない初心者が、足を回して相手にガードをかけ続けるというのはやっぱり無理でしょう。それはもうちょっと上達した段階で目指すべき目標なのです。

　そうしたことから、クリンチハーフガードと同じく、亀ガードも自分の意思に反して作らされる形かもしれません。であるならば、そのリアルなポジションを受け入れて、そこからの攻防を練習するのが自然な話だと私は考えます。

　ここでは順を追って亀ガードの練習方法を紹介していきます。

亀になる練習

　慣れないうちは、相手に攻められて「亀になろう！」と思っても、それすらできずにパスガードされてしまうでしょう。ですので、まず亀になる練習から始める必要があります。

　下を向く時に体を伸ばすのはNGです。理由は、この状態で相手に跨がれると、相手がバックマウントを取ったことになり４ポイント取られてしまうからです。必ず体を丸めて、文字通り亀のようになって下を向きます。

　これでとりあえずパスガードを防げたわけですが、初心者はそこから簡単に両足を制され、バックマウントを取られて、最後は絞め技や関節技で一本取られてしまいます。これは仕方がないことです。まず亀になれたことを喜びましょう。簡単に一本取られず、亀になって相手を手こずらせたのは大きな進歩です。

「ガードを作れない」「ガードで守り続けられない」と判断したら、早めに亀になる判断をする。判断が遅れると、亀になる間際を攻められる。
①膝を胸に引きつけ体を丸めたまま、
②③ローリング。
④脇を締め、前腕を腿の内側に置き、相手の足の侵入を防ぐ。

① ② ③

NG　試合で足を伸ばして後ろを取られると、バックマウントを取られたと見なされ４ポイント取られます。

④

亀ガードでの防御

　スムーズに亀になれるようになったら、次は相手の絞めや関節技を防ぐことです。これは相手より力があったり体格が勝っていたりすれば意外にできます。相手にバックポジションを取られても、脇を締めて両手で自分の襟をしっかり握っていれば簡単に一本取られません。

　初心者に知っておいてほしいのは、バックポジションになったら体を伸ばされる前に横を向くことです。

　亀ガードの基本は「下を向く」なのですが、バックを取られたバックポジションでは違います。初心者がバックで下を向いてしまうと、否応無く相手に体重をかけられ体を伸ばされて（腰を極められた状態）しまい、腕も効果的に使えなくなり一本取られやすくなります。ですが横を向いて丸まっておけばその心配はありません。

　結果的にバックポジションの４点を取られますが、この段階では気にしなくて構いません。現実的にそれを防ぐのはまだ難しいからです。

　繰り返すうちに慌てずに亀ガードになることができるようになり、相手によっては守り続けて一本取られないようになるでしょう。そうなれば、バックポジションを防ぎつつガードを作ったり、自分が上になって攻め返したりすることができるようになります。その方法については第５章「亀ガードからの戻し」（248頁）で紹介しています。

亀ガード

自分が相手に背中を向けている状態で、相手の足は入っていない状態。

バックポジション

相手の胸と自分の背中が密着している状態で、相手の足が入っている状態。片足が入っていればシングルバック。写真は両足が入っているダブルバック。

① ②

③

亀ガードの実際

パスされそうになったら、下を向いて亀ガードになる。相手に足を入れられ足を制されてしまったら、横を向いて守る。

①②③初心者のうちは亀ガードになることを防がれたり、破られて足をフックされたりすることが多い。その場合は、

④足を伸ばされる前に横を向き、

⑤⑥素早く絞め技の防御に入る。

④

⑤

⑥

亀ガードで感覚を養う

　最後に改めて亀ガードを練習する意義について書いておきます。

　亀ガードは相手が自分の背中側にて視覚的に見えないので、慣れていないうちは相手がどのような状態で、どう動いてくるかがまったく分かりません。そのためバックフックを取られることも多いでしょう。

　そうしたこともあり亀ガードに恐怖や苦手意識を持つ人も多いでしょう。ですが亀ガードの状態で見えない相手を感知しようとすることが、柔術の上達にとても大事です。

　柔術の攻防は亀ガードに限らず、見えないところで相手がどう動いているのかを感じて、動くことが必要だからです。慣れてくると体に伝わってくる感覚から、相手の体の位置や動きが分かるようになります。是非、思い込みを捨てて、亀ガードを通じて視覚に頼らず相手の体をイメージする練習をしてください。

　また柔術には相手の顔を見たままではかからない技もたくさんあります。構造的に顔の向きは身体の向きや背骨の位置を決めるため、相手を見続けようとすることは不利に働くことが多いのです。実際に慣れてくると、相手によっては、顔を見ずに動けていることに気がつくはずです。

　付け加えると「試合になると弱くなる」という人の中には、緊張して相手の顔を見すぎてしまい、パフォーマンスが落ちている人も多いです。

　勇気を持って相手から顔を背け、体全体をその技にとって効率のよい姿勢にする、ということはとても大事なことなのです。

相手が見えない亀ガード。しかしだからこそ視覚に頼らず相手の位置や動きを感じる力を養うことができる。

221

ホイホイガードの基本

　相手がパスガードしようとしてきた時に相手の腰を、膝と上腕で挟むように抑えるのがこの**ホイホイガード**です。

　ホイホイガードと名付けたのは、自分がこの形を作っていると、相手によっては勝手にこちらのガードに入ってきてくれるからです。

　この形を覚えると、

① 相手が右側から立ったままベリーにきた時や、自分の体が左にローリングされていて、相手に手足を向けられない時は亀ガード。

② 自分の体が右を向いていて、相手の右足を両足で絡めた場合はクリンチハーフガード。

③ 相手の足を絡めなかった場合は、相手との間に自分の右膝を入れるホイホイガード。

という３つで、理論上はあらゆる相手のパスガードを防げるはずです。

　実はこの形は、相手が抑え込もうと体を落としてきた時に、エビをして自分と相手の間に右膝を入れて防いだ形と同じです。

　この形までできる人でも、ここから無理に自分が攻めるオフェンシブガードを作ろうとすると、逆に相手に攻め込まれてパスガードされてしまうことがあります。ですからまずはこの形をキープすることに専念してください。確かにこのままでは自分が攻め返すことはできませんが、相手もこちらを攻めることはできないのです。

　しっかりキープできて余裕ができれば、相手が焦って攻めようとした時に、ガードに戻して攻め返すことができるようになります。

① ② 自分の右膝と左肘をくっつけて相手に向け挟み込むガード。
③「抑え込もう！」という相手の反射的な心理を利用している。

①

②

ホイホイガードの実際

①相手が攻めてきたら、右にローリングして、
②体を丸めながら反時計回りにヨーイング。
③相手に頭を近づけ、右前腕のフレームを相手の左腰に当て、腰を相手から遠ざけることで右スネを相手の腹部に当てる。膝と上腕を合わせてとホイホイガードを作り、③'の三角の部分に相手を誘い込む。
④相手が自分からガードに入ってきてくれた状態（別角度参照）。

③

③'

ホイホイガードからの展開は268頁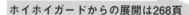

別角度

④

クローズドガードは大基本？

　ここまで本書でいうディフェンシブガードを紹介してきました。

　ここまで読んできた人の中には、一番メジャーで柔術の大基本とされているクローズドガードが出てこないことを不思議に思うかもしれません。その理由は既に書いた通り、クローズドガードは攻撃のためのオフェンシブガードなので、初心者が実力差のある相手に作れることはまずないので、使う機会があまりないからです。

　一方で「初心者はクローズドガードの形からのスパーリングから始めるべきだ」という人もいます。理由は、相手の胴体を足で挟んでおけば、袖車絞めなどの例外を除き、こちらが攻めることが可能なガードだからというものです。

　一見、その主張にも一理あるように思えますが、これもある意味ファンタジーです。理由は以下の通りです。

・柔術は両者立った体勢から始まるが、そこから自分より強い相手を引き込んでクローズドガードに入れるのが難しい。
・自分の足が太かったり短かったりすると作りづらい。
・相手の胴体が太いと作りづらい。

　こうしたことから、せっかく覚えたクローズドガードからの攻めが現実には使えないことが多いのです。そのため、初心者が実戦で使えるのはここで紹介してきたハーフガードや亀ガードになるわけです。上達のためにまず優先すべきは、ディフェンシブガードでしっかり守り、自分より実力的に上の相手に対しても落ち着いてコントロールする技術と感覚を養うことです。その中でやるべきことと、全体の流れを見失わないようにしましょう。

クローズドガードから学ぶのは意味がない？

「じゃあどうして本書を含め多くの教則本や動画で始めにクローズドガードを紹介しているの？」と思う人もいるでしょう。その理由は、そもそも初心者に複雑な動きを説明しても理解できないので、一番分かりやすい形として、とりあえずクローズドガードからの基本技を説明しているとご理解ください。

そうなると「初めにクローズドガードからの攻めを覚えるのは意味がないのでは？」という疑問が出るかもしれません。ですがクローズドガードからの技、腕十字、十字絞め、三角絞め、シザースイープ、ヒップスロー、振り子スイープ、草刈りなどはこの競技をやる上での大基本ですので、使えるようになった人は試合でも使います。また道場内の会話でもこれらの技名は頻繁に登場しますので、そういう意味から考えると、最初に知っておくことはまったくの無駄ではないと思います。

また実力が底上げされるに従い、自分より弱い相手には自然にかけられるようになりますし、その中から得意技も生まれてくるでしょう。実力が上がってくれば、同じ程度の相手にもかけられるようになり、しみじみと自分の上達を実感できる楽しみを味わえます。

ただその過程では、まずはクローズドガードから攻めることを一旦忘れる割り切りが大事です。

自分が下の状態で、相手の攻めを止めることができて、かつクローズドガードを作ることができるようになった時に初めて、クローズドガードからの攻め技の出番なのです。

まずは相手の攻めを止められるレベルになることを目指してください。

その上で、クローズドガードについて知りたい人は324頁へどうぞ。

上からの防御について

　一般的な格闘技の寝技の攻防は一見、上になった方が有利に見えますが、柔術では必ずしもそうではありません。上からの攻めと同様に下からの攻めも数多くあり、タイプによっては下から極めるのが得意な人もいます。恐らくこの本を読んでいる初心者も下から極められていることでしょう。

　ここでまず知っておいてほしいのは、柔術は自分が下の時と上の時とでは違う競技をしているくらいやることが変わるということです。

　体勢が違うので技術や体の使い方が変わるのはもちろんですが、方針も大きく変わります。

　下の場合は五分五分での攻防を放棄して、最終防衛ラインで守ることを勧めました。この場合は床に寝ているわけですのでバランスを取ることは比較的簡単です。ところが上になると、バランスを保ちながら相手にプレッシャーをかけなければなりません。

　実際にやってみれば分かりますが、少しバランスが崩れただけでも戻すのが難しく、こちらが崩れるほど、相手はより自由に動けるようになってしまいます。

　つまり、上では五分五分の地点で相手を止める必要があるのです。

　このことをまず知っておいてください。

下と同じ、まず防御のベースを作る

　初心者の多くは、いざ上になると「何をしていいのか分からない！」と、闇雲に攻めようとして逆に極められてしまいます。

　その理由は下の相手が既に攻撃のためのオフェンシブガードを作っているからです。「じゃあ、そのガードを外せばいいのか！」と思うでしょうが、それは間違いです。クリンチハーフガードの時と同じく、そこに至った過程を考えれば、オフェンシブガードに入れられたのもまた、成るべくして成ったリアルなポジションです。そこで無理に外

そうとすること自体が相手の狙いであることが多いのです。

　ではどうすべきでしょう？　下からの防御の時と同じく、まずは自分も攻められないけれど、相手も攻められなくなる形を作るのです。まずは膠着を目指して余裕を持って粘れる状態を目指す。防御のベースができれば、落ち着いて攻めを含む次の展開への糸口が見えてきます。

上からの防御に必要なポスチャー

　下からの防御と大きく違うのは、相手のガードに応じて必要となる**ポスチャー（姿勢・形）**が無数にあることです。五分五分の地点で防御するためには適切なポスチャーを身につけ、素早く対応する必要があるわけです。

　パスガードの最終形はどれも似た形になるので、下の防御はある意味単純です。一方で、ガードの形は多彩で、そこからの崩しのパターンは山のようにあります。そして、残念ながら上になった側には選択権はありません。下になった相手が選択したガードに応じて適切な対応をしなければなりません。そうしたことからガードに関する知識と経験が重要になります。

　この各ガードに応じたポスチャーをすべて網羅して紹介することは不可能なので、ここでは防御をする上で**絶対に覚えておくべきもの**を紹介しておきます。

　また上の人の大まかな方針は、「**バランスを取り、極めを防ぐ→スイープを防ぐ→ガードを無効化する→ガードを外して攻める**」です。この工程は実際には渾然一体になる場合もありますが、このことを頭に入れて、落ち着いて流れに沿って対処してください。

　ポスチャーについては第7章「上からの攻撃」（337頁）でも触れていますので、気になる人はここで一緒に目を通しておいてもOKです。

【対クローズドガード】 土下座ポスチャー

　正座をして両手で相手の両襟を取って両肘は床につきます。これだけで相手の攻めをかなり封じることができます。ただし試合でこれをずっとやっていると反則を取られます。とはいえピンチの時には必須の技術です。

　これで相手の攻めを封じられたら、ガードを外すために、第7章のポスチャー（348頁）に変化します。

両手で相手の襟を掴み、腕の付け根をパンチするように押しつける。これで相手は腕が使えなくなる。肘は床に近づけ、右顔を相手の正中線上に密着させる。この形ができれば、相手は絞め手を入れられず、起きることもできない。

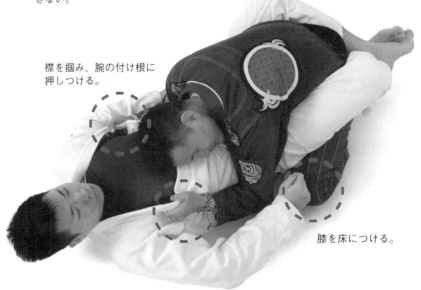

襟を掴み、腕の付け根に押しつける。

膝を床につける。

← 土下座ポスチャーからの展開は348頁

[対フックガード] シットオンフット

　相手にフックガード(バタフライガード)をされた場合は、まず正座で相手の足の甲の上に乗り、跳ね上げられることを防ぎます。相手の両襟を取る土下座ポスチャーとは違い、両手は床に突っ張ることで相手に跳ね上げられないようにします。

　クローズドガードで手を床につくと腕関節を取られる危険がありますが、フックガードはスイープ(上の相手を足で払い転がす、倒す)に特化したガードなので、跳ね上げる力は強いものの関節への極めはできません。このことに注意して使い分けるとよいでしょう。

4
防御を覚える

両手で床を押す反作用で尻を踵に近づけ、相手の跳ね上げに対抗する。

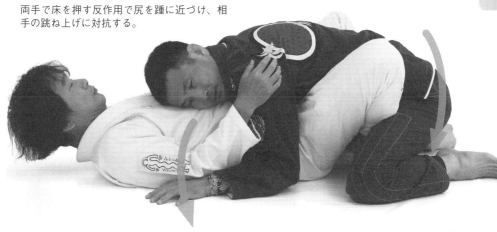

シットオンフットからの展開は349頁

別角度

[対クォーターガード] 四股立ち

　　相手のタックルを警戒して、踏ん張れる形を作ります。相手との角度を45°にすると、タックルにも潜りにも対応できます。自分の右足を取られた場合は、右手で相手の後ろ襟付近を掴むとより相手の動きに対応できます。

両足で踏ん張るのではなく、右足を浮かせて、右膝と右腕で相手に寄りかかる。ただ、寄りかかり過ぎると潜られてしまうので注意が必要。

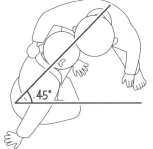

相手との角度を45°にすることで、すかされたり、潜られたりしづらくなる。

[対クリンチハーフガード] クリンチハーフマウント

　本来は上の人間が有利な形ですが、相手が強くて実力差がある場合は安心できません。気をつけることは①返されないようにバランスを取ることと、②足で跨いだ相手の足をキープしてフルガードに戻されないことの２つ。肘や膝もフルに使ってこれらの条件を満たして相手をコントロールし続けます。

足を絡めてキープする。

相手に密着し過ぎると転がされやすく、緩いと引き剥がされる。力加減に注意して、相手をコントロールする。

ハーフマウントからの展開は350頁

別角度

相手の肘の下に腕を回して脇をすくう。

首をすくって左肩で相手の頬骨を制する。

231

おすすめ部分練習&ステップアップチェック

　特定のポジションを作った状態で、合図があったら30秒間攻防をする部分練習です。攻防の途中で、極め技が極まったり、ポジションが変わってしまったりしたら、最初のポジションに戻って再スタートします。

ポジションキープの練習法

　下の人はクリンチハーフガードやホイホイガードを時間内キープすることを目指します。

　上の人は足を抜いてパスをするか、ハーフのまま極めることを狙います。少なくとも返されたり、クローズドガードにされたりしないようにしましょう。実力差があって下の人が強い場合は、肩固めや脇をめくらせた形で上半身を固めるとか、上の人の足首にしか絡んでいない状態から始めてください。実力差があって上の人が強い場合は、ハーフガードの場合は相手に二重絡みをさせたり、両手で相手の腰を制したところから始めてください。

この練習の目的

　ポジションをキープして相手のパスガードを防ぐ中で、不利な状況でも自分の落ち着きどころや相手をコントロールする方法を身につけることが目的です。またその過程でバランスのキープや相手の動きや体の位置などを感じる感覚を養うこともできます。色々なレベルの人と行うことで相対的な自分のレベルが見えるので、練習の趣旨を説明してお願いしてもよいでしょう。

ステップアップチェック

※①クリンチハーフガード、②ホイホイガード共通

□下：自分より少し強い人を30秒間パスさせなければOKです。

□上：ここでは、この体勢をキープできればOK。足を抜けるようになるのは後の章での課題です。

クリンチハーフガード

①通常のクリンチハーフの形から始め、
②③上の人は足抜きを、下の人はガードを
　キープしようとする。

ホイホイガード

①②③ホイホイガードはあまりバリエーショ
　ンがないので、上が強い場合は、下の人が
　脇もすくった状態で始めてもよい。

Q.ライトスパーで心がけることは？

A.技をかけ切らないことです。

　どちらかが技に入りかけたら、その流れに逆らわない防御やカウンター技を狙い、相手はその意図を汲み取って、やはり動きの流れに逆らわない展開を心がけることです。

　かける技の優劣を競うのではなく、先の動きを読みつつ、それに逆らわない、お互いに自由度が上がって楽しくなるような展開を作るゲームです。ちょうどしりとりのように、お互いに相手の動きに合わせて延々と続けていく感じです。しりとりでは同じ言葉を使うのはNGですが、ライトスパーでもなるべく同じ動きを使わないようにするのが理想です。この時はスイープはむしろ「かかってあげる」「自分から少し先んじて飛ぶ」くらいで構いません。そうすると上下が目まぐるしく変わり、着地した後も止まらず動き続けることができます。

　ライトスパーは、基本的に実力や展開を読む力が自分と同じくらいの相手でないとできません。攻防の流れのある時点で、Aさんは「この技は成功する」とか「この技はもう防げた」と判断できたところで展開を変えます。その時、相手のBさんも同じ認識を共有していないとその技を防ぎ続けたり、攻撃し続けたりしてしまうからです。

　ライトスパーができるようになると、練習の質がグッと上がります。通常のスパーリングではどうしてもコントロールすることにこだわってしまい、同じような動きになりがちですが、このライトスパーに慣れてくると、新しい動きに付随する発見があったりします。

　また本書では理詰めで動くことを力説していますが、ライトスパーでは自由に動くことをお勧めします。やればやるほどに、自分の理解の範疇にないポジションになった時の咄嗟の応用力や、既知のポジションでの新しい発見ができて、頭の中に回路が増えていくからです。

第5章 防御から戻す

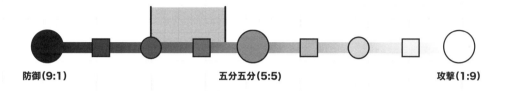

防御(9:1)　　　　　　　**五分五分(5:5)**　　　　　　　**攻撃(1:9)**

ポイント

- **防御からの展開。**
- **上になった状態での防御。**
- **パスに必須「足抜き」。**

　　ここまで辿り着いたあなたに伝えるのは、下のディフェンシブガードから戻し、攻撃ができる体勢まで進める方法と上で崩されない方法です。
　　また、足抜きは相手をパスする方法ですが、「相手をコントロールしつつ動く」ことの会得には最適です。しっかり覚えてください。

防御からの展開

相手をコントロールするにも、以下のように段階が色々あります。

⓪まったくコントロールできていない。一本取られる。

①相手の攻めを止めることはできても、そこから攻めに転じることは
できない。

②相手の攻めを止めて、五分に近いところまで戻すことはできる。し
かし、そこから再び攻められてしまい、相手を攻撃することはでき
ない。

③相手の攻めを止めて、五分かやや優勢なところまで攻め込むことが
できる。しかし、そこからは一進一退で、ポイントや一本を奪うこ
とはできない。

④相手の攻めを止めて、こちらが攻め返してポイントや一本を取るこ
とができる。

⓪〜④は、よほどの才能がない限り段階を追って順々に進むことし
かできません。「動け動け」とか「攻められる前に攻めろ！」といった
アドバイスは、③や④の段階の人には適切ですが、⓪〜②の人が真に
受けて動くと余計な隙を作るだけで簡単にやられてしまいます。

防御ができていないのにエスケープをしようとしても、相手の攻撃
が止まっていないので、攻め込まれてしまうのです。

この工程が渾然一体になっていることも多いですが、それぞれを「別
の工程だ」と理解した方が、知識が整理されて応用を利かせることが
できるようになります。

本書で何度も書いていますが、柔術は知識が大きくものをいう競技
です。ですから知識があれば「相手がどう動いてくるか」の予想を正確
に立てられ、適切な動き方が分かり、それを実行することで相手をコ
ントロールできるのです。

「防御」と「戻し」何が違う？

ここで改めて言葉の定義をしておきましょう。

防御（ディフェンス）は、相手の攻めを止める行為を指し、**戻し（エスケープ）**は、不利なポジションからできるだけ有利なポジションに状況を変える行為を指します。一般的には「戻し」という言葉は使われないかもしれませんが、柔術の試合では「戻せ戻せ！」と普通に使われる言葉です。ここではその動作を指す言葉だと思ってください。

冒頭に登場した⓪〜④の段階でいえば、①は防御はできているが戻しができない状態。②は防御と戻しができた状態、③以降は、攻めに関する段階の話となります。

そして、ここから柔術はいよいよその構造が複雑化していきます。

難易度が一気に上がる!?

ここでもう一度、第1章の柔術の基本構造を思い出してください（22頁）。いま私たちがいるのは、ちょうど最初の破線のところに当たり、急速に自由度が上がる別次元の入り口なのです。

発生する要素や処理すべきことが圧倒的に増え、それに伴って覚えるべき知識や反応速度がよりシビアに問われます。例えるなら、防御は受動的な動きですが、戻しはある程度能動的な動きだからです。三輪車から自転車に乗り換えるような感じでしょうか。ここからの技術展開は、本書を含みどんな柔術の本でも書ききれない多様な方法論が存在します。もちろん手順自体はそれなりに公式化することはできるでしょうが、相手との力の差やタイミングなどを含めた場合、それはおよそ無限といえるほどです。

従ってここからは習った方法をただ繰り返すだけでなく、現実に防御から戻すことができている人の動きをよく見て、どういう状況とタイミングで、どう動いているのかをよく観察することが重要になります。またその際には、自分より少しうまい人で、実力が近い人同士がスパーをしている時の戻しを観察するとよいでしょう。ムンジアルで決勝を争うような、あまりに自分とレベルが違う選手の動きを観ても理解できないからです。

体よりも頭を使う！

第1章で書いた通り、柔術は、何も考えずにいわれた通りの動作を繰り返し「とりあえず、打ち込みをしていれば上達するんだろう」という方法は上達の効率が悪い競技です。

防御、エスケープ、攻撃と、それぞれのポジションでの選択肢の数と、そこからどのようなシナリオが考えられるかが頭に浮かべられることが、この競技の上達を大きく左右するのです。

こうしたことから本書の技術部分は、徹底して防御することから始めているわけです。防御のベースを持つことや防衛ラインというアイデアを持ち、各ポジションでこれらを意識して頭の中で整理することがこの先の展開で絶対的に必要なのです。

防御がある程度できるようになったら、現実に体を動かす時間を減らしてでも、知識と経験の整理にエネルギーと時間を使うことをお勧めします。

本章ではこうした柔術の構造を踏まえて、私が自分でも得意とし、かつ20年近いインストラクター経験から体が硬い人にも使え、段階的に上達できる最も汎用性があるものを紹介しています。これをベースに自分の体質や好みを活かして、得意な方法を作り出してください。

まずは自分が下の状態から説明していきます。

クリンチハーフガードからの戻し

　最初に紹介するのは、第4章で最重要として紹介したクリンチハーフガードからです。

　クリンチハーフガードから五分五分の体勢に戻す方法は、大きく分けて3つあります。

 ポイント！

- **クローズドガードに戻す。**
- **フックガードに戻す。**
- **ニーシールドガードに戻したり、ディープハーフガードに入る。**

　各人の柔軟性や自分がやりたい攻め技に応じて、好きな系統の方法を選んでください。これができるようになると、やっと自分が攻め返せるようになります。

クローズドガードに戻す

　相手の股の間にある自分の足を外に出して、相手の胴体を両足で挟む動きで、柔術では大基本のように語られる動きの１つです。

　ですが実際には股関節の柔軟性が必要で、万人向けとはいい難い方法です。不向きな人がこの方法にこだわると逆にパスガードをされやすくなります。

　実際に体の硬い人がやってみると分かるのですが、右足を相手の右脇側に出そうとしても、上の人が左腕で止めると簡単に防がれます（下写真参照）。またその状態では相手の時計回り方向の移動を止めづらいため、パスガードをされやすいのです。ただし、股関節の可動域が大きい人であれば、相手がコントロールできない位置に右足を持ってこられるので、相手の股から右足を出してクローズドガードに戻すことができます。自分の体に相談して取り入れてください。

戻しを防がれたパターン

①②クローズドガードに戻すために右
　膝を出すが、
③相手の左手で右膝を止められると、
④ 右足が制されてしまい、
⑤⑥逆にパスされる。

①

②

クローズドガードへの戻し方

①クリンチハーフガードから、
②手で腿を押し下げ、膝が入る空間を作る。
　相手の右足は左足で止めておく。
③右腕で相手の左腕を止め、左手で右膝を
　止められないようにする。
④体を左にローリングして、右つま先を抜
　き横にずらして膝を抜き、
⑤クローズドガードになる。

③

④

クローズドガードからの展開は324頁

⑤

241

フックガードに戻す

　相手の股の間につま先を入れて戻す方法です。

　自分の右足つま先を相手の右膝裏にフックしてコントロールします。これで足は簡単には抜かれなくなります。その状態で、右膝を相手の左脇腹側に出して、つま先を相手の左膝裏にひっかけます。これでフックガード（バタフライガード）に戻したことになります。

　前に登場したクローズドガードに戻す方法では、右足のつま先まで相手の股から抜く必要があり、それが股関節の硬い人にはネックでしたが、この方法だと左爪先さえ相手の右膝裏に入れば相手をある程度コントロールできるので、かなりハードルが下がります。

　注意点は、相手をフックできても背中を床につけたままだと、レベルが高い相手には簡単にパスガードされてしまいます。

　「フックガード」は、体操座りのように前傾姿勢で、少なくとも自分の片足を相手の内腿にフックしている形です。

　この姿勢は攻撃にも防御にも有利に働きますので、相手をフックした後は、前傾姿勢になるまでを一連の動きとして身につけてください。

　クローズドガードの戻し方に比べ、こちらは多くの人にとって使いやすい動きです。足が非常に太くてつま先が器用に動かせない、という人以外にとっては**最も使いやすいリカバリー法**になります。この方法はムンジアルでも頻繁に使われています。

① ハーフガードから、
② 右足のつま先と肩のアーチで相手の右膝裏を止めつつ、左足を外に出す。
③ 左つま先を入れ、
④ 右足で床を蹴り、左足で相手を跳ね上げる。右手は相手の帯を掴んで突き上げ、左手は相手の奥襟を取ってバンザイ。両手両足を力をフルに使って相手を浮かす。

⑤ 相手を浮かせたら右足を上げ、
⑥ 落ちてくる相手を両スネで受け止める。
⑦⑧ 足で相手を遠ざけると、自分の体が起き、フックガードになる。

フックガードからの展開は314・315・317頁

243

ニーシールドorディープハーフに入る

　ハーフガードのまま、自分がより攻めやすい形を作る方法です。これも多くの人にとって使いやすい動きになります。

　ハーフガードからの攻めを得意にしたい人は、この動きを練習します。方法は大きく分けて①ニーシールド系と②ディープハーフ系の2系統になります。

①ニーシールド系:左膝を相手の右腰に当て空間を作り、左足を入れて相手を遠ざけ間合いを取る。

②ディープハーフ系:右腕を相手の股間に入れて、相手に接近して自分の胴体を相手の腰の真下に位置させる。

ニーシールド系

①ハーフガードから、
②③左足で床を押しローリング。
④左膝を相手の右腰に当て遠ざけることでスペースを作る。
⑤相手の脇腹に左スネを当てる。さらに相手を遠ざけて左腕で脇をすくってもよい。

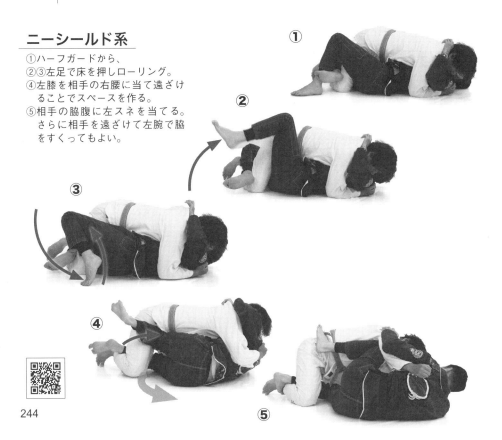

これらのハーフガードは、マクロに見たら自分が不利な体勢である
クリンチハーフガードと違って五分五分よりも有利な形な上、自由度
が高いのでここからの攻め技の系統がたくさんあります。習熟すると
強力な攻撃の起点になります。

① ②

ディープハーフ系

①ハーフガードから、
②右手を相手の左膝裏に入れ、
③④左手で奥襟を取りつつ、左手と両足
　で前に崩す。同時に両足と右腕で相手
　の両足を大きく開かせる力をかける。
⑤左肩を中心に反時計回りにヨーイング
　しつつ、体を左にローリングすること
　で、手の足を最大限開かせる。
⑥ディープハーフへ。

③

④

⑤

別角度

⑥

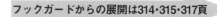

フックガードからの展開は314・315・317頁

ガードと攻撃の間にあるもの

　ディフェンシブ（防御的）なクリンチハーフガードから、オフェンシブ（攻撃的）なクローズドガードへの展開を説明したところで書いておきたいのは、「**ガード＝攻撃ではない**」ということです。

　多くの人はオフェンシブなガードになれれば、「今度は攻撃だ！」と思うのですが、実は違います。クローズドガードやフックガードなどの有利なガードであっても、その形になったら魔法の力が働いて、好き放題に相手を攻められるわけではありません。

　ここで大事なのがガードと攻撃の間にある**キープの技術**です。

　それぞれのガードでのキープ法を身につけてコントロールが維持できない限り、攻めるよりも先にガードを外されて、逆に攻め込まれてしまいます。

　こんなことを書いているのは、実はこの勘違いが上達のトラップになることが非常に多いからです。

足りないのはキープする技術

　例えば「クリンチハーフガードから、ニーシールドガードに戻すことはできるようになった。だけど戻した途端、ガードを外されて攻め込まれてしまう」というパターンです。

　この場合の原因は「オフェンシブガードをキープする能力がまだない」ことなのですが、多くの人は「自分はまだオフェンシブガードに戻すことができていないのだ」と思ってしまうようです。こうなると解決には時間がかかります。何しろ原因を追求するポイントが違うので、そもそも存在しない正解を探すようなものです。

　一方で、これはこのレベルに達した人が、必ず突き当たるトラップです。

　ここから抜け出す鍵は、全体のプロセスを正しく切り分け、「ガード」

から「攻め」の間にある見過ごされている要素に気がつくことです。

それが**キープの技術**なのです。オフェンシブガードをキープができなければ、攻撃に進むことはできないのです。

詳しくは第6章「オフェンシブガードからの攻防」（308頁）で説明しますので、興味がある人はそちらを読んでみてください。

またここで紹介したクリンチガードからの戻し方は、いずれも第4章で紹介したクリンチハーフガード（210頁）を使い、相手が足を抜いてパスガードをすることをある程度阻止できるようになってからできることです。

もちろん実力が段違いに相手が上の場合は、全力を出しても相手のパスガードを防げません。その場合はここまで書いてきたように、諦めず防御線を最終ラインまで引き下げて、**不服従のポーズ**などを使い、最後まで観察し続けてください。そこに未来の突破口があります。

まず防御をキープ

実力差があれば抑えられるのは当然。それを認めた上で、不服従のポーズなどを守り、抑えながらも落ち着いて守る。

亀ガードからの戻し

　「亀ガード」「バックポジション」と一口で語られるポジションですが、相手に密着したクリンチハーフガードに比べ、①**間合い**、②**お互いの体の位置**、③**お互いの体の向き**、などの要素が増え、それに応じて適切な対応も変わります。

　第4章では、バックポジションを取られるのは許容して、一本を取られないことを練習しましたが、ここではバックポジションを取られないように防御しながら、五分五分以上のポジションに戻すことを練習します。

　「亀ガード」と「バックポジション」を混同している人も多いので、念のために違いも覚えておきましょう。

距離によって戻し方が違う

　本来は亀ガードで相手をコントロールして、そのまま自分が有利なポジションを取ることが理想なのですが、基本的な動きとして、離れて逃げて五分の体勢に戻すことも説明しておきます。

　まず亀ガードから五分五分の体勢に戻す時は、距離によって様々な方法があります。ここでは先に遠距離と中距離の場合から紹介していきます。

亀になり際で、まだ相手が少し離れていて圧力をかけられていない場合は、立ち上がって向かい合うのも1つの方法です。

① ②

③

後ろに離れる

①亀ガードで相手が上半身にプレッシャーをかけてきたら、
②③頭を下げたまま、お尻を上げて後ろに抜けるように立つ。

猪木アリ状態からの展開は392頁

前に離れる

①亀ガードで相手が腰にプレッシャーをかけていたら、
②③お尻はあまり上げないまま、腕を伸ばして頭を上げ、
④前方にダッシュして相手をかわす。

① ② ③ ④

5 防御から戻す

249

間合いが中距離の場合

　立つほどの時間的余裕はなくても、相手と自分の間にまだスペースがあれば、腕を回してガードします。通常のガードでは足を防御や攻撃に使いますが、亀ガードでは使えないため、代わりに腕を使うイメージです。図の範囲に相手を位置させれば、バックポジションは取らずとも互角にも戻しやすいのでそれを狙います。

　また相手と接触していても、まだ密着がゆるい場合は首抜きの回転をしてゴロガードに戻せます。自分の体を小さい球体に近づけて、床に対して急角度で接地させて回転すると効果的です。ただ相手がしっかり密着している場合はこの方法では剥がせません。

腕を使って戻す❶

①亀ガードから、
②体を起こす。
③攻撃してきた相手の袖を取り、
④⑤座り、そのままゴロガードに入れる。

ゴロガードは402頁

250

① ② ③

腕を使って戻す❷

①②③亀ガードから、回りながら体を起こす。この時に足先を回る方向に向ける。
④⑤相手の袖を取りゴロガードになる。

④ ⑤

ゴロガードは402頁

① ② ③

首抜き回転で戻す

①亀ガードから、
②③首抜き回転。
④⑤ガードに入れる。

④ ⑤

251

間合いが近距離の場合

　最も練習すべきは、遭遇頻度が高いこの近距離での亀ガードです。自分が亀の状態で相手にコントロールされるのは、慣れるまでは嫌なものですが、ここから逆に相手をコントロールして自分の得意なポジションに変化できるようになったら、むしろ亀にされても構わなくなりますね。その状態を目指すのです。相手の位置によって、**バック・サイド・フロント**と４種類あり、それぞれで対応が変わります。

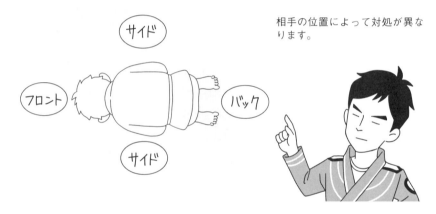

相手の位置によって対処が異なります。

　亀ガードは相手の胸が自分の背中に密着して圧力をかけられた状態ですが、バックポジションの攻防に慣れてきたこの段階では、足を入れられないように防ぐことを目指します。前の章では、絞められないために相手の絞め手を入れられない練習をしましたが、この章では絞め手を利用して逃げることを多く説明しています。

　全体の位置関係をコントロールする技術があれば、首に手を入れられたらそれを利用して逃げれるのです。クローズドガードに入れられた人が上から絞めようと手を伸ばしたら極められるのと似たことが亀ガードからもできるのです。

サイド亀ガード

　相手が自分の左にいる場合は、左手で相手の左膝外側を持ち固定します（④）。これでバックポジションは取られなくなります。

　左肘関節を極められそうで怖いかもしれませんが、この位置関係であれば脇固めなどはまず極まりません。やってはいけないのは相手の左膝を内側から掴むことです。この形では相手の両足の間に自分の左腕が入ってしまうため、腹固めや（NG参照）、十字架（クロスフィクス）ポジションに追い込まれる危険があります。

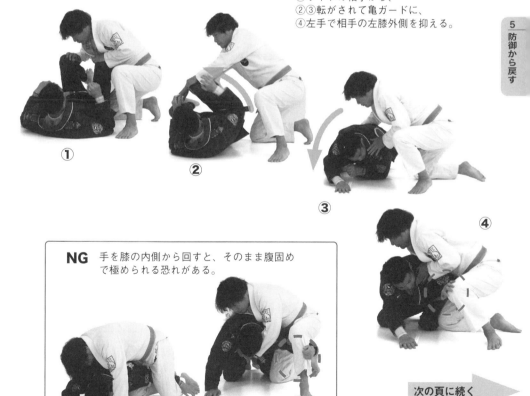

①サイドの相手から、
②③転がされて亀ガードに、
④左手で相手の左膝外側を抑える。

①

②

③

④

NG 手を膝の内側から回すと、そのまま腹固めで極められる恐れがある。

①

②

次の頁に続く

相手の左膝を掴んで相手が後ろに回るのを防げたら、機を見て右手で床を押して、自分の体と床の間に動ける空間を作ります。その上で、左手で相手の膝を引く力を使って、右足を相手に向けてガードに戻します。立って逃げてもOKです。

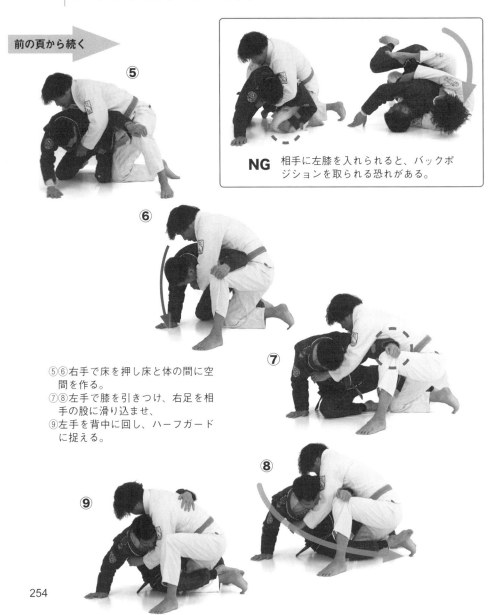

前の頁から続く

⑤

④

NG 相手に左膝を入れられると、バックポジションを取られる恐れがある。

⑥

⑦

⑤⑥右手で床を押し床と体の間に空間を作る。
⑦⑧左手で膝を引きつけ、右足を相手の股に滑り込ませ、
⑨左手を背中に回し、ハーフガードに捉える。

⑧

⑨

バック亀ガード

　相手の膝を取れず自分の真後ろに回られてしまった場合は、おでこと両膝、両つま先を床についた姿勢から、両腕で相手の両膝を掴みます。その状態で腕を伸ばせば、相手はバックポジションを取ることができません。

　相手が後ろに下がって距離を取っていて手が相手の膝に届かない場合は、両腕を伸ばしてバリアのように使い「相手の足が近づいてきたら掴む」というプレッシャーをかけます。この時はおでこは床につかない方が動きやすいです。相手のプレッシャーが弱くなる場合が多いので、隙を見つけて前転してガードに戻したり、立ち上がったりして逃げることもできます。

また、防御が間に合わず、相手の膝が自分の腕を伸ばした長さの範囲以内に入ってしまった場合は、腕で自分の脇腹と床の空間を埋めて相手が足を入れるのを防ぎます。または積極的に手で相手のズボンの裾を掴んで止めるのも有効です。腕を伸ばした場合よりも弱いですが、相手の自由を制限することはできます。

　バック亀ガードは状況によって「下亀」「横亀」「上亀」の3つに分けられます。いずれも自分の後方から背中を胸で密着されている状況で、それぞれにエスケープの方法が異なります。

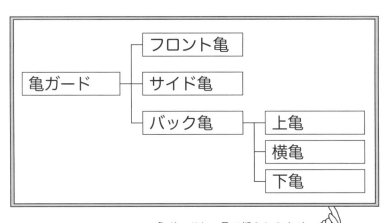

亀ガードと一言で括られますが、実際には状況別にこのように整理できます。

下亀の場合

　足が入っていない状態で、相手がおぶさり絞めを狙って腕を首に入れてきた場合です。出現頻度が高いので得意にするととても有利になります。体重が同じくらいの相手と練習してみてください。

① ②

① 相手が後ろからおぶさってきて、たすきを取った時。
② 右手で相手の左肘裏を取り、
③ 右手を引きつつ、右足で床を押し、腰を上げ相手を前に落とす。この時、足は広く開いて、左右のバランスを取る。
④ 体を固めてバランスを取り、相手と一緒に転がらないようにする。落ちてくる相手が自分の肘や手の上に乗ると危険なので、相手を右肩から落とす場合は、左手を時計の11時の方向、右手を3時の方向につくと安全。

慣れると、相手が足をフックしていても、片手で外して相手を落とすことができる。

③ ④

横亀の場合

①絞め手が下の場合

　両膝を自分の肩に近づけた体勢を常にキープします。わざと相手の右手で左襟を掴ませて相手の右肘を右手で取り、自分のみぞおちに引きつけると絞めはできなくなります。そうしておいて左手で相手の右襟を取り、足を軽く振り上げて腰を浮かせながら両腕でシャツを脱ぐような力を相手にかけると、右肩を中心に自分の体が時計回りに動いて相手の上になれます。

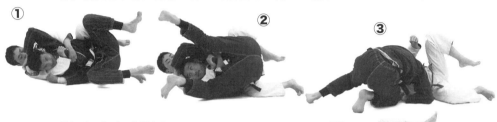

①相手の右肘と右襟を取り、
②足を振り上げて右肩を中心に後転、
③④上になる。

②絞め手が上の場合

　相手の絞める手の肘を自分の左手で、相手の左袖口を自分の右手でコントロールします。そのまま足を入れられないように注意しながら、両手で相手の左腕をカチ上げて、自分の右肩に持っていきます。これに成功すると相手はこちらに対するコントロールを失うので、右側にローリングすれば自分が上になることができます。

①左手で相手の左肘裏、右手で左袖を取る。
②③両手で腕をカチ上げて首を抜き、
④⑤反転してサイドポジションで抑える。

サイドからの展開は355頁

上亀の場合

　ローリングして下亀か横亀の状態になってから逃げます。相手が両手をクラッチして、こちらが相手の両膝を掴んでいる状態の場合、右手を膝から離し、相手の右上腕を抑え、それ以上絞めが進行しないようにします。そのまま相手に足を入れられないように注意しながら、左腕をヨーイング方向に動かすと、体が回転して相手を上四方固めで抑え込むことができます。

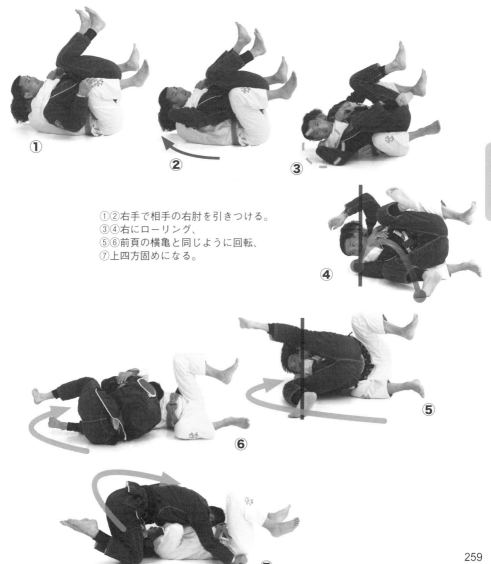

①②右手で相手の右肘を引きつける。
③④右にローリング、
⑤⑥前頁の横亀と同じように回転、
⑦上四方固めになる。

フロント亀ガード

　相手が自分の頭上方向にいる状態です。基本的に相手の動きは、自分の後ろに回ってバックを狙ってくるので、それを止めて自分の有利なポジションに戻します。

　相手の足に腕がかかっていて、タックルができるのであれば、タックルで倒して攻めます。

①　②　③

　回ろうとする相手に対しては、腿を抱えられればそのまま262頁の方法でガードを作ります。

　相手が後ろに下がって（スプロールして）腕を切ってきた場合は、自分の腕が切られると判断したら早目に手を離し、手を床について自分のバランスを取ります。相手は自由に動けますが、自分もある程度動ける体勢です。相手が回ってきた時に再度腕をかけて相手を止めます。判断が遅れると腕が動かせない体勢になってしまい、簡単に後ろに回られてしまうので注意してください。

相手が下がって腕を切ってきた場合

① ②

①相手が切ってきたら、すぐに手を床に
　ついて相手の動きに備える、
②③④左腕で姿勢を保持し、右腕を回し
　て相手を止める。

③

④

NG
潰れた姿勢になると、腕が動かなくなる。

261

相手の帯が取れれば話は簡単です。相手は後ろに回れず、こちらのガードに入れることができます。

帯を掴んでガードに戻す

①相手が後ろに下がった場合は、
②帯を掴み、
③④両手足でアーチを作り、相手にプレッシャーを
　与えながら立ち上がる。
⑤〜⑧ガードに戻すスペースができたら、体を潜り
　込ませガードに戻す。
⑥時点で、左腿外側を床に近づけるように、体の軸
を傾けることが大事。正中線が床に垂直なままでは
左足で相手を捉えることができない。

相手が頭側に回った場合の積極的亀ガード

　ガードの状態で「頭の方に回り込まれたらもう終わりだ！」と思ってしまいがちですが、そんなことはありません。確かに足を相手に当てることは難しいですが、相手の近くにある腕をフル活用すればよいのです。腕には相手を押し返す力はありませんが、腕の力で相手に近づいてガードに戻すのです。

　下になったら足を使ったガードをするものだ、という思い込みを捨てることが大事です。無理にタックルにいこうとしても相手は逃げるだけです。何もしなくても相手はパスガードをするために必ず近づいてきます。それに合わせて相手に頭が向くようにヨーイングで亀になりながら相手の腿を取るのです。体の硬い人や胴体や足が太い人でも使え、力の強さを存分に活かせる動きです。

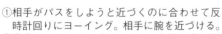

①相手がパスをしようと近づくのに合わせて反時計回りにヨーイング。相手に腕を近づける。
②③④右にローリングしながら、左腕を伸ばして相手の右腿を取る。
⑤脇を締める力で足を引きつけ攻める。

シングルバックからの戻し

相手の片足がかかったシングルバックでは下亀と上亀になる場合はほとんどありませんので、横亀の場合を説明します。

横亀の場合

シングルバックの横亀は以下のようなパターンにまとめられます。ここではそれぞれのケースを順に説明します。

①相手の左足がかかっているが、右体側が床に向いている場合

このポジションはキープに不適なポジションなので容易に逃げられます。自分の腰を右にずらして腰や背中を床に密着させれば、バックポジションから逃げてハーフガードに戻せます。

①絞めにきた相手の右肘を引きつけ防御した上で、
②③右足で床をかいて右に移動。
④背中が床についたらバックからの脱出は成功。
⑤相手の絞めとマウントを防ぎながらハーフガードに入る。

②相手の右足がかかっていて、右体側が床に向いている場合

　このポジションは自分の腰が左右に動かせないので、逃げる難易度がやや上がります。また、相手の絞め手が右手か左手かで逃げる方法が変わります。落ち着いて現在のポジションがどちらのケースかを確認して以下の方法で逃げましょう。

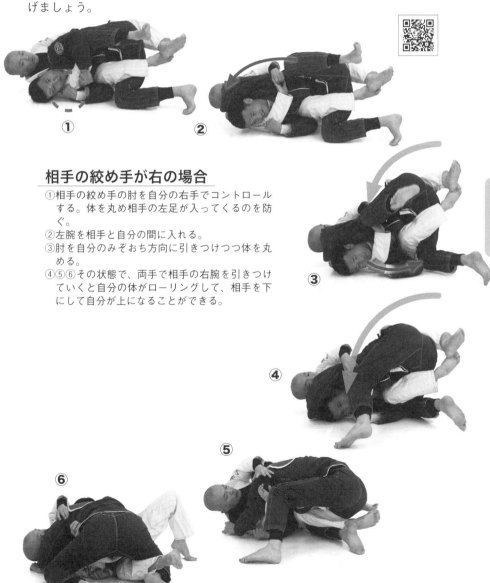

相手の絞め手が右の場合

①相手の絞め手の肘を自分の右手でコントロールする。体を丸め相手の左足が入ってくるのを防ぐ。

②左腕を相手と自分の間に入れる。

③肘を自分のみぞおち方向に引きつけつつ体を丸める。

④⑤⑥その状態で、両手で相手の右腕を引きつけていくと自分の体がローリングして、相手を下にして自分が上になることができる。

①

②

③

④

⑤

⑥

5
防御から戻す

265

① ②

相手の絞め手が左の場合

①相手の左絞め手の肘を自分の左手で、袖
　口を右手でコントロールする。体を丸め、
　左肘と左腿をつけて、相手の左足が入る
　ことを阻止する。
②③④両手で相手の左腕をカチ上げて、首
　を抜く。
⑤⑥右側にローリングして上になる。

③ ④ ⑤ ⑥

ダブルバックからの戻しは基本的に、シングルバックと似ていますので、ここでは横亀のケースで説明します。

横亀の場合

基本的にはシングルバック（265頁）の横亀と同じです。違うのは足のフックの処理で、このエスケープで障害になるのは左足だけです。これが分かればバックポジションから逃げられます。これに限らず、何が自分の動きを止めているのかを見抜く目を持ってください。

横亀、上亀の場合も同様です。慌てずに自分が行きたい方向への動きを邪魔している相手の足がどちらかを考え、それを外して逃げるだけです。

5 防御から戻す

①相手の右絞め手の肘を自分の右手で、袖口を左手でコントロール。
②③④左手で相手の左カカトをコントロールして、自分の左足を自由にする。この時、左腕で相手の左足を動かそうとすると関節を取られる恐れがある。相手の左足は固定するにとどめ、そのまま自分の左足を相手の左足の内側に入れれば、左足は自由になっている。
⑤⑥⑦265頁と同じ。

ホイホイガードからの戻し

　ホイホイガードから五分五分の体勢に戻す方法は、大きく分けて方法が2つあります。

　フックガードと、一般的な呼称はありませんが、**脇をくぐってバックに抜けられるポジション**です。

　クリンチハーフから相手の脇をすくい返すのは難しいのですが、ホイホイガードからは容易です。足を絡んでおらず、スネを相手の腰に当てているので、相手との距離を取りやすいからです。その長所を使って、左腕で相手の右脇をすくって相手のコントロール具合を高めてから、より有利なポジションへ変化してください。

フックガードに戻す

　基本的にはホイホイガードから右にヨーイングして、右足を相手の股間に入れればハーフガードになります。ただし、それが分かっている相手は、同じように動いてハーフガードになるのを防いできます。

　その場合はフックガード（バタフライガード）が有効です。左つま先を相手の右膝裏に引っかけて、両足を広げる力をかけると、自分は右にヨーイングできますが相手は動くことができずハーフガードに入ることができます。

　一見使えないように思える左足を有効に使うことで全身を効率的に使う好例です。

ホイホイに捉えたら、始めは何もする必要はない。右前腕と右スネを相手に当てたまま、右手刀と右足甲を相手の腰に巻きつけるようにして相手に密着する。

相手は左右に回ってくるが、自分の体を丸くしていれば、相手の動きについていける。その上で、相手の圧力が緩んだら、

① ホイホイガードから、
② 相手の右脇をすくい、
③ 左つま先を相手の右膝裏に引っかける。
④⑤ 左腕をかえす働きと、左足の跳ね上げで相手を崩し、
⑥ フックガードに入る。

フックガードからの展開は314・315・317頁

相手の脇に潜って戻す

　まず左手で相手の奥襟、右前腕で相手の左腰の帯を掴みます。そのまま両手と右スネで相手を押し返します。体を反らして行うことで、右臀筋の力が充分発揮できて肩の密着を剥がせます。相手の体を遠ざけて、相手の胸と自分の胸の密着を外します。

　胸が離れたら、右腕と右スネで相手を固定したまま、左手のグリップを離して左腕を自由にします。次に左肘を固定したまま左前腕を回して、左腕で相手の右脇をすくい、体全体で相手の右脇をくぐります。

　自分の体が自由になったら、もうホイホイガードは不要なので、右スネを相手の体から離し、両足を振る力を使って頭から相手の右脇をくぐって起きていきます。起きる直前に右腕も相手の左腰から離します。理由はずっと相手の腰を押していると起きられないからです。

　自由になった右手か右肘で床を押すと体が起きやすくなります。

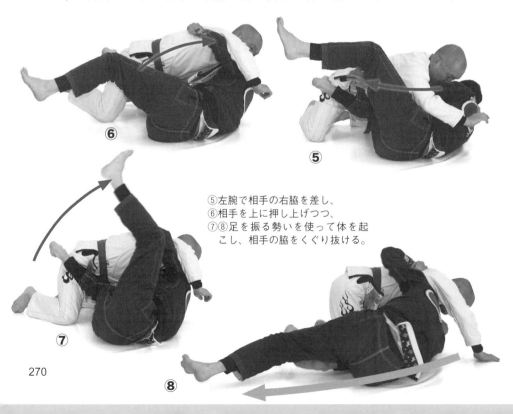

⑤左腕で相手の右脇を差し、
⑥相手を上に押し上げつつ、
⑦⑧足を振る勢いを使って体を起こし、相手の脇をくぐり抜ける。

①

別角度

②

①②ホイホイガードから。左手で奥
　襟を掴み、右拳で相手の腰を押す。
　この時、右手の平で押すと相手が
　腰をひねった時に手首を痛める危
　険がある。
③④両手と右スネで相手を押し戻し
　つつ、体を反らし胸の密着を外し、

④

③

⑨⑩バックに回る。

⑨

⑩

無理に両足を相手に向けなくてもOK

　この段階で知っておいてほしいのは、必ずしも両足を相手に向けてガードを作らなくてもよいということです。

　必ず自分の足と足の間に相手がいるようにする必要はないのです。

　実際、ここまで紹介した亀ガードやほいほいガードもそうですが、それでも充分相手の攻撃は止まりますし、技術を身につければ攻め返すこともできます。

　相手に両足を向ければ、確かに多彩な技を使えるかもしれませんが、それは自分が相手より強い時だけです。相手の方が強い時に両足を向けても、逆に多彩な技をかけられるだけです。自分の方が弱い時に重要なのは、相手の攻撃のパターンを限定させられるポジションにいることです。

　そもそも体が硬い人が足腰をくるくる回そうとしても無理があり、確実性に乏しい動きとなります。

　大事なのは、どういう体勢でも相手にコントロールされず、逆に相手をコントロールすればよいということです。「セオリーだから」と自分に合わないことに時間を費やす必要はありません。ここまで書いてきたことを参考に、臨機応変に自分にとっての最適解を見つけてください。

　また自分の体格・体質だけでなく、相手の体格との相性もあります。ですから、様々な状況を想定して、足腰が効く人でもここで例に挙げたような上半身を使う動きなど、色々な系統の技術を少しずつでも身につけることが重要です。そうすることで技術の幅を広げられ、自分にとって得意な動きや手順が見つけられるはずです。

体が硬くて動けない〜！！

体が硬い人が無理に相手に足を向けようとする必要はない。自分に合った動き方を身につける。

戻しに失敗したら「腕ガード」

ガードから戻す時によくあるのは、相手の反撃に遭い、足腰を制されてしまう場面です。多くの人が反射的に相手に足を当てて戻そうとしますが、なかなか成功せず、逆に相手にパスされやすい状況を自分で作っています。

ここで大事なのは勇気を持って、むやみに足を戻そうとせず、チャンスがくるまでそのポジションに留まることです。足腰をどかされてしまったのなら、腕のガードで止めるしかありません。**「まずは止める」**これは本書で何度も書いてきた大原則です。

腕ガードで防ぐ

「え、腕なんかでガードできないでしょ？」と多くの人が思うようですが、そんなことはありません。皆さんも自分より強い人を上から攻めさせてもらっている時を思い出してください。相手の足をどかしても、今度は腕に邪魔されて上半身をコントロールできず、慌てている間に相手の足が入ってきてガードに戻されていませんか？

ここで使われているのが、第2章に登場した**前腕フレーム**と**手根フレーム**を使った腕ガードです。

この2つのフレームを使った腕ガードで相手と自分の間に適切な空間を確保できていれば、相手はパスできません。その上で、相手がミスで生まれた空間に自由になった自分の足を入れられればガードに戻せるのです。

慣れないうちは「相手にできるだけ遠くにいてほしい」と思いがちですが、実際には距離があればあるほど相手の攻めの選択肢は増えて防御が困難になります。この腕ガードに自信が持てるようになれば、足をどかそうとしてくる相手は勝手に腕ガードにぶつかって止まるので、そこからハーフガードやフックガードを作って反撃に転じることができます。

前腕の腕ガードで戻す

前腕の腕ガードからガードポジションに戻すケースは大きく分けて2つあります。

❶相手の腕が首と脇をすくおうとしている場合

前腕フレームでしっかり相手を止められていれば、相手の両腕は無効になっているはずです。自分の足は自由に動かせるので、相手が向かって右にいるなら右膝をお互いの体の間に入れて、右スネで相手の腰を止めます。そこから左つま先を相手の右膝内側に引っかければフックガードに入れることができます。

①近づいてくる相手に対して、
②前腕フレームで腕ガードを作り相手を止める。
③④右スネで相手の腰を止め、相手を上に押し上げつつ、左腕で右脇もすくう。
⑤左つま先を相手の右内腿にひっかけてフックガードに。

274

フックガードからの展開は314・315・317頁

❷相手の手が自分の足を制している場合

フレームで相手を止めてから、右肘を床について、次頁の手根の腕ガードでも登場する、肩で浮かす方法でガードに戻します。

❶の相手は、両足をこちらの足から離して上半身を取りにきていたので、足を入れることができましたが、このケースでは、相手が足を掴んでいるので足は入りません。ですからエビをしても無駄なのです。

エスケープには様々な方法があり、この場合は、足腰を制されていますが、上半身は動かせるので、それを使って逃げるという方針が最適なのです。

①両腕のフレームで相手をしっかり止める。
②左腕のフレームだけで相手を止め、右肘を床について右肩を床から浮かせる。
③左腕は相手を押し続け、両足で床を蹴って腰を相手から遠ざける。
④前傾姿勢を作ることで、こちらの足腰が自由になり、ガードに戻せる。

手根の腕ガードで戻す

　手根フレームで相手の肩を押すことで接近を止め、肩を浮かせて体を自由にして、距離を取ってガードに戻します。

　ここでは始めに胴体を反らすことが重要です。反らすことで胴体と上腕の密着をより強力にするのです。

　ポイントは両手で相手の肩を押し下げながら、脳天からつま先をまっすぐ一直線にすることです。このままではガードには戻せませんが、相手にとっては格段にパスをしづらくなっているはずです。相手の動きに合わせて体を反らし、自分の腰を相手の肩に近づけると、全身の力で相手を止めている感覚を得られるでしょう。

　イメージとしては鉄棒を握った状態で、自分の腰から上が鉄棒を越えている状態です。あの形は楽ですよね？　それと同じ形を作るのです。ですから上半身は反らし、腕や肩は伸ばし切るというより、関節がロックされている状態を作ります。大事なのは、**①自分の腕を自分の体に密着させること**と、腕の力を相手の体を浮かすためにではなく、**②自分の下腹に押しつける方向に力をかける**ことです。それでは逃げられない？　まずはキープです。

　この体勢では自分の肩・上半身が自由に動くので、相手が向かって右側にいる場合、右肘を床につき、右肩を床から浮かします。これで相手がパスをするのにさらに手間がかかるようになりました。ここまでくれば左手で相手を遠ざけるように押しながら右手と両足で床を蹴り、前傾を保ったまま腰を相手から遠ざけガードに戻すことができます。

　この方法は、体が硬くて足が効かない人も使うことができるので是非覚えてください。

① まずはこの体勢で何分でも止められるようになることが大事。「早くガードに戻したい」と焦るとすぐに疲れてしまう。

②③ 右肘をついて起きる。肩が浮けば、それを床につかされるまでパスされることはない。

④⑤ 腰を遠ざけて足腰を自由にする。相手は崩れているのでガードに入れやすい。

NG

エビをして相手との間に空間を作っても、足は止められているので入らない。また無駄なことをしていると相手を止められなくなる。

277

前腕フレームと手根フレームの使い分け方

　初心者にまず覚えてほしいのは、前腕ガードです。理由は相手の攻めに対する反応が遅れることが多く、結果的に前腕ガードを使う頻度が高いからです。

　その上でこの２つの使い分けのポイントは、相手との距離が、

 ポイント！

> **・自分の腕を伸ばした長さより近い場合は前腕の腕ガード**
>
> **・自分の腕の長さより距離がある場合は手根の腕ガード**

といえます。

　最初のうちは慌てずに、前腕の腕ガードで確実に相手を止めることを目指すといいでしょう。慣れてくると距離に応じて自動的に体が動くようになってきます。

　まずは土台として第３章「XYZの３軸で考える」（126頁）の三軸の考えで、①**お互いの正中線の交わる角度を最適なものにすること**、②**胴体を丸めると同時に、体全体を固めてそれを崩されないようにすること**、が大事です。

　この土台があることで相手の侵入角度に対して最適な角度のフレームを作れるのです。逆にこの土台が崩れるとフレームが潰れたり脇を開けられてしまいます。この時に潰された原因を腕に求めても解決しません。フレームは体全体で作るものなのです。

ニーオンベリーを戻す

　ここまで紹介してきた２つのフレームは、相手が正座で胸を密着させるパスガードを狙ってきた場合に力を発揮します。

　では相手が立った状態からニーオンベリーを狙ってきたらどうでしょう？　ニーオンベリーをクリンチハーフガードやホイホイガードで止めることはできないので、これまでは亀ガードになるしかありませんでした。

　でも、腕でガードをすることを知った今であれば初歩的な**くるくるガード**が使えます。

相手を土台に体を回す

　くるくるガードはもちろん私の造語で、くるくる動くことから名付けています。

　ベリーの逃げ方は人により様々ですが、私の場合はエビをせず、真上を向いたまま、腕のフレームで相手の足を止め、足でトコトコ歩くようにヨーイングをして隙間を作ってガードに戻します。

　横を向くと腕を取られたり、バックを取られる危険がありますが、真上を向いたままだとその心配がありませんし、両手で相手の足を取っているので、相手は他の形に変化しづらいのです。

　またこのくるくるガードは第８章に登場する、オフェンシブなオープンガード（438頁）でも重要になります。

①例えば相手が自分の右側からニーオ
　ンベリーにきた場合。左手で相手の
　右膝内側、右手で相手の右足裾を取っ
　て自分の足方向に押す。
②③両腕を伸ばしたまま時計回りに回
　転させながら、両足でトコトコ反時
　計回りにヨーイングする。
④足を振り上げながら両手で相手の足
　を掴んだまま反時計回りに腕を振る
　と、反作用で自分の体が時計回りに
　ヨーイングする。
⑤ガードに戻す。

上になった状態での防御

　ここまで、上から攻めてくる相手に対して下から防御し、そこから攻撃ができるポジションに戻すまでを説明してきました。

　ここからは、自分が上になった状態での防御について説明していきます。

　まず上になるケースには、開始の両者が立っている状態から、**①相手が引き込んだ**、**②自分が相手を投げた**、**③自分が引き込んで→相手をスイープした**、**④両者引き込んで→自分が上になった**、などが考えられます。

　この状況は「柔術の基本構造」（22頁）でいえば中心付近にあたり、最も相手との相対的な差が大きく影響する自由度が高い場面です。

　ですからポスチャー同様に、すべての防御法を網羅することは不可能です。そこでここでは、立った状態で防御をする際に「これだけは知っておいてほしいポイント」と、できるだけ相手の自由度を制限する方法を紹介します。

経験が少ないうちは、いざ自分が上になった状態になると、何をすべきかが分からなくなる。まず知るべきは強い姿勢だ。

崩されない強い立ち方とは？

　立ち姿勢を考えた場合に大事なのは、垂直軸に対する自分の足首や膝、腰、頭などの位置です。意外に認識されていないのですが、普通の人は普段立っている時には膝が足首より前に出ています。

　これは動きやすい姿勢ですが、ガードの相手に引かれた場合は簡単にバランスを崩してしまいます。話を分かりやすくするために、まずは自分が動くことは考えず、相手が力をかけてきた時に最も効率よくバランスを取れる立ち方を考えましょう。ここで大事になるのは、

・足を閉じる。
・膝を足首の真上に持ってくる。
・視線は自分の目の高さに固定する。

の３点です。膝を動かすと同時に頭も後ろに動かしカカトの上に持ってくると、腹筋が自然に固まるのを感じるでしょう。目線を上下に動かさず、体全体でホウキを逆さにして手の平で支えた時のような感覚が得られればOKです。

　この状態で起きガードの相手に裾を引っ張ってもらい、これに耐える練習をします。

　耐える時は立ち方はそのままで、頭から後ろに倒れるようにします。姿勢を変えずにカカトを浮かせることで後ろに倒れる感覚が掴めたらベストです。バランスを崩して後ろに倒れる力と、相手が前に引く力を釣り合わせるのです。強い構造を作れれば大した力は必要なく、自分の体重が大きな仕事をしてくれます。

　これができたら、次は動ける形を作るために右半身を前に出して、相手に右袖を引っ張ってもらいます。ここで後ろの左足は軽くします。

体重のほとんどを右足で支えると、**右足→右股関節→胸→頭を結ぶ線**ができて、相手が引く力を構造で止められることが分かります。左足が軽くなっているので移動も簡単ですね。本能的に両足で踏ん張ろうとすると動けないのはもちろん、引きつけにも耐えられないのです。
　ここで知ってほしいのは、

- **前足の仕事は後ろに下がること。**
- **後ろ足の仕事は前に出ること。**

ということです。慣れてきたら前足はカカトを浮かせるだけでなく、拇指球も浮かせて指だけで体重を支えるようにすると、より効率的な構造になることが体感できるはずです。

裾を引っ張ってもらう
目線は軸に垂直な方向に。相手を見ると軸が曲がる。寝技では視覚に頼らない体の使い方が重要になる。

右袖を引っ張ってもらう
支えるだけなら左足は不要。むしろ使うと有害になる。

コンバットベースで守る

　直立姿勢ができるようになると、「おお！これで誰がきても防げる！」という万能感に満ちあふれてるかもしれません。ですが、相対的なものである以上、自分より強い人に襟を掴まれた途端にその万能感は打ち砕かれます。「あ、頭が上がらない……」と。

　取られたのが袖でも相手の力が強かったり、対応が遅れてしまい腰が曲がって頭が下がると、前の頁の方法ではバランスを取ることができなくなります。

　頭が上がらないのであれば、頭がその位置にある状態で強い姿勢を作ればいいだけの話です。相手が足を大きく開いていれば、ここで説明する**コンバットベース**を作ればよいのです。

　このコンバットベースは、第7章の半パスポスチャー（338頁）にも登場する、攻撃の起点となる重要なポジションです。

基本のコンバットベース

　相手の引く動きに合わせて片膝立ちで座ります。この時に腰を自分の頭の真下に持ってきます。こうすることで頭の位置は変わらず、自分の背中が床に垂直になります。そのまま自分の右スネを相手の左脚内側（ハムストリング）に乗せてしまいましょう。この時、自分のヘソは左斜めに向けるのがコツです。相手に正面は向けません。

　相手が引いてきたら右スネを使って相手に体重をかけます。膝を床に近づけながら、頭を天井に近づけるのです。この時、右つま先は軽くして体重はかけません。ベリーと同じ要領です。

　ここで知って欲しいのは、相手の両足の間に入るのは必ずしも悪いことではないことです。腰が密着するほど足を近づければ、そのポジションは相手にとって、足が使えない死角なのです。

① ②

①相手が引いてくるのに合わせて、襟、膝に手
を置き片膝立ちに座っていく。右膝は相手の
左脚ハムストリングに置く。
③左膝は相手の右脚の下に入れる。
④⑤右スネを重くしてプレッシャーをかける。

③

別角度

④

⑤

コンバットベースからの展開は351頁

正面から見た場合、顔は正面に、ヘ
ソを左斜めに向けて、左膝がほぼ真
左方向にあることが大事。ヘソを正
面に向けると、左右のバランスが悪
くなる。また前後に安定しすぎて、
動きにくくなる。

相手が無理に引いてきた時

　相手が強い力で引いてきた時に、慌ててこちらも引き返すと、右スネが軽くなり相手が動きやすくなります。相手が引いてきたら、慌てることなくお礼をするくらいの気持ちで相手に引かれるまま右スネを前に進めて、足腰を完全に制してしまえばいいのです。これでパスガードにまた一歩近づきました。

　相手が股関節が柔らかい場合は、右スネで左腿を踏んで床に押しつけても体を丸めて逆に浮かされて崩されてしまいます。ここで効果的なのは、自分の膝を曲げたまま股関節を伸ばす動きで、相手の左股関節を伸ばさせることです。

　ここでポイントになるのは、うまくいかない原因を動きに求めるのではなく、相手に応じて細分化して原因を追求するという考え方です。

　問題の解決を、いまやっている動きの延長線で考えている限りは限界があります。重要なのは問題を細分化して対処することです。これはレベルが上がるほど必要になる考え方です。失敗の延長線上に答えはないのです。

①股関節が柔らかい相手の場合、右スネで
　左腿を床に押しつけようとしても、
②③体を丸められ防がれてしまう。この体
　勢では、相手の左足を潰しても足腰は制
　することはできないので、むしろ乗りす
　ぎて崩される体勢になってしまう。

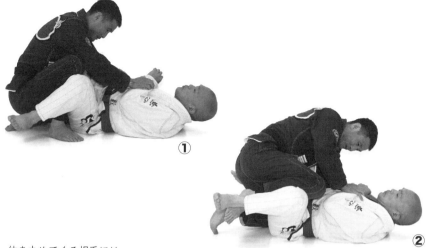

①

②

体を丸めてくる相手には、
①②膝が相手の左腿を越えたが、床にはつ
　いていない状態で、
③④膝は曲げたまま右スネを相手の左腿に
　当てたまま、股関節を伸ばし、
⑤相手の股関節を伸ばしてパスする。

③

④

⑤

正座で守るベース

　下でガードを作っている相手の技術が上がれば上がるほど、相手の両足が別の生き物のように独立して動くので、それをコントロールすることが難しくなります。

　そこで、相手の片足を自分の両足の間に入れて正座をするという方針も選択肢になってきます。

　私はパスガードを大きく、**①両足を同時にどかす**、**②片足を跨いで密着していく**、の２つに分けて考えています。

　両足をどかす場合は上下横に真ん中を加えた４つに分かれ、それぞれに防ぎ方が大きく変わるので、コンビネーションで使うと防ぐ側は難しくなります。

正座のベースの利点

　この体勢の利点は、**①相手の腰の動きを制限できる**、**②相手は極め技がほとんどできなくなる**ところと、相手が必ずなんらかのハーフガードにくることにあります。

　これが自分が立ったり通常のコンバットベースだったりすると、どのガードを作るかの選択権は下の相手にあり、こちらはそれに対応しなければなりません。また、相手が自分の知らないガードを使ってきたらさらに状況は厳しくなります。

　ですが正座のベースを作れたら、とりあえずハーフガードで対応できればよいので対応や練習も明快です。もちろんそれが簡単ということではありませんが、早い動きが苦手な人や、スタミナに自信がない人、やるべきことを絞りたい人にお勧めの形です。

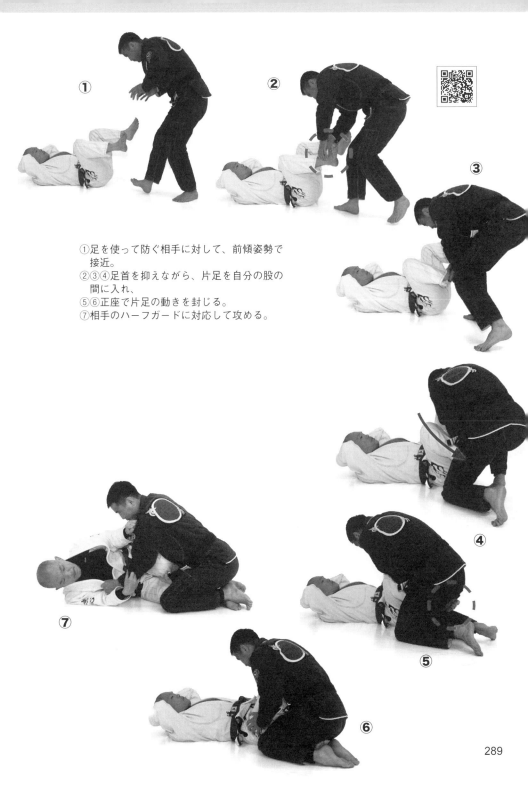

① 足を使って防ぐ相手に対して、前傾姿勢で
　接近。
②③④足首を抑えながら、片足を自分の股の
　間に入れ、
⑤⑥正座で片足の動きを封じる。
⑦相手のハーフガードに対応して攻める。

スイープの防ぎ方

　自分が上になった段階で覚えておく必要があるのが、こちらの足を払ってバランスを崩したり、態勢を入れ替えたりする技術、**スイープに対する防御**です。

　スイープは基本的に相手の反射的な反応を誘い仕掛けるもので、一瞬のタイミングがとても重要になります。そのため1つのスイープを成功させるためにいくつものフェイントを組み合わせることも当たり前で、最も技術的な相対性が現れる場面といえます。

　これについては第6章「スイープを決める！」（312頁）で攻撃側の視点から改めて説明しますが、ここで紹介するスイープを防御する側にとって大事なことは、相手が狙っているスイープの方向を可能な限り早く予測して反応することです。

　ここでは「相手が自分の右袖を取ってくる」という基本的な状況を例に、最も定石的な方法を紹介します。

大事なのはお互いの組手を観察して、相手は自分をどの方向に返そうとしているのかを見抜く眼。
この場合は
「右袖を取られている＝右腕をつっかい棒として出せない＝相手は右側に返すつもり」
ということ。これが見抜けないと、相手が実際にスイープをかけてきた時にしか対応を始められず、それでは遅すぎて防げない。

スイープへの定石①「取られている側の足を上げる」

「相手は右方向へのスイープを狙っている！」場合、右足をつっかい棒にすると返されません。逆に右膝をついて、左足を上げるあげるとあっさり返ります。両方試して実感するとよいでしょう。崩されて右足に体重がかかると右足は動かなくなるので、早目に相手の意図を察知することが必要です。

右足を上げ、左膝を床について防ぐ。

スイープへの定石②「重心をずらす」

崩されて右足が動かなくなったら、右膝で床を押すようにして、その反作用で自分の体を左に崩します。そして、左手を遠くの床について、重心を左に移動させればスイープを防げます。両手は常に相手を掴んでいた方がよいというのは幻想です。早く卒業しましょう。

左手を遠くの床について防ぐ。

スイープへの定石③「顔を向ける」

意外でしょうが、相手が崩そうとしている方向に顔を向けるだけでも効果があります。腹部が床を向くから、崩れても腹ばいで耐えれます。これも試して実感してください。反対を向くと簡単に返されてしまいます。背中が床を向いているので、仰向けに転がってしまうからです。

崩されている方向に動く

　相手のスイープに対するよくある反応は、①固まる、②逆方向に体重をかける、です。どちらも反射的な動きで、それで守れる相手ならよいのですが、上手な人が相手の場合は、その反射を利用してくるので防げません。そこで必要になるのは、崩され始めたら固まったり逆方向に体重をかけたりするのをやめて、崩されている方向に自分から体重移動することです。

　スイープという技術は構造的に、かけられた側は崩されている方向以外に動くことはできません。であれば、相手の動きに先んじて崩されている方向に動くことで、自分にかかってきている力を軽くしてコントロールを弱めたり、勢い余らせて余計にもう半回転させると、自分が上になれます。これが**スイープを防ぐコツ**です。

崩れる方向に動く

①相手が右方向にスイープしてくるのを感じたら、
②③動きに合わせて右方向に自分から飛んで、
④⑤⑥足先から着地、そのまま抑え込む。

腕や足を交差させてバランスを取る

　相手に右手右足を制された状態で右に崩された場合、慣れていない人は左手を前の床につくのが精一杯で返されてしまいます。

　こうした場面で必要になるのは、体をひねって左手を右側の床について防ぐ動きです。この時に両腕が交差することに注目です。

　初心者は、「右手右足は右側、左手左足は左側にあるものだ」と思い込んでいるようですが、そんなことはありません。逆に技とは、そう思っている人にかかるようにできているのです。

　慣れてくると立っている時には、体をひねって左足を右側に出してバランスを取れるようになります。足を交差させるのは、腕を交差させるよりもはるかに高度な体の使い方で、かつバックを取られないように注意する必要もあります。ですがこれができればバランスキープが楽になります。

①相手に左手と左足を抑えられた状態。
②③④体をひねり、動く右手を自分の左側につくことでバランスを取る。先に手をつく方向に顔を向けておくことが重要。

バランスがよいとは？

　こうした動きは胴体をひねれることが大前提になります。そのためには体を固めないことが必要です。それには手足の４点でバランスを取るのではなく、２〜３点でバランスを取り、残りの１〜２点は動かせる状態にしておくことです。その動かせるパーツを適切に動かすことで、相手の動きに対応します。イメージできるのであれば、床に自分の重心が落ちている点を常に想像してみましょう。スパーの間、自分の動きに合わせて点も動いていて、相手がバランスを崩そうとする相手はその点を自分から遠ざけようとするので、こちらはそうさせないように手足を使って体勢を戻し、その点を自分に引きつけるか自分がその点の方に移動することでバランスを取ります。

　よくいわれる「バランスがよい」とは、体を固めてその点を動かされないようにすることではありません。その点を自ら能動的に思い通りの方向に動かす能力と、自分の体をその点の位置に持っていく能力のことなのです。

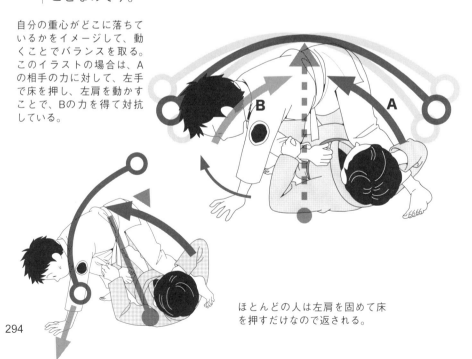

自分の重心がどこに落ちているかをイメージして、動くことでバランスを取る。このイラストの場合は、Aの相手の力に対して、左手で床を押し、左肩を動かすことで、Bの力を得て対抗している。

ほとんどの人は左肩を固めて床を押すだけなので返される。

相手の動きを止める

　バランスを取ってスイープをしのいでいるだけでは、相手の動きを止められず、いつか崩されたり返されたりするでしょう。そこで必要になるのはバランスを取りつつ、相手の動きを止めることです。

　バランスを取った上で、自分の腕や足の余ったパーツを使います。グリップだけでなく肘や膝などあらゆる部分を使い、体重をかけたり相手を引いたりして動きを止めます。

　パーツが足りない時は、バランスを取っている腕や足で相手の動きを止めることも必要になります。レベルが上がってくると、体幹や胴体、腰、肩といった大きな部分で相手に体重をかけられるようになります。

　一見バランスが崩れているように見えますが、こうした体の使い方で相手に上手に乗りかかり、動きを止められるようになると、柔術の攻防が楽しめるようになります。

①②股を締めつつ足を軽くして、腿で相手のスネに乗る。やじろべえのようなイメージ。

③④⑤足は軽くなってるので、自由に動く。相手のガードをかわして潰す。

パスに必須「足抜き」

　下から相手の攻撃を止めて戻せるようになった段階で覚えた方がいいのが、「**足抜き**」です。相手のガードをパスして攻撃するための技術です。

　第4章でクリンチハーフガードの体勢になって「足抜きを防ぐ」（214頁）を紹介しましたが、その逆と思えばいいでしょう。

　私はこの段階である程度マスターすることを強く勧めています。

足抜きの利点

　足抜きは工程は多い動きですが以下のような利点があります。

 ポイント！

- 体勢がダイナミックに変わることが少ない。
- 意識を比較的狭い部分に集中させて構わない。
- 各工程でやることがはっきりしているので、それを確実にできるようになれば上達する。

　逆に工程が短い攻め、例えば一気に相手の足をさばいてパスをする方法などは、手順は単純で動きを覚えることは簡単ですが、その短い時間でどういう攻防が行われているかを言語化することが難しく、それを理解するにはある程度の経験が必要なので、成功するかどうかは感覚や才能に左右される要素が高くなります。

　段階的に上達して、相手をパスガードできるようになりましょう。

第4章では同じポジションで、自分が下の場合での防御の重要性を書きましたが、防御がうまくなることと攻撃が上達することは表裏一体です。ですからどちらかが上達すると、逆側もうまくなります。

また何度も書きますが、自分が上でも下でもこのクリンチハーフガードは試合やスパーリングでもよく遭遇するポジションですので、ここでの攻防を得意にしておくことは、自分の勝率を上げる大きな要素になるわけです。

足抜きは知恵の輪？

足抜きにこうした手間が必要になるのは、脚には膝と足首という2つの関節があるため、腿とスネ、足首のそれぞれで抜く方法が変わるからです。

知恵の輪のようなものを想像してみてもいいでしょう。形状に合わせて方向転換しつつ抜いていくわけです。

見えないお互いの足の形
をイメージしながら抜く。

足首を回して膝を引いて…

297

足抜きを構成する工程

　改めて足抜きの動きを見直すと、足首を抜くまでの前半と、つま先から先を抜く後半で大きく分けることができます。

　ここではまず、前半のスタートから足首までを抜く工程から紹介していきます。

スタート

クリンチハーフガードされている状態。自分の右足が相手の両足に絡まれています。

①膝までを抜く準備

上半身で相手をコントロールしながら、腰をひねって左腰を床につきます。これで自分の脚を膝まで抜く準備ができました。

②膝までを抜く

膝までを抜きます。この時点では相手の両足が自分の右スネに絡んだ状態です。

③足首まで抜く

自由になった膝を動かして足首まで抜きます。

３軸で足首から先を抜く

　足首まで抜いた後半部分から必要になるのが、第３章「XYZの３軸で考える」（126頁）に登場した、①ローリング、②ヨーイング、③ピッチングの３つの動きです。

　どれから行っても構いませんが、ローリングはバランスが取りやすく、ブリッジ返しにも比較的強いので、初心者に向いています。

　ヨーイングは体重の重い人に向いていますが、ブリッジ返しには弱いです。

①ローリングの足抜き

　右脇腹を固定して、これを中心にしてローリング。自分の腰と相手の腰との距離を作って足を抜きます。

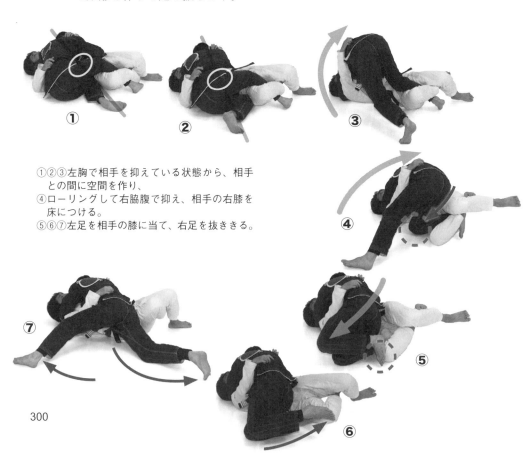

①②③左胸で相手を抑えている状態から、相手
　との間に空間を作り、
④ローリングして右脇腹で抑え、相手の右膝を
　床につける。
⑤⑥⑦左足を相手の膝に当て、右足を抜ききる。

②ヨーイングの足抜き

自分の左肩を固定し、それを中心としてヨーイング。自分の腰と相手の腰との距離を作って足を抜きます。

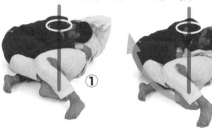

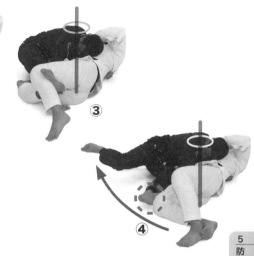

①②右手で相手の内腿を抑え、左肩を中心に時計回りにヨーイング。
③④空いた空間に左足を入れ、相手の右膝を押しつつ右足を抜く。

③ピッチングの足抜き

自分の左肩を相手の右頬の上で固定し、それを中心としてピッチング。自分の腰と相手の腰との距離を作って足を抜きます。

①②③自分のつま先を相手の左鼠蹊部に当て、
④左肩を中心にピッチング。右足を抜く。左肩だけで相手を止めて、胸の密着は離す。胸を密着させていると、お尻が上がらず足が抜けない。
⑤⑥そのままサイドポジションへ。

「足抜き」を成功させるポイント

　また互いの腰をどんどん離していけば足は抜けますが、相手の体を
コントロールすることができなくなります。逆に、お互いの腰を密着
させてコントロールを強めれば、足抜きはできません。

　この２つの相反する条件を成立させるためには、**「上半身は近づけて
相手の体を制して、下半身は遠ざけて足を抜く」**必要があります。

　より具体的にいえば、

①お互いの腰と腰の距離を、自分の足の長さより長くすること。
②相手の上半身を制すること。

となります。

　そして、そのためにはここで紹介した、ローリング・ヨーイング・ピッ
チングの３つが必要になるわけです。

　この３つはどれから行っても構いませんが、ローリングはバランス
が取りやすく、ブリッジ返しにも比較的強いので、初心者に向いてい
ます。

　ヨーイングは体重の重い人に向いていますが、ブリッジ返しには弱
いです。

　ピッチングは首が丈夫で、バランス感覚のある人に向いています。
逆に首が弱いと怪我をする可能性があるのと、三点倒立が苦手な人は
バランスが取れずやりづらいかもしれません。

足抜きの練習方法

　初心者が足抜きの感覚を養うために、お勧めの練習法を紹介しておきます。

肩固め＋足抜き

　肩固めがある程度できる人は、肩固めをかけた状態で相手に足首に絡んでもらいます。この体勢から足抜きを開始します。相手には足に強く絡んで耐えてもらったり、ブリッジ返しやフルガードに戻そうとしてもらったりして、それに耐えつつ足を抜いて肩固めで抑え込みます。

　これに慣れたら脇差しの形から始めてもいいでしょう。

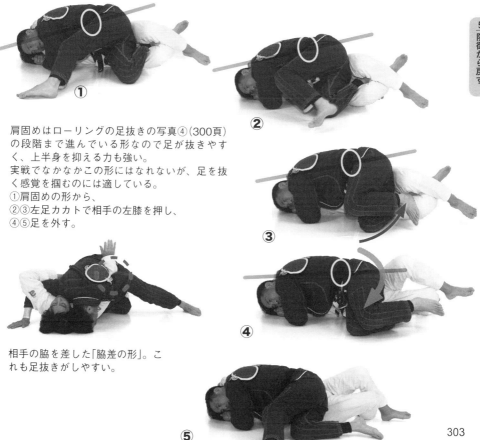

肩固めはローリングの足抜きの写真④（300頁）の段階まで進んでいる形なので足が抜きやすく、上半身を抑える力も強い。
実戦でなかなかこの形にはなれないが、足を抜く感覚を掴むのには適している。
①肩固めの形から、
②③左足カカトで相手の左膝を押し、
④⑤足を外す。

相手の脇を差した「脇差の形」。これも足抜きがしやすい。

303

おすすめ部分練習&ステップアップチェック

　第4章と同じく、特定のポジションを作った状態で、合図があったら30秒間攻防をする部分練習です。攻防の途中で極め技が極まったり、ポジションが変わってしまったりしたら、最初のポジションに戻って再スタートします。基本的には防御側の練習ですが、攻撃側にとってもよい練習になります。

■ バックポジション、亀ガードの練習

　後ろの人は相手の肘を取った状態から始めて、できれば極めを狙います。少なくともバックポジションを失わないようにします。
　前の人は守りを固めたところから開始。バックポジションから逃げることを狙います。ガードに戻せれば上出来です。少なくとも極め技は防ぐことを目標にしてください。同じことをシングルバックや亀ガードの状態から行ってもOKです。

この練習の目的

　視覚に頼らずに相手を感知する感覚を養いましょう。それぞれのポジションで、**守らなくてはいけない場所**、**おとりとして相手に取らせたい場所**を把握した上で、相手の動きを読んで対応できるようになれば、亀になることに不安がなくなります。

ステップアップチェック

□後ろの人：バックポジションを失わなければOK。極めるのは後の章での課題です。

□前の人：自分より少し強い人から30秒間極められなければOK。

ここではダブルバックから始めているが、シングルバック、亀ガードなど色々な状態から始めるとよい。そうすることで、守る側と攻める側の難易度が変わり、お互いの練習になる。

これはこの練習に限らず、あらゆる部分練習にいえる。そうした工夫を考えることは、攻防の構造を理解することにつながり上達に直結する。

① ② ③

Q.攻撃の得意技はどう選べばよい？

A.色々な方法がありますが……。

　柔術の技は非常に種類が多いので、どの技を得意技にするか決めることはかなり重要です。それは自分のスタイルを決めることと同じで、かつそれは日々の練習頻度と同じくらい、上達度合いに影響を与える可能性があるからです。

　自分より上手な人の客観的な意見を聞いたり、自分の体型や柔軟性に合ったものを選ぶのもお勧めです。さらにいえば自分と体型や柔軟性が似ている人の得意技を真似るのも現実的です。自分と同じ道場にそんな人がいたら、このパターンで直接教えてもらえるので最高です。

　逆に世界レベルの選手の特殊な技を選ぶのは考えものです。世界中でその人しかその技を使っていないことがその理由です。

　多くの人が試合で使っている技を選ぶのは現実的です。実用的だからこそ使われるわけで、参考になる動画が多いからです。また、自分がスパーリング中になることが多いポジションから考えるのもよいでしょう。なりやすいポジションというのは、その人の癖のようなものですから、そこからの有効な技を考えるのは効率的です。

　色々書きましたが、まずレベル３の「考えないでスムーズに技をかけられる」までは、できるだけ多くの種類の技と動きを体に経験させ、レベル４以降の段階で種類を絞ることをお勧めします。この時に、まず自分がやりたい技があったら、それを練習しましょう。「この技をやりたい！」というモチベーションが大事です。ある程度の期間（数ヶ月か１年ほど）を決めて行い、結果を見てさらに磨くか、諦めて他の技に変えるかはそこでまた考えます。

　得意技を作るには時間はかかりますが、１つずつでも確実に増やしましょう。そうすることで点が線になり網になりネットワーク化して、加速度的に上達スピードが上がっていきます。

第6章 下からの攻撃

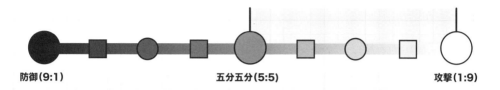

防御(9:1)　　　　　　　五分五分(5:5)　　　　　　　攻撃(1:9)

ポイント

- **オフェンシブガードの攻防。**
- **下からスイープと極め。**

　ここでは自分が下のポジションからの攻撃を説明します。スイープも極めも重要なのはいきなりゴールを目指すのではなく、1つ1つのプロセスの間も「コントロール」し続けることです。

オフェンシブガードの攻防

　相手をクローズドガードやフックガードなどの、自分のオフェンシブガートに入れることができたら、いよいよ攻撃です。

　ですが、ここでも頭に入れておいてほしいのは、形よりも相手をコントロールすることの重要性です。第1章に登場した「リアルなポジションを認める」（26頁）を思い出してください。大事なのは、どんな形であっても、相手は動けず、自分は動ける状態をキープすることです。

　本書は一連の流れを説明するという構成上、防御から攻撃までをできるだけ連続した線でつなげて紹介していますが、実際の柔術の攻防は、面を超えて、立体といえるほど自由度の高いものです。

　それなりの経験を積んでも、相手はなかなか自分の読み通りに動いてはくれません。そこで形にこだわっていると、逆に不利な状態になることはこれまで書いてきた通りです。そこで大事になるのは形の完成度が低くても、相手をコントロールし続ける力・感覚です。理想的にはどの局面を切り取っても自分がコントロールを失わないことです。それができていれば必ず相手は崩れます。その上で、できれば2方向の攻め手を準備しておくのです。

　またこの段階までくれば、世にある本や映像などの教材を自分なりの方法で試す地力が備わってきたはずです。

　それではまずキープの方法から説明していきましょう。

オフェンシブガードをキープする

　オフェンシブガードで攻めるためには、キープできることが前提条件になります。

　相手が自分より弱くてこちらのガードの外し方を知らない場合、また、知っていてもそれを実際に実行する体力が足りなかったり、手順が稚拙だったりする場合は問題ありません。その時はガードを外される心配がないので、好きなように攻めることができます。

　問題は相手がこちらのガードを外すパワーや技術を持っている場合です。まず相手の方がすべてに上回っている場合は、ガードをキープするのは無理です。諦めてディフェンシブガードに戻りましょう。ここでオフェンシブガードに固執することは、相手にパスをさせやすくしていることと同義です。

　お互いの技術とパワーが拮抗している場合こそ、知恵の絞り甲斐がある一番面白い状況です。刻々と変化し続ける状況で、どちらが最善手を選ぶかが勝負の鍵になります。

　重要なことは「変化し続ける」ことです。レベルの低い頃は、ガードを作って自分の体をガッチリと硬直させることで、相手の動きを止められたという成功体験を得ることができたでしょう。それはそのレベルでは必要なことですが、それに固執している限りは自分より強い相手にはガードは外されます。理由はガードには必ず外し方があるからです（第8章「オープンガードは鍵と鍵穴の関係」436頁参照）。

　また、この方法では互角レベルの相手を止めることはできるかもしれませんが、自分も硬直して動けないため攻めることも難しくなります。こうなると「どちらが先に根負けするか」の勝負になり、グリップに頼ることの多いガードを作っている側の方が先に疲れてやられてしまったり、長い目で見ると指に疲労が蓄積して障害を負ってしまったりという問題も発生しかねません。

相手を崩すという視点

　ここで必要なのは、**ガードキープは抑え込みと同じ**という発想です。抑え込みも初めは必死に全身を硬直させて相手にしがみついてなんとか実現させますが、慣れてくれば力を適度に抜いたアイドル状態を保ち、相手が逃げようとした瞬間だけ力を込めてコントロールすることができるようになったはずです。

　これと同じことをガードでも行うわけです。

　大事なことはガードの形にこだわらないことです。相手を自分のガードに入れたということは、そこまでは有利な組手を作り相手をコントロールしてこられたわけです。オフェンシブガードもまたその延長線として、まず有利な組手をキープすることを主眼にするのです。

　そのためには、「自分の手足の力で相手をガッチリ固定する」という観念だけでなく、「相手のバランスを少しずつでも崩していく」という視点が必要になります。ここで大事なのは、特定の技をかけるため崩すのではなく、様々な方向に崩す意思とその方法を身につけることです。

　ここで必要になるのは、第3章の抑え込みの「XYZの3軸で考える」126頁の考え方です。ミクロではなくマクロの視点で、お互いの体の間合いや角度、位置取りを変化させることを一番に考えます。自分と相手との関係を把握することで、相手の死角に回ったり、自分の体勢を相手が力をかけづらい体勢にしたりするのです。そうしたことを繰り返すことで相手にプレッシャーを与え、うろたえさせることができてこそ、初めて崩すことができるのです。

オフェンシブガードとは？

オフェンシブガードとは、その名の通り「その形から相手を攻めることができるガード」と本書では定義しています。

クローズドガードや**フックガード**、**キックスパイダー**、**ラッソーガード**、**クォーターガード**などの他、一般的によく知られているオープンガードも、ここでいう**オフェンシブガード**に当たります。※一覧表は139頁にあります。オープンガードは第8章で説明しています。

極め技とスイープ、どっちが得意？

面白いことに白から青帯レベルだと、自分がオフェンシブガードで下になった場合に、「スイープはできるけど、極め技は不得意派」と「極めはできるけど、スイープはできる気がしない派」に分かれることです。

理由は様々ですが、大きなものとして両者の間合いや角度、崩す方法が、似ているようで微妙に違うからでしょう。

その場合は、どちらか「できそうだ」と思う方を重点的に練習することをお勧めします。理由は不得意なことをやるのは効率が悪いからです。

ただ、基本的に相手が丸まった時はスイープが、体を反らした時は極め技がかかりやすいので、両方できるととても楽になります。

スイープと極めとは違いはありますが、経験を重ねれば状況に応じてそれらを使い分けられるようになります。

ここではまずスイープから説明していきましょう。

スイープを決める！

　柔術で欠かせない技術の１つがスイープです。

　下から相手のバランスを崩し、上下の体勢を入れ替えるスイープは、第３章に紹介した、**腕を流してバック、ペンデュラムスープ、草刈り、ヒデキスイープ**の他に**シザースイープ、フックスイープ**など様々に存在し、必須の技術です。ところが、いざ練習をするとなると大変難しいものです。

　もちろん形として相手と約束の上で行うのであれば簡単にかかりますが、少し抵抗をしてもらうと途端に難度が上がり、実際にスパーはもちろん試合で決めるのはそれなりの実力差・体力差がないと難しくなります。まして初心者にとっては「絵に描いた餅」でなかなか決まることがありません。

スイープは難しい？

　理由は、スイープにはタイミングが重要だからです。基本的に柔術の技術は、確実に手順を踏んで攻める技が多いのですが、スイープはその一連の手順を、相手の体重移動に合わせた、丁度よいタイミングで行うことが必要です。動いている的を狙う射的と似ているかもしれません。

　うまく成功したスイープは「さくっ」と軽くかかっているように見えるので、一見簡単そうに見えますが、実際は相手の動きを読み、コントロールしつつ、自分の体を動かし、ベストなタイミングで発動させる必要があり、初心者の手に負えるものではありません。

　初心者は手順が多くても、やることが明確な守り方を身につけた方が効率がよいのです。それがこの本でここまでスイープを説明してこなかった理由です。しかし、この段階まできた人は攻撃技であるスイープを学ぶ準備ができたといえるでしょう。

スイープの原理

　スイープを成功させるためには、原則としてフェイントや隙をわざと作るなど、相手のリアクションを引き出す必要があります。

　理由は、自分と同じくらいの質量を動かすためには、相手のバランスが崩れている必要があるからです。そこに自分が適切な力をかけることで軽く掃く<ruby>スイープ</ruby>ように転ばせることができるのです。

　この崩しがないままにスイープを成功させるのは、絶対不可能なので、やろうとすればするだけかえって不利になるでしょう。

　特に相手との読み合いが重要ですので、経験と実力差がはっきり出るわけです。

　まずこの前提を説明した上で、ここでは代表的なスイープと練習方法を紹介しておきます。

く…崩れない…

相手が崩れていないのにスイープを仕掛けても転ばすことはできない。まず崩しが必要。

オフェンシブガードからのスイープ

フックガードから肩固め

①フックガードの体勢で肩固めの形にして、
②③後ろに転がる。
④⑤⑥ローリングでスイープし上になる。
無理に倒れるのではなく、アーチ構造のま
ま転がる。

314

① ②

クローズドガードからペンデュラムスイープ

①②押してくる相手に対し、左手
で肘、右手で膝裏を掴む。
③④左足を大きく回し反時計回転
にヨーイング。スイープする。

③

④

⑤

⑥

⑤⑥⑦抑え込みマウントポジションに。

⑦

マウントポジションからの展開は365頁

クォーターガードからスイープ

①②クォーターガードから、左足のスネを相手のスネに合わせシンオンシンを作る。

③④そのまま転がりながら足を跳ね上げ、右足を相手の右腰、左スネは相手の右膝裏に当て、左手で右袖を取る。（右手は相手の左膝裏）

⑤両足を伸ばしつつ左手を引き、相手の右肩を中心に転がす。

⑥右手で十分にカチ上げて、相手を仰向けにして、

⑦⑧上になる。

フックガードからスイープ

①②座った相手に近づいて左腕で相手
の右脇をすくい、

③左つま先を相手の右腿にフックする。
右腕は相手の左腕を制する。

④⑤右足で床を蹴る力で、右に倒れな
がら腰を浮かせる。

⑥⑦腰が浮いてから、左足のフックで
相手を転がし、

⑧上になる。

317

スイープの練習法「詰め将棋式打ち込み」

　「詰め将棋打ち込み」という名前の通り、詰め将棋的な発想でスイープに必要な「相手の動きを読みコントロールする力」を練習する方法です。初めは崩しを省いた一手詰みから行います。

一手詰み

　自分がやりたい技を相手にかけさせてもらって返します。この段階ではまだフェイントや隙を作るといった崩しは入れず、動きを覚えます。これに慣れたら次の二手詰みに進みます。動き自体は314〜317頁に紹介したものと同じなので省きます。

二手詰み・三手詰み

　今度は技をかけるための崩しを入れます。例えば左に返す技の場合は、何らかの方法で相手をまず右に崩し、相手が戻ろうとする動きに合わせて、左にスイープします。カウンターでかける場合は、オフェンシブガードからわざと隙を見せて、相手の特定の動きを誘ってからカウンター技をかけます。

　このバリエーションを増やしていくわけです。

　二手詰めができてきたら、今度は崩す工程を2つ以上入れて三手詰めで行います。わざと相手にスイープを防がせて技をかけてもいいでしょう。

　これが現実にかかるスイープの手順です。単体の技だけを練習してもなかなかかかりません。技単体の動きを覚えたら、これらのパターン練習に時間を割きましょう。これらのパターンを知りたければ、技を現実に成功させている人に尋ねて、その通り真似するのが一番効率がいいです。いなければ動画を観て、どのように相手を崩しているのかを見抜きましょう。308頁で「2方向の攻め手を」と書いているのは、このことです。

　また、この練習には、うまくいかなかった時に問題が自分の動きにあるのか、相手の受けにあるのかを見抜ける技量も必要になります。

二手詰み

①②一度相手を右に振り、相手が
戻ってくるのを待つ。
③〜⑥相手が戻ってきたところで
左にスイープする。

三手詰み

①②一度相手を右に振り、バランスを崩し、
③相手が戻ろうとするところを、今度は左
に崩す。
④相手が手をついて耐えたら、
⑤左手で相手の左腕を抑えて、
⑥⑦後転して上になる。

319

スイープの物理学

　高校の物理で「作用反作用」を習った人もいるでしょう。この作用反作用と、てこの原理を原則として知って、人体の骨格と筋肉の運動器系に応用することが、寝技の技術を考える上で土台になります。

　この作用反作用の視点で考えると、スイープは2系統に分けることができます。

 ポイント！

①相手を転がす力が自分が上になる力にもなるもの。
②相手を転がす力が、自分が上になることを邪魔する力
　になるもの。

　①の代表的な例は、**フックガードからのスイープ**です。相手が転がる力と自分が上になる力は同じで、これは慣れればあまり考えることなくできるものです。

　しかしスイープはどちらかというと②の方が多いのです。分かりやすいのが**草刈り**です。相手のズボンの裾と袖を取り、足で腰を蹴って倒すのですが、この蹴る力が強くなるほど、反作用で自分は床に押しつけられ、立ち上がりづらくなります。

　実際見ていると、倒そうと頑張れば頑張るほど、相手を倒せてもスムーズに起き上がることができずにいる人が多いです。

　では、どうすればよいのでしょうか？　ここで大事になるのはプロセスを分けて考えることです。改めて草刈りの動きを見ると、**①相手を倒す**、**②自分が起き上がる**、の2つに分けることができます。

　うまくいかない人は、①の倒すことに熱心なあまり、②の起き上がることを考えていないのです。ここで大事になるのは、①の「倒すフェーズ」から②の「起き上がるフェーズ」をシームレスに行うことです。

簡単にいえば、相手が倒れ始めたらそれ以上、倒すための力を入れる必要はない、ということです。

　仮に相手を倒すのに必要な力が10段階で5だとしたら、そこに6以上の力をかけるのは無意味どころか有害なのです。倒れ始めたら、放っておいても相手は倒れるはずです。であれば意識的に自分が起き上がるための動作を始めなければいけません。

　この技の場合は、倒れようとしている相手の勢いを利用すれば自分が起きれるので、相手が倒れきる前に自分が起き上がることが重要です。

OK

① ② ③ ④

NG

草刈りの物理学

①〜④は相手を倒す力を利用して起き上がった例。②の段階で「倒すフェーズ」から「起き上がるフェーズ」に自然に移行している。

②'〜⑤'はNGの動き。相手を全力で倒そうとするあまり、フェーズを変えられず、倒したものの反作用で起きられず、相手が先に起き上がっている。

②' ③' ④' ⑤'

シザースイープも同じ種類です。相手を足で挟んで返すのですが、相手を返しながら自分も上になろうとすると、力が分散してスイープの切れが悪くなります。ここでもプロセスを分けて、まず①**自分が寝たまま相手の体を転がすことだけを考えて、②相手が転び始めたらすぐに体の使い方を変え、③自分が上になればよい**のです。

こうした力は**第2章**の**体の構造**から生まれるもので、慣れてくると

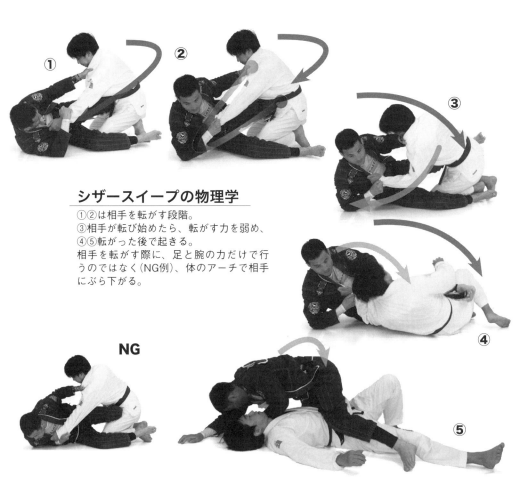

シザースイープの物理学

①②は相手を転がす段階。
③相手が転び始めたら、転がす力を弱め、
④⑤転がった後で起きる。
相手を転がす際に、足と腕の力だけで行うのではなく（NG例）、体のアーチで相手にぶら下がる。

NG

スイープに限らず、倒れようとしている相手にぶら下がって自分の体を起こすこともできるようになり、動き方が変わってきます。

　このレベルまで進んできた人は、是非、相手との相対的な関係の中で、必要な力を見積もる能力を持つことと、必要以上の力を出さない動きをすることを意識してください。そうすることで自分の狙いが外れた時や、相手に想定外の動きをされた時にも、慌てずに対応することができるようになります。これが「感覚」を養う重要な方向性なのです。

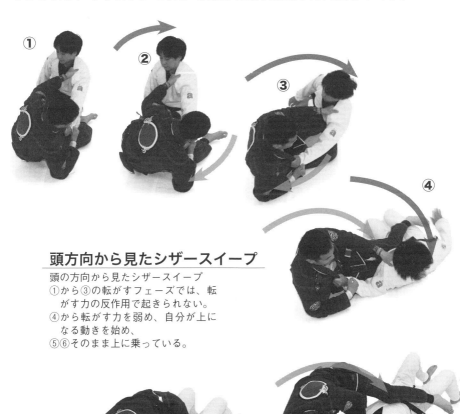

頭方向から見たシザースイープ
頭の方向から見たシザースイープ
①から③の転がすフェーズでは、転がす力の反作用で起きられない。
④から転がす力を弱め、自分が上になる動きを始め、
⑤⑥そのまま上に乗っている。

オフェンシブガードからの極め

　下からの極め技もスイープと同じく、手順を踏んで詰めていくやり方と、タイミングでかける技があります。

　私がお勧めするのは現実に試合で高い頻度で極まっている技で、**腕十字、腕がらみ、三角絞め**です。

　ここでは最も定石的なものを紹介します。もちろんこのまま誰にでも極まるということはありません。いずれもここまで書いてきたように、キープとコントロールの延長線上にあるものです。

　ここでは手順を紹介していますが、重要なのは1つ1つの手順の間にあるコントロール力です。それを忘れないでください。

焦って早く極めようと考えず、常に
コントロールすることを意識する。

クローズドガードからの腕十字

①両手で相手の右腕を取った状態から、

②③左手で相手の奥襟を掴む。

④腕で引くのではなく、アーチでぶら下がり
　プレッシャーをかける。

⑤⑥ぶら下がったまま足を振り右にヨーイン
　グとお尻を上げるピッチングの動作を行
　い、

⑦⑧右足で十分に相手を崩して極める。相手
　の頭にかける左足は単なるオマケ程度。

クローズドガードからの腕がらみ

①②襟を取ろうとする相手の手を内
　側から払い、
③足で相手をあおる力で左手で相手
　の右肘内側を床に押しつけ、右手
　を返して手首を握る。

④⑤左腕を振り上げ、振り下ろす勢い
　で起きる。
⑥⑦左腕はそのまま相手の左脇に入れ、
　自分の右手首を掴んで腕がらみ。

クローズドガードからの十字絞め

①②③右手で奥襟を掴み、
④アーチで引きつけつつ左手を襟に。
⑤⑥アーチで相手を固定しつつ、左
　襟を奥襟に進める。
⑦⑧⑨相手を引きつけ、十字絞めに。

① ② ③ ④ ⑤ ⑥ ⑦ ⑧ ⑨

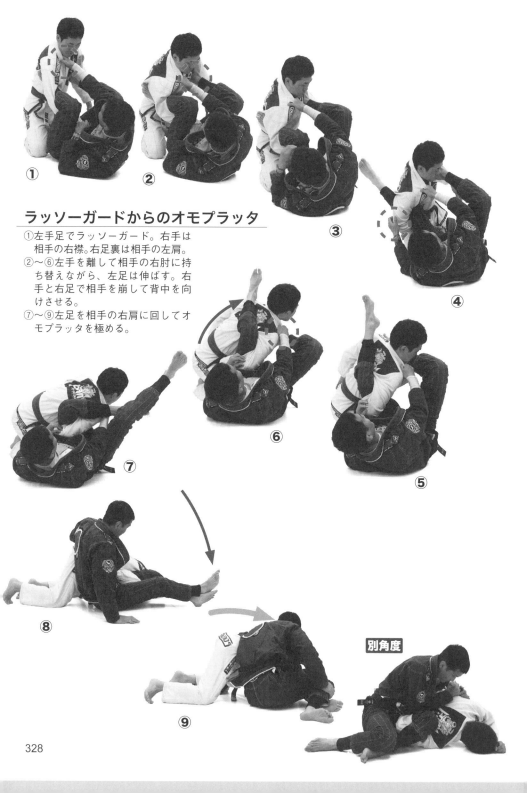

ラッソーガードからのオモプラッタ

①左手足でラッソーガード。右手は
　相手の右襟。右足裏は相手の左肩。
②～⑥左手を離して相手の右肘に持
　ち替えながら、左足は伸ばす。右
　手と右足で相手を崩して背中を向
　けさせる。
⑦～⑨左足を相手の右肩に回してオ
　モプラッタを極める。

別角度

328

スパイダーガードからの三角絞め

①〜④スパイダーガードから、左足で伸び上がり
　ながら相手の袖を引きつけ、
⑤右足を深く相手の首にかける。
⑥⑦左腿で相手の右腕を流しながら両足を組む。
⑧⑨体全体の力で絞める。

329

ラッソーガードからの回転三角絞め

①②③前に崩そうとして相手が下
　　がったら、
④⑤⑥お互いの間にできた空間で回
　　転する。
⑦⑧振り上げた右足を相手の首にか
　　けて体重で引き崩す。
⑨⑩⑪左足で相手の右腕を流して三
　　角絞め。

① ② ③ ④ ⑤ ⑥ ⑦ ⑧ ⑨ ⑩ ⑪

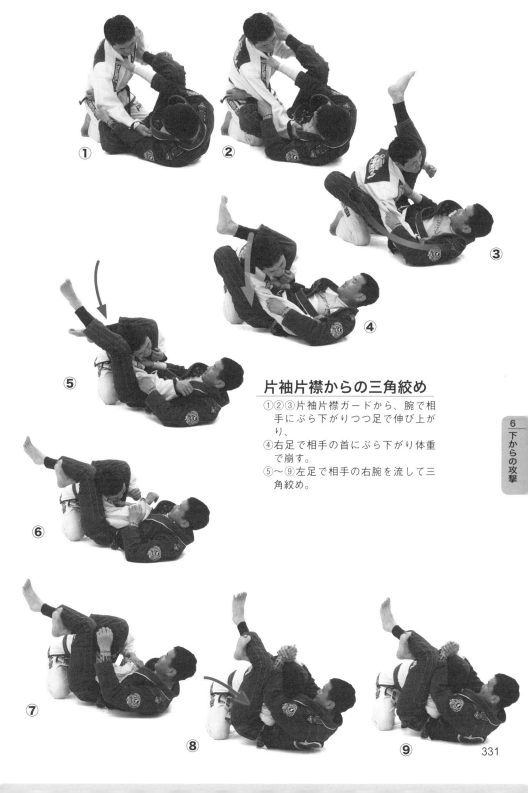

片袖片襟からの三角絞め

①②③片袖片襟ガードから、腕で相
　手にぶら下がりつつ足で伸び上が
　り、
④右足で相手の首にぶら下がり体重
　で崩す。
⑤〜⑨左足で相手の右腕を流して三
　角絞め。

段階的三角絞め習得法

　三角絞めは慣れると非常に有効な技ですが、私は初心者が最初から三角絞めを得意技にすることには、注意が必要だと思います。

　理由は、形を作ることはできても、絞めるコツを会得するのが難しいからです。この技は大正時代に高専柔道という大会で使われ始めたのですが、当時は「幻の技」と呼ばれていた高度なものです。格闘技のテレビ放送などの影響もあり、今では誰でも知っているメジャーな技ですが、難度が変わったわけではありません。

　実際に白帯の試合でよく見られるのは、「下から三角絞めをかけて、長時間絞め続けたけど結局極められず、終盤になって足が疲れたところで逆にパスされて負ける」という光景です。

三角絞めへ至る道

　念のためですが私は技として三角絞めを否定しているわけではありません。むしろ脚が細長くて強い人にはお勧めです。ただ始めから三角絞めを狙うのではなく、まず足をすくってスイープすることを強く勧めます。そこから肘関節を狙ってもよいし、足をほどけばマウントを取れるからです。この方が確実で、展開のバリエーションを増やす素地があります。

　またこれが試合であれば、スイープポイントで2点、マウントで4点入り、さらにマウントをキープできれば勝てるわけです。

　これが余裕で決まるようになって、つまらなく感じるようになったら、今度はスイープで相手を横倒しにした時点で、肘を極めにいきましょう。いわゆる**三角腕固め**です。このポジションだととても極めやすいことを発見するはずです。

　これにも慣れたら、そこからようやく三角絞めの練習に入ります。

　横倒しの状態だと絞まりやすいので、そこで三角の感覚を養います。

ガードからのスイープ&三角腕固め

①②③両袖を取り、右足を首にかけな
がら前に倒す。

④左手で相手の右手を自分の胸の前で
固定、右足で首を固定しつつ、右手
を引き崩す。

⑤足で首をロック、右手は股をくぐら
せ相手の左膝裏を抱える。

⑥相手を抱えたまま左にローリング、

⑦三角腕固め、あるいは三角絞めに。

三角腕固め　　**三角絞め**

微妙なポイントが重要

三角腕固めと三角絞めの極めのポイ
ントは非常に僅か。

三角腕固めは肘に近く、三角絞めは
上腕の中間付近。

それが全部できるようになってた人は、下からも三角で絞めたり腕を極められるようになります。

　実際のスパーリングや試合では相手は必死になって抵抗しますので、ミクロにはそれに組手で対抗しながら、マクロには相手の抵抗を無効化できる間合いと角度に位置取りする必要があります。このことと、足をすくってスイープを狙えるポジションをつくることは同義なのです。

　遠回りのようですが、こうした手順で進めることで、「スイープができる体勢＝そのまま下で極められる体勢」ということに気づくでしょう。これが、うまい人がわざわざスイープをしないで極めている理由です。

腕メインか体メインか

　下からの攻めは大きく、①**腕をメインに使ってかける技**と②**体全体を使ってかける技**とに分けることができます。

　①は腕がらみや十字絞め、②は腕十字や三角絞めといえます。

　①の腕をメインに使ってかける技は、自分のガードの形をさほど変えずに入れるので、リスクが小さい反面、ある程度の腕力や握力が必要になります。②の体全体を使ってかける技はガードの形を大きく変えるため、失敗した場合はパスガードをされてしまうリスクがあります。一方できちんと形を作ることができれば、体格や筋力差をある程度克服できます。

　こうしたことを考えに入れながら、自分の体格や性格に合った技を選んで得意技にする工夫をしてください。

第7章 上からの攻撃

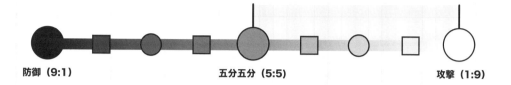

防御（9:1） 五分五分（5:5） 攻撃（1:9）

ポイント

- 上からの攻撃に必要な力。
- 半パスポスチャーを作る。
- ロー・ミドル・ハイで抑え込む。
- マウント・ベリーからの極め。

　上からの攻撃に必要なのもこれまで同様にコントロールする力です。そのために必要なのが「半パスポスチャー」です。相手に逆転の機会を与えず抑え込み、極めに進みます。

上からの攻撃に必要な力

　実力差があれば別ですが、自分と同じくらいの相手に対して上になって攻められても、かなりの確率で相手にディフェンシブガードをかけられます。

　そこで、「なんとかガードを外してパスしよう！」と頑張るわけですが、実力が近いほど膠着して、ともするとガードに戻されて、スイープや下からの攻撃に対処するのに精一杯という状況に陥ってしまいます。

　ここで見落とされているのは、相手のガードを外すことと、パスの間にある要素です。

　「えっ？　ガードを外せば自動的にパスガードじゃないの？」と思う人は、第5章の腕ガード（273頁）を思い出してください。ガードを外されてもそこそこ粘れたはずで、ガードを外される＝パスガードではないことが分かるはずです。ではどうすればよいのでしょう？

　まずは相手のガードを外しながら、半パスポスチャーを作ることを目指します。

　半パスポスチャーとは、私が作った造語で、相手の足腰は制していてガードをかけられることはないが、完全なパスガードに達していない状態を指します。第4章の「上からの防御に必要なポスチャー」（227頁）にも登場しましたが、ここでは攻撃を進める方法として紹介します。

攻撃の土台になる半パスポスチャー

　相手のディフェンシブガードや腕ガードに打ち勝って、パスガードを完遂させるために必要なのは、パスガードに進む力だけではありません。あまり意識されませんが、この半パスポスチャーをキープする力が、パスガードを成功させる要素の半分を占めます。

　半パスポスチャーをキープした上で使える余力が、パスガードに進む力なのです。そしてその力が、相手のディフェンシブガードをキープする力や、腕ガードをキープする力を上回った時にだけパスガードが成功するのです。

　このキープする力とパスガードに進む力は別物で、キープ力が土台であり、攻撃力はその上にしか積み上げることはできない、ということを十分に理解してください。つまりキープ力が弱ければ、攻撃力も弱くなるわけです。

半パスポスチャーの数は無限

　半パスポスチャーの形自体はケースバイケースで、その数は無限です。ですからここでは代表的で練習もしやすいものを選んで紹介しています。第4章に登場した、土下座ポスチャー（228頁）、シットオンフット（229頁）、クリンチハーフマウント（231頁）、第5章に登場したコンバットベース（284頁）についてはパスの方法を紹介します。

　具体的な練習方法としては、まず自分が使いたい半パスポスチャーを1つ選んでキープする練習をすることをお勧めします。最初は難しいでしょうが、抑え込みの時と同じように、たとえ失敗しても最後まで落ち着いて相手をコントロールすることに集中して繰り返すうちに上達します。

半パスポスチャー

　ここで紹介するのは最低限覚えておくべき半パスポスチャーです。紙面の分かりやすさを優先して、それぞれのポスチャーからのパスガードまでを並べて紹介していますが、まず形を覚えて１つでもキープできるようになったらパスの練習に進んでください。

ダブルアンダー

　いわゆる両足かつぎです。相手に接近して、相手の両足と床の間に自分の両腕を差し込んで相手の腰を掴みます。相手の股関節を折り曲げて足が自分に当たらないようにします。体が柔らかい相手には必須のポスチャーです。このポジションでキープすることもできるし、スタックパスにもいけます。

①

②

ダブルアンダーからのパス

①相手の股関節を曲げて力が出ない状態に
　する。
②③④右腕で相手の右襟を取り、前進する
　手がかりにする。
⑤両手足の力と体重で相手を丸めることで
　相手の上半身に近づく。
⑥⑦⑧相手の足をさばいてパスガード。

③

④

⑤

⑥

⑦

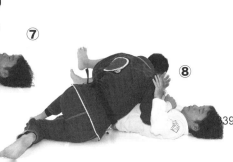

⑧

オーバーアンダー

　相手の左足を右腕ですくい、相手の右足を両内腿と左手で制します。アーチ構造でしっかり相手にプレッシャーを与えます。

　足の効く相手は股を大きく広げてくることが多いため、ダブルパンツを取ることが難しいので、シングルパンツや正座からこのポスチャーに入ることが多くなります。ここからダブルアンダーへの変化も可能です。このポジションでキープすることもパスをすることもできます。シングルパンツやダブルアンダーととても相性がよいポスチャーです。

オーバーアンダーからのパス

①左手で相手の右膝裏を掴み固定、
②③両足と左肩のアーチでプレッシャーをか
　けながら右足を外す。
④外した右足を相手の右足裏に潜らせ、自分
　の左拳と右膝を合わせる。
⑤右腕を抜いて相手の左腰を止める。
⑥⑦右膝を相手の腿の下に進め、右肘と右膝
　を合わせ、相手の両足を束ねてサイドから
　抑え込む。

①
②
③
④
⑤
⑥
⑦

7　上からの攻撃

341

ショルダーオンベリー

　手で相手の膝付近を取り、左肩を相手の腹部に置きます。自分の手の位置や肩の位置が相手の上半身に近いとパスしやすくなり、遠いとパス完成までに手順が増えます。実力差に応じて位置を変えて、攻防を始めるとよい練習になります。

ショルダーオンベリーからのパス

①両手で相手の両膝外側を掴む。アーチでプレッシャーをかけ、
②③右腕を相手の右太腿外側に当て、相手の腰を止める。
④⑤左手で奥襟を取り抑え込む。

別角度

①'
②'
③'
④'
⑤'

①
②
③ 右腕の位置
④
⑤

レッグドラッグ

いわゆる「**モダン柔術**」の象徴ともいえるパスガードです。相手の足を向こうにどかすという当たり前のようなコンセプトの攻めですが、モダン以前に使われなかったのはその攻防の難易度の高さゆえ。ぜひチャレンジしてみてください。

レッグドラッグからのパス

①相手の股関節を曲げて力が出ない状態にする。
②右腕で相手の左襟を取り、前進する手がかりにする。
③④両手足の力と体重で相手を丸めることで相手の上半身に近づく。
⑤相手の足をさばいてパスガード。

別角度

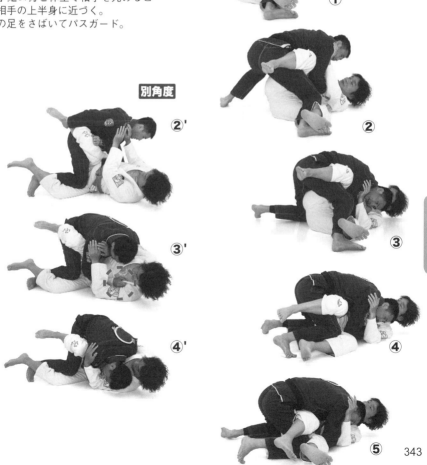

レッグウィーブ

　右腕で相手の両足を、左手で相手の上半身を制している非常に強力なパスです。右腕を天井方向に引くことで自分の右肩が重くなり相手の両足が強く束ねられているのがポイント。次頁のクロスグリップパスの原型です。

レッグウィーブからのパス

①左手で襟を、右手で相手の右裾を握る。
②③④右裾を引き上げ、相手の両足を束ね、
　右肩を重くして時計回りに回る。
⑤右腕で裾をしっかりキープ、相手が反転
　するのを防ぎつつロールで胸をつけ、
⑥右膝を寄せて抑え込む。

別角度

クロスグリップ

　前頁のレッグウィーブと組手は同じです。異なる点は、レッグウィーブでは相手の両足を制していますが、クロスグリップでは相手の左足が自由になっていることです。これだけでプロセスに大きな違いがでます。

クロスグリップからのパス

①②③左手で襟を、右手で相手の右裾を握る。頭を下げて相手の左足が入ってこれないようにする。

④相手両手で左肩を押してきても、問題ない。左にローリングして右肩で相手にプレッシャーをかけて抑え込む。

⑤⑥⑦相手の抵抗の動きに応じて、より安定した抑え込みに変化する。

ダブルエルボー

コンバットベースと同じで、両袖を取られた時に使いやすいポスチャーです。そのままこの形に入ってもよいのですが、コンバットベースからの変化でも使えます。両肘で相手の両内腿を制した形から頭を下げ、前腕フレームで腕立て伏せをする感じです。

この形になると自分の体重が相手の両内腿にかかって相手の足を完全に殺すことができます。アーチ構造が活きているのがよく分かる形です。

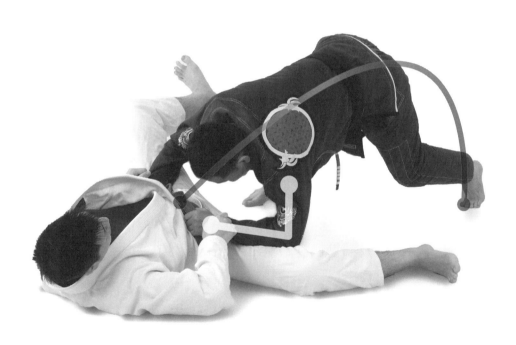

パスガードにフレームを利用する非常にエレガントな技術で、応用すれば様々な場面で使える技術です。

ダブルエルボーからのパス

①両手を離して帯を掴み、両肘を相手の両内腿に当て、
②ダブルエルボーに。左前腕で相手の右内腿を床につけ固定、
③④時計回りに回り右足をパス、
⑤⑥サイドから抑え込む。

土下座ポスチャーからのパス

①膝を浮かせて手を重くしながら、相手
　の攻めを止め、上体を起こす。
②③④多くの場合、相手は襟を取ってく
　るので、その手を抑えてみぞおちの上
　に押しつける。

⑤⑥右足を進め、
⑦⑧腰を落とす力で持ち上げる。
⑨〜⑫相手の右袖を掴んだままクローズ
　ドガードを割って抑え込む。

別角度

シットオンフットからのパス

①②左手で相手の右膝外側を掴み、

③④頭を床につけ、アーチでプレッシャーをかけながら相手の右膝を床につけて固定。右手は相手の奥襟。

⑤⑥⑦右足で相手の右足を制する。

⑧⑨相手の全身をコントロールしたら、反時計回りに回って抑える。

クリンチハーフマウントからのパス

①②③右足を膝まで抜く。
④⑤左足甲を相手の右内腿に当てる。
⑥自分の体重を両スネに乗せて、相手の
　足を開かせる。
⑦⑧足を抜きマウントポジションに。

別角度

別角度

①

コンバットベースからのパス

①②左膝で相手の右膝を越えつつ、
③④⑤左手で相手の奥襟を掴みパス。右
手で相手が足を入れてくるのを防ぐ。

②

③

④

⑤

半パスポスチャーの基本方針

　まず基本方針として、自分の都合で急いでパスに進む必要はありません。

　この状態であれば相手は攻めてこられないので、こちらは足を戻されないように注意をしていればよいからです。焦って無理にパスに進もうとすると、かえって相手にガードに戻すチャンスを与えることになります。

　半パスポスチャーをキープしつつ、相手の狙いを読んで、これを止めつつ、自分が進めるルートを探るのです。その中で、キープしつつもパスする余力が十分あると判断できた時に、初めてパスに進みます。

半パスからのパスガードへいくタイミング

　半パスポスチャーからパスガード・抑え込みまでの練習をするうちに、「この半パスポスチャーになれば、パスガードできる」という自信が持てる形が出てくると思います。その時には、五分五分の状態から、半パスポスチャーを作る練習をします。

　そうすることで、【スタート地点→①→半パスポスチャー→②→パスガード】この過程がつながります。スタート地点→パスガードの工程は複雑なので、半パスポスチャーを中継地点として練習するのです。

　こうすると課題を小さく分けて効率的に段階的にステップアップできるはずです。

パスガードの数だけ抑え込みの形がある

　柔術には多くの種類のパスガードがあります。その理由は、相手のガードに応じて適切なパスガードが変わるからです。そして、それに伴い抑え込みの形も変わります。つまりパスガードと抑え込みの形は、本来はセットにして覚えるものなのです。

　言ってしまえば当たり前のことなのですが、「抑え込み」はそれだけを取り出して練習することが非常にやりやすく、その結果「抑え込みとは首と脇をすくうものだ」という完成形のイメージが強くなるようです。

　確かに形を覚えることは基本ですが、覚えてしまったらその形を金科玉条とするのではなく、「なぜこの形だと相手をコントロールできるのか？　ああ、相手が右にローリングしようとしたらここで止められるし、左にブリッジをしてきてもここでバランスが取れるからか」という風に、原理を理解して欲しいと思います。そうなると、応用が効くようになります。

　そういう目で、スパーリングや試合の動画を見直してください。自分が身につけたいパスガードの最終局面で、上手な人は自分が考えてもいないような形で相手をコントロールしていることを発見することが多いと思います。それは必要かつ適切だからその形を作っているのです。慣れていない人は、パスガードの最終局面でよかれと思って一般的な「首と脇をすくう抑え込みの形」を作ろうとします。しかし、その形は、足抜きでパスした時の最終形として適していますが、多くのパスガードの最終形には適していないのです。

　ぜひ「抑え込み」を「単体の完成した形」と捉えず、パスガードをする流れで必要上「単にその場で使っている形」と認識できるようにレベルを上げてください。そうなった時、覚えた抑え込みが形ではなく、相手に合わせて自由自在に使えるようになります。

ロー・ミドル・ハイで抑え込む

マウントポジションのロー・ミドル・ハイ

　私はマウントを**ローマウント**、**ミドルマウント**、**ハイマウント**の**3種類**に分けています。ローマウントは腰が相手の腰の上、相手は両腕を伸ばしてこちらの腰を押せる状態です。ミドルマウントは腰が相手の腹部の上で、相手は不服従のポーズの肘でこちらの腿を止めることができます。ハイマウントは腰が相手の胸の上にあり、相手の脇に自分の腿が入った状態で、相手は脇を締めることはできません。

　このハイマウントの状態が相手の関節や絞めを極めやすい、最も有利なポジションとなります。

サイドポジションのロー・ミドル・ハイ

　似たことはサイドポジションにも当てはまり、私はこれを**ローサイド**、**ミドルサイド**、**ハイサイド**の**3つ**に分けています。

　ローサイドは自分の正中線が相手の腰の上で、相手は伸ばした右腕でこちらの左腰を押すことができます。ミドルサイドは自分の正中線が相手のみぞおちの上で、相手は右前腕のフレームでこちらの左腰を押すことができます。そしてハイサイドは自分の正中線が相手の肩の上にあり、相手の右脇はこちらの左腰ですくわれているか、左スネで相手の右腕を踏んで制した状態です。

　このように考えると、相手を何とか抑え込んだ時はローサイドになっていることが多いでしょう。そのまま相手を極めることはほぼ無理ですので、そこからロー→ミドル→ハイサイドへ登ることが基本方針になります。もちろん途中でベリーを経由することも有効です。

　極めに進むためには、マウントでもサイドでも、それぞれのポジションの中でこの3つの違いを理解して着実にハイポジションに進めてから初めて極め技を狙うようにします。

　サイドポジションからの展開方法については巻末の折り込み頁で紹介していますのでそちらも参考にしてください。

ローマウント

ローサイド

ミドルマウント

ミドルサイド

ハイマウント

ハイサイド

別角度

相手の腕を封じている。

どこで相手を抑えるか

　さて、ここまで説明したことは、「**相手のどの部分を抑えるか**」ということでしたが、実はもう1つ考えるべき要素があります。それは「**自分のどの部分で相手を抑えるか**」ということです。

　ここで大事なのは、ハイサイドを取れたら、自分のヘソが相手の正中線を超えるくらい乗り上がるのです。この位置にくることでやっと、相手の腕を自分の体全体の力でコントロールすることができます。

　「そんなに乗り上がってしまうと、相手に返されたり、体が浮かされてガードに戻されてしまう」と思う人もいるでしょう。確かに初心者の頃にそういう目に遭って「乗りすぎは絶対に悪だ」と思っている人も多いでしょう。ですがそこで上手くいかなかった理由は、相手の右腕が活きているからなのです。相手の右腕がこちらの腰を止めた状態で前に進むと、自分の腰が浮いてしまいパスできないのです。

　ですがロー、ミドル、ハイの概念を理解した今は違います。ハイサイドで相手の右腕を制してから乗り上がってみてください。なんのリスクもなく相手の左腕に自分の体重や体全体の力をかけられるポジションを発見するでしょう。このことを是非理解してください。

　これが分かればサイドポジションから極められる確率が飛躍的に上がりますし、分からなければ永遠に極めはできません。

相手に乗って抑える

①②右腕を相手の左肩側に移動させ、
③左肘で相手の左首根本を押し、相手を自分の下腹に移動させるように動かすと、その反作用で自分の体が相手の上に乗る。自分が動く時は、相手との密着は少し緩める。
④乗ったら、体を少し反らして、膝は開いて床に軽く触れ、つま先が浮いている状態を作ると、自分の体重が下腹を経由して相手に自然と乗る。

サイドポジションからのV1

①相手が右手でこちらの左腰を押している場合、
②③腰をひねれば、自分の腰幅分は前進できる。
④⑤⑥相手の右腕を自分の左スネで踏んで制する。
過剰に密着していると摩擦が増えて前に進めない。
胸の密着は、最小限必要なところを止める程度に
することが大事。

別角度

⑦

⑧

⑦相手が頭を押してこようとしたら、
⑧⑨体重をかけて、頭で相手の左腕を床に
　押しつける。
⑩相手の左腕に力が入らなくなった状態に
　してから左手で相手の左腕を制して、
⑪⑫V1を極める

⑨

⑩

⑪

⑫

サイドポジションからの腕がらみ❶

①ヨーイングで時計回りに移動、
②③左肩で相手のアゴを抑え、左手で奥襟
　を取り相手の頭を固定。
④⑤⑥奥襟を引いて肩を寄せ密着をタイト
　にしつつ、左膝を相手の頭に寄せ、相手
　の右腕を左腰ですくう。

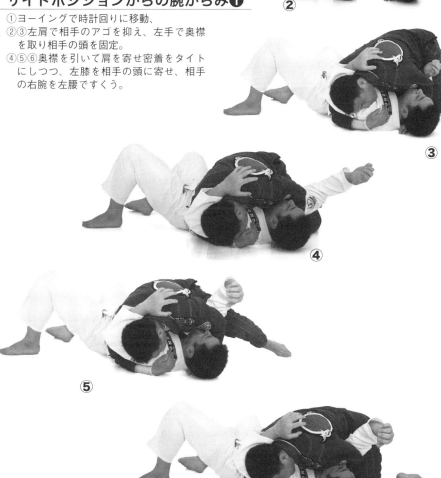

相手が起きてきたら次頁へ

⑦

⑦左腕を相手の左腕に巻く。
⑧相手の上に乗り上がり、相手の左腕に体
　重をかけられる体勢になる。
⑨右手で相手の左手首を、左手で自分の右
　手首を取り、腕がらみの形を作る。
⑩体をひねって、相手の腕をねじれる体勢
　を作ってから、
⑪腕を極める

⑧

⑨

⑩

⑪

サイドポジションからの腕がらみ❷

起きようとした相手の動きを利用した動き。
①相手が起きてくることを察したら、
②逆らわず相手を引き起こす。
③相手が真横を向いたら、右肘を重くして固定する。
④左手で相手の左肩を押して左足を前に出す。
⑤⑥両足で相手を挟んで止め、
⑦体を起こして相手の左脇を開かせ、
⑧体をひねって腕を極める。

ここから腕十字は次頁へ

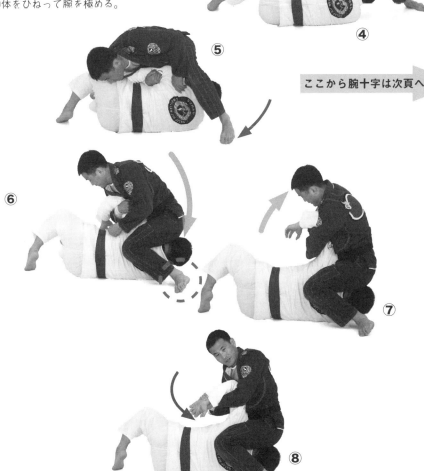

361

サイドポジションからの腕十字

相手の力が強い時は、体全体の力を相手
の片腕にかけられる腕十字を選択する。
①②③右足を相手の腰付近について、
④⑤体を起こして相手の脇を開かせる。
⑥⑦相手の腕にぶら下がる力をかけて相
　手の腕を伸ばす。

クリンチハーフ→V1アームロック

　最後にポジション変化の必要が最も少ない上からの極めとして、クリンチハーフマウントからのV1アームロックを紹介しておきます。

　現実の試合でこれを極めるには、かなりの腕力と体重差が必要になるので、必ずしも万人向けではありません。しかし、そうした条件が揃っている人にとっては実効性の高い技術です。

　また、下の人は体力差がある場合は、「ガードをかけているから極められないだろう」と油断しないようにしましょう。

①②③足が絡まれているが、相手の
　腕を極めれそうだと判断できたら、
　左肘を相手の左首根元に当てる。
④右肩で相手の左腕を床に近づけ、
　力の出ない形にする。
⑤⑥⑦V1で極める。

マウントについて

　マウントとニーオンベリーは通常の抑え込みと違い、相手から上半身を離してコントロールしているポジションです。

　制している部分が少ないので、相手が逃げやすく不安定なポジションだと思うかもしれませんが、こちらも動きやすいので、相手の動きが読めて、適切に追い込むことができれば一本を取りやすくなります。

　実際、お互いに胸を合わせたサイドポジションのまま一本取れる技は非常に少なく、第3章で紹介した基本の関節技ではV1（78頁）と腕固め（78頁）、基本の絞め技では肩固め（80頁）くらいしかありません。

　つまり、多くの極め技はサイドポジションではなく、マウントとニーオンベリーから入るものなのです。これが、これらのポジションが存在する意義です。一本を取りやすいポジションなので、柔術競技のルールではこれらのポジションを取るとポイントが入るわけです。

　時々「サイドポジションがうまくなれば極め技もできるようになる」と思っているような人がいますが、現実的にはそれはあり得ません。

　言葉を換えると、極め技ができるようになるには、体幹を止める抑え込みから末端を止める抑え込みができること、相手を固める抑え込みから泳がせる抑え込みができるようになる必要があるのです。

マウントからの極め

①

②

マウントからのV1

①②③相手の左腕に両手で体重をかけて
　床に押しつける。
④額で体重をかけて右腕を自由にして、
⑤V1ロックの形を作る。
⑥体をひねって極める。

③

④

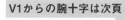

V1からの腕十字は次頁

7｜上からの攻撃

⑤

⑥

V1から腕十字

前頁③からの続き。
①②相手の左腕を床に押しつけた時
　に、相手が左を向き、右腕で防ご
　うとしてきたら、
③④⑤腕十字に変化して相手の右腕
　を極める。

腕十字から三角腕固め

①腕十字をクラッチで防がれた場合、三
　角腕固めや三角絞めに変化すればク
　ラッチを切る必要がない。
②③④相手のクラッチの間に右足を入れ、
⑤⑥⑦三角腕固めに変化する。
「どの技で極めさせてくれるかを選択する
のは相手だ」という意識を持つ。

別角度

マウントからの十字絞め

①〜④返されないように左にずれながら右手で相手の右襟を取る。

⑤⑥⑦左手で補助をして、右手でさらに奥を取る。

⑧⑨左手で相手の左襟を取れる体勢を作り、⑩絞める。

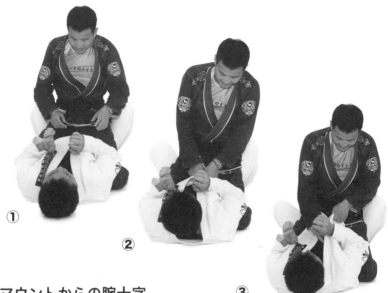

① ② ③

マウントからの腕十字

右手で相手の右襟を取る。この時、相手の右腕が自分の右腕と自分の胴体の間にあることが重要。

このポジションを作れると、腕十字と十字絞めのダブルアタックを狙える。前頁を参照。

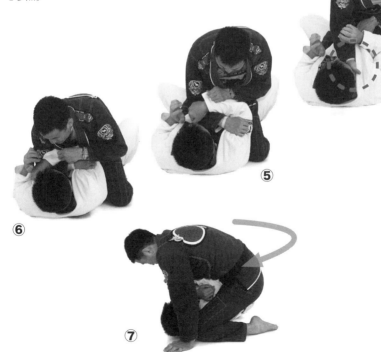

④ ⑤ ⑥ ⑦

⑧

⑨

⑩

相手が左を向いてきたら、（相手の右
腕が自分に近づいてきた＝その腕を極
めやすい）ということ。
腕十字を狙う場合は、右手で取ってい
る相手の右襟を早めに離して、相手の
右腕をホールドすることに使う。

⑪

⑫

⑬

⑭

ニーオンベリーについて

　　ニーオンベリーは広義的には、末端を止める抑え込みの一種といえます。軽量級が重い相手を抑えるのには必須の技術ですので、ここで改めて紹介しておきます。

　　ニーオンベリーは大きく、

・**サイドから入るベリー**

・**ダイレクト**に入る**ベリー**

の２つに分けられます。

　　サイドから入るベリーは、相手を抑え込んでコントロールした状態から入るため習得も楽なので、最初に練習しましょう。

　　ダイレクトベリーは、相手の足をさばいて、抑え込みを経由せず直接ベリーで抑える方法です。抑え込んでいない状態から入っているので相手の抵抗は強くなります。その抵抗を打ち破ってコントロールする必要があります。

ニーオンベリーの基本

　　まず膝はあばらに乗せません。怪我の危険性が増えるからです。

　　相手の帯と足の間、下腹にスネを乗せます。そうすることで相手の腰骨が止まります。右つま先は浮かせて、右膝を相手の左腰横の床につけようとするプレッシャーをかけます。

　　実戦では相手は右を向いて逃げようとしますが、この相手の力と自分のプレッシャーが釣り合ってニーオンベリーがキープできるのです。

　　もし相手の抵抗が弱く右膝が床についたら、マウントを取ればよいのです。

理想的なニーオンベリー

ダイレクトベリー時など、相手の抵抗が強い場合は、右スネで相手の右腿外側を跨いで動きを止めます。

NG 右つま先が床についていると動かせないため逃げられる。

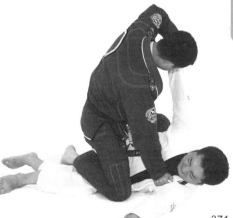

① ②

サイドから入るベリー

抑え込みから、両手の位置を変えて
ベリーの組手にする。
①②両手と両つま先で床を押して自
　分の体を浮かせる。
③相手が逃げるより先に右スネで相
　手の腰を止め、
④両手も効かせて完全に相手の動き
　をコントロールする。

③

④

別角度

① ② ③

別角度

ダイレクトに入るベリー

①②パスガードを仕掛けたが、相手が腕ガードで肩を止めてきた場合。

③同じプレッシャーをかけていてはガードに戻されるので、半身になっている相手の体を左にローリングさせる力をかけ、

④⑤相手の体が真上を向いたら、

⑥⑦ベリーに変化する。

④ ④'

⑤

⑥

⑦

相手の抵抗も強いので、右膝を向こうの床につかせるくらいのプレッシャーをかけるなど、自分の両手足をフルに使って相手をこちらに向かせない。

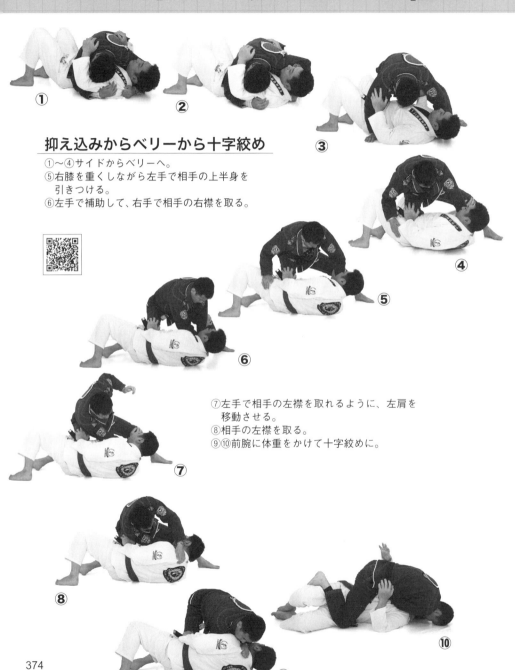

抑え込みからベリーから十字絞め

①～④サイドからベリーへ。
⑤右膝を重くしながら左手で相手の上半身を
　引きつける。
⑥左手で補助して、右手で相手の右襟を取る。

⑦左手で相手の左襟を取れるように、左肩を
　移動させる。
⑧相手の左襟を取る。
⑨⑩前腕に体重をかけて十字絞めに。

ベリーからのベースボールチョーク

①②③左手で相手の奥襟を取ったまま、右手で相手
の左襟を取る。左手は親指が内側、右手は四指が
内側になる。

④〜⑦そのまま上四方向に回ると、自分の腕が相手
の首元でクロスされ絞まる。相手が時計回りに
ヨーイングすると絞まらなくなるので、左膝で相
手の左首、頭で相手の右腰を止めて動けなくする。
十字絞めより形を作りやすいので実戦向き

ベリーからの腕十字

①②③相手が左手で膝を押してエビを
してきたら、相手の左腕が自分に近
づいてきたことになるので、腕関節
を取る大チャンス。
④右腕で相手の左肘をすくい、
⑤⑥⑦相手の頭を越えて回り込む。こ
の時、左手で相手を押しつつ回る。

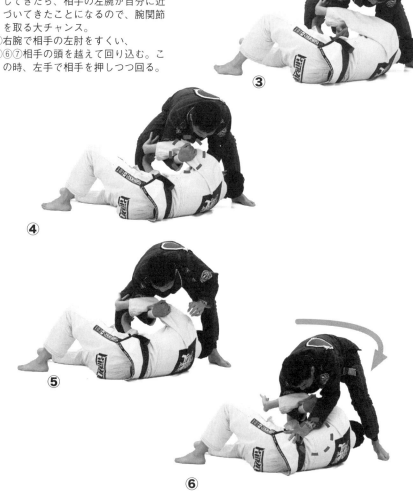

376

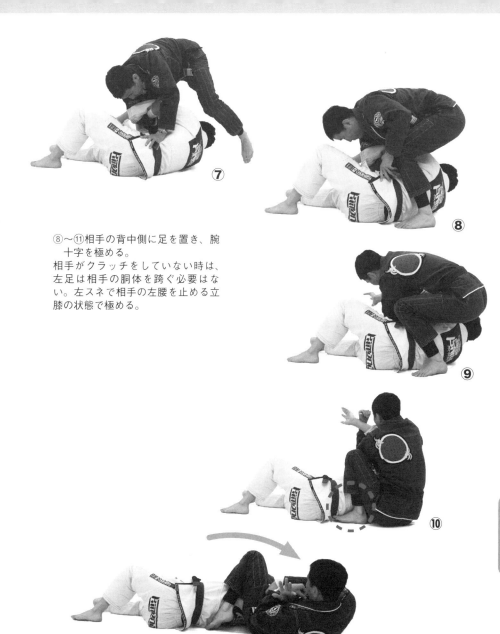

⑧〜⑪相手の背中側に足を置き、腕
　十字を極める。
相手がクラッチをしていない時は、
左足は相手の胴体を跨ぐ必要はな
い。左スネで相手の左腰を止める立
膝の状態で極める。

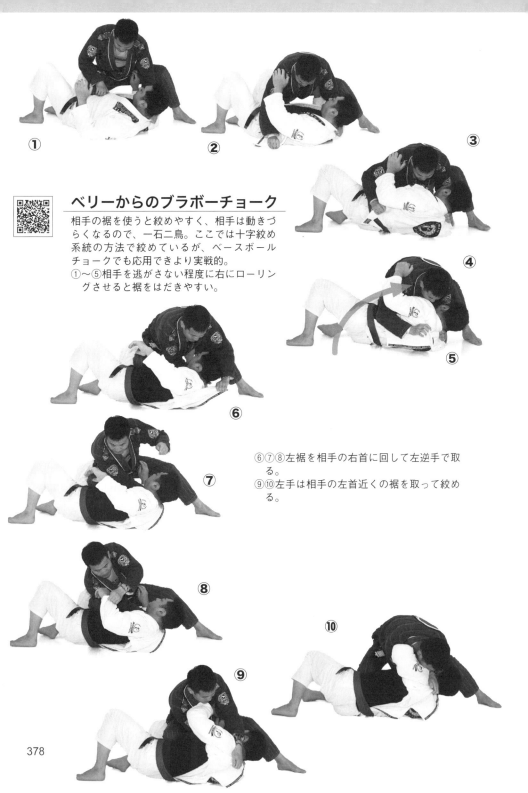

ベリーからのブラボーチョーク

相手の裾を使うと絞めやすく、相手は動きづらくなるので、一石二鳥。ここでは十字絞め系統の方法で絞めているが、ベースボールチョークでも応用できより実戦的。

①～⑤相手を逃がさない程度に右にローリングさせると裾をはだきやすい。

⑥⑦⑧左裾を相手の右首に回して左逆手で取る。

⑨⑩左手は相手の左首近くの裾を取って絞める。

極め技を成功させる要素

まず大原則として、極め技を確実に成功させるために必要なのは、

① ポジションのキープ力
② 力がどこに作用しているか、その理由への理解

の2つの要素とそれを実行する能力です。

ポジショニングが8割！

初心者に多いのが、とにかく取った腕を全力で曲げたり、伸ばしたりしている姿です。しかし、それにばかり意識が向いて、極まる前にポジションを失う人も多いです。よく見るのが下からの腕十字や三角を潰されたり、上から関節を取りに行ったらガードに戻されるパターンです。

ここで必要なのは極めの強さやスピードではありません。その土台となるポジションのキープ力です。8割くらいの力をキープに振り分けて、極めるための周辺要素を整える必要があるのです。また実際に準備がしっかりできていれば、残りの2割の力で十分極まります。

逆にどんな極め技も、ポジションをキープする能力が土台にない限り成功しないことを知ってください。

亀ガードへの攻め方

　自分が上の猪木アリ状態で、相手が下を向いてこちらに背中を向けてくれた時、すぐにバックポジションが取れて、あっという間に相手を絞められそうな気がするかもしれません。

　確かに相手が亀ガードの技術を知らなければその可能性はありますが、相手が対処を知っていれば、逆に攻め返されるだけです。

　抑え込みができるようになる前の自分を思い出してください。相手に抑え込ませてもらっても、相手をコントロールできている実感がなく、相手がヒョイと動くと、簡単にガードに戻されたり、ひっくり返されたりしてしまったはずです。その頃は、相手から一本取れるようになる実感も持てなかったことでしょう。

　亀やバックポジションの攻防も同じことです。様々な状況に応じて、「それらに最適なポジションは何か？」「効果的な組手はどこか？」「そこからどのように変化してより有利なポジションを獲得するか？」といった知識を頭に入れて、ノウハウを１つずつ身につけていくことが大事です。

　特にバックポジションは抑え込みよりもコントロールが強力で、一本も取りやすいポジションです。トーナメントで体力の消耗を抑えながら、勝ち進んで優勝したい選手志望の人にとっては習得する優先順位が高くなります。

まずポジションキープ

　ここで大事なのは**すぐに絞めを狙わない**ことです。**必ずポジションキープから**です。少しでも有利なポジションになったら必ずそれをキープし、失わないように確保してから前に進むようにします。足場を固めないまま絞めにいっても、相手がうまければ有利なポジションを失うだけです。

亀に変化する相手をコントロールする方法

　まず、相手にパスを仕掛けた時に、背中を向けてきた場面の攻防から考えます。パスを仕掛けて相手が足を向けてきたら通常のガードの攻防ですが、相手が背中を向けてきたら亀ガードの攻防、いい方を変えればバックポジションの攻防が始まるからです。ここでなるべく早めに頭を切り替えて、パスではなくバックを狙いにいくことが重要です。

背中を向けてきたところを攻める

相手の足をどかして、相手が背中を向けてきたら、行動の選択肢を、パスガードでなく、亀取りに切り替える。相手がガードに戻れないように、まずは密着して、こちらに足を向けられないように制する。

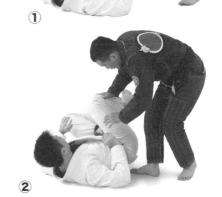

① ②

④ ③

ニーオンベリーでコントロール

　背中を向けてきた相手に素早く密着した場合、多くの相手は下を向いて亀になります。その場合は、元谷グリップなどで攻めればよいのですが、横を向いたまま（横亀）の相手もいます。

　こういう相手にはバックポジションは取れません。それを知らない初心者がマウントを取りにいくと、ほとんどの場合、足を絡まれてガードに戻されてしまいます。ここで有効なのは、右膝を相手の右腰に乗せてニーオンベリーでコントロールすることです。

　ちなみに試合では、バックの攻防から、相手を抑え込んでもパスガードの3点は入りません。しかし、ニーオンベリーやマウントのポジションを取った場合は2点や4点が入ります。ですから試合で相手が横亀になったら、逃げられないようにコントロールしながらそれらのポジションに変化して、できるだけポイントを獲得しましょう。

　相手がベリーのポイントを取られるのが嫌がって、下を向いてきたら、亀ガードの攻防になります。

横亀の相手に膝を乗せる。現行のルールではこれでポイントが入る。　⑤

上を向いてきたらそのまま通常のニーオンベリー。　⑤'

亀ガードへのなり際を攻める

　相手が亀になる過程で、横亀を制することができず、離れた状態で相手が下亀になった場合は、相手の腕に捉えられないように後ろか横に回ることです。相手の腕に捉えられると、相手の頭側に位置する、いわゆる「がぶった」状態になりますが、柔術では一般的に相手の腕をかわして相手の後ろに回り込むのが一般的です。

　がぶった状態から相手を攻める技ももちろんありますが、後ろに回って攻めたほうがリスクがないのと、バックポイントを得たりバックポジションから一本を取りやすいからです。

　理想的なのは両足フックです。3秒キープすれば4点入りますし、その後も相手をコントロールできるので、攻め続けることができます。

　片足だけでも入ったり、足が入らなくても両腕をたすき（シートベルトグリップ）にしたりすることができれば、その後も相手をコントロールし、攻め続けることができます。

　大事なのは亀になろうとするなり際を攻めることです。

　相手が体を丸めるのに合わせて自分の膝を滑り込ませ、片足を入れるかたすきグリップに抑えバックポジションを狙います。

別角度

①②相手の亀になり際にフェイントを入れつつ、
③相手の足をどかしながら回り込む。
ここからの展開は、足が入れられれば、①足を入れバックポジションへ、②たすきグリップ、足を入れられず亀ガードになったら、元谷グリップを狙う。

①

②

③

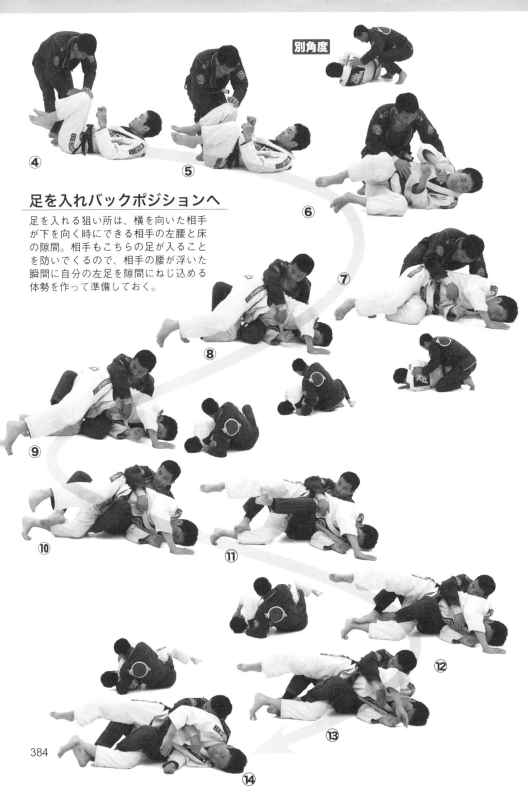

別角度

④ ⑤ ⑥ ⑦ ⑧ ⑨ ⑩ ⑪ ⑫ ⑬ ⑭

足を入れバックポジションへ

足を入れる狙い所は、横を向いた相手が下を向く時にできる相手の左腰と床の隙間。相手もこちらの足が入ることを防いでくるので、相手の腰が浮いた瞬間に自分の左足を隙間にねじ込める体勢を作って準備しておく。

別角度

④' ⑤' ⑥'

たすきグリップへ

実際には、左頁の足を入れる工程と
同時並行で行う。たすきグリップ・
シートベルトグリップと呼ばれる。
相手の肩と脇腹を制した攻守に優れ
たグリップ。
基本的に足を入れるのが優先だが、
入れれなかったら、せめてこのたす
きグリップは作りたい。
足もタスキも入れれずに相手が下を
向いた亀ガードを作ってしまった
ら、次頁の元谷グリップを作って崩
して攻めることになる。

⑦'

⑧'

⑨'

⑩'

⑪'

元谷グリップ

　相手が巧みに亀ガードを作り、その過程で片足も入れられず、たすきグリップもできなかった場合は、右手で相手の左襟を取り、右肘で相手の右腰を制し、左手は相手の左肩口を取ります。右足は膝で相手の左腰を止めます。この組手と姿勢で相手をコントロールします。本書ではこの組手を「元谷グリップ」と呼びます。柔道ではこの組手から巧みに亀の相手をひっくり返して抑え込む「元谷返し」という方法があり、とても強力に相手をコントロールできる方法です。現実に、ムンジアルでもバックの攻防でたすきグリップやシングルバックが入っていない、ベリンボロからのテイクバックを含むバックコントロール序盤の段階で頻繁に使われている組手です。

元谷グリップ

右手で左襟を取る。

別角度

膝を立て、腰を抑える。

①②③相手が逃れないようにキープ。
④〜⑦相手から離れて空間を作る。
⑧〜⑩できた空間に相手を転がす。
⑪〜⑫相手が真上を向いたら抑え込む。

この体勢はパスガードではないのでパスの点数は入らないが、ここからベリーやマウントを取るとポイントが入る。

元谷グリップでバックを取る

横倒しになった相手が下を向こうとする時は、自分の足をフックするチャンス。失敗して相手が下を向いても、コントロールができていればもう一度元谷グリップで横に転がせばいい。これを繰り返すうちにバックか、抑え込みを取れる。

387

バックコントロールからの絞め

　本書では何度も書いていますが、鼻歌交じりに相手をコントロールできるようになってから攻めることを考えます。これはバックでも同じです。

　特に、キープしているだけだと膠着と見なされ反則を取られるサイドポジションと異なり、バックポジションは現在のルールでは、ずっとキープしていても反則を取られませんので、なおさら急いで攻める必要はありません。というより、ことさら一本を取る必要もないと思ってください。そういう態度でいると、相手の動きが読めるようになってきます。そうしているうちに「相手が逃げようとしてこういう体勢になったらこの技がかかるんじゃないかな？」と思うようになります。これが上達の手順です。"技ありき"でなく"ポジションありき"で、「この技使いたい」ではなく、現実に遭遇するポジションに着目して、そのポジションで「使えそうな技を検索する」。これが効率のよい上達の道筋です。

　その上でバックからの絞めで考えられる展開としては、相手が腕で首をがっちり守っていたらあえて何もせず、まずはポジションキープします。そうすると相手はバックポジションから逃げようとして腕で足を外そうとしてきますから、相手の首の防御が開いたところで絞めにいけばいいのです。

　これが大基本です。ポジションキープが上手ければ上手いほど、相手は全力で足を外しにきますので首ががら空きになります。これができるようになってから、首を守っている相手の防御をこじ開けて絞めにいくなどの練習をします。実際に試合でバックを取ってもポイントでまだ負けている状況であれば、そういうことも必要になるからです。

①

②

③

相手の防御が固い時の絞め

①大前提として、攻められない場合は無
　理に動く必要はない。
②相手が逃げようと右手で右足のフック
　を外そうとしてきたら、絞めの防御が
　弱くなるので攻めるチャンス。
③右手の補助を使い、左手で相手の右襟
　を取る。
④右手で送り襟を取り、
⑤⑥⑦両足で絞めポジションに相手の体
　を動かして絞める。

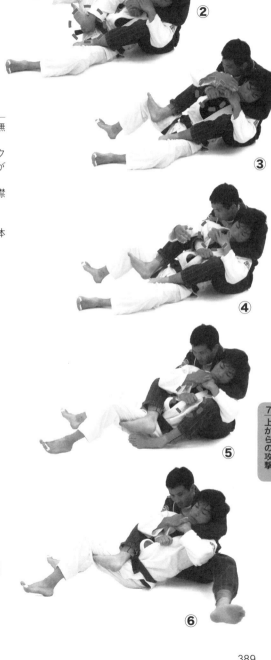

④

⑤

⑥

⑦

Q.自分の方が強い時に注意することは？

A.あえて組手を切らないことです。

　スパーで自分の方が強い場合は、相手に好きなところを掴ませて始めます。私の一貫した考えは、「相手がどこか掴んでいたら、それを利用してこちらが攻めれるようになろう」ということです。相手がそこを掴んでいることが無駄になるポジションを作って、攻めたり、相手に自ら離させるようにしています。おとぎ話の北風でなく太陽を目指します。理由は、それが自分の上達の役に立ち、技術の構造がより深く理解できるからです。

　自分より弱い相手を攻めることは簡単です。組手を切るとより容易になります。でもそれが上達の役に立つのでしょうか？　そもそも上達とは何でしょうか？　私は、自分より強い相手に勝てるようになることだと考えています。自分ではこれが当たり前だと思っていたのですが、引退して10年以上他の人を見ていて、改めて自分がこのアイデアに特化していたことがムンジアル黒帯で入賞できた理由だと思っています。

　例えば、防御の技術をより高めるということは、私にとっては「ここまでされたらやられる」というラインをさらに奥に持っていくことで、攻めさせないようにすることではありませんでした。なぜなら強い相手には攻められるからです。

　また攻撃に関しては「得意技を徹底的に磨く」ことで、それは防御から攻撃に転じて点を取れるコースを数は少なくとも、より確実にすることでした。自分より弱い相手からよりカッコよく多彩な技で一本取れるようになることは、強い相手には何の意味もないことが分かっていたので、現役時代にそれに時間を割くことはありませんでした。

　トップを目指す選手でいられる期間は短いものです。私はこのように考えて練習をして、なんとかタイトルを得ることができて幸運だったと思っています。皆さんも各自の価値観で上達を目指してください。

第8章 テンポラリーガード

防御(9:1)　　　　　　　五分五分(5:5)　　　　　　攻撃(1:9)

ポイント

- •「猪木アリ状態」からの防御。
- •テンポラリーガードを知る。
- •ロー・ミドル・ハイで抑え込む。
- •オープンガードの攻防。

　　テンポラリーガードとは私の造語で、柔術で最も自由度の高い状況で使うガードです。この段階まで進んできた人であれば、状況を整理して自分に合った使い方が見つけられるでしょう。その上でオープンガードに臨めば、本当の意味で柔術の愉しみが味わえるはずです。ようこそ柔術の世界へ！

「猪木アリ状態」からの攻防

いわゆる「猪木アリ状態」とは、1人が膝立ちを含む立った状態で、対する相手が両足の裏以外を床についた状態のことを指します。

この猪木アリ状態を含む両者が接触した直後の一時的な場面で使われるガードを、本書では**テンポラリーガード**と定義しています。

第1章の柔術の基本構造（22頁）の中心部で使われる技術で、最も自由度の高い状況です。

ここまで読んできた人なら、ここから攻防を始めても、「何が何だか分からないうちにやられた」という状態にはならないはずです。

相手に応じて適切な防御ラインでキープし、攻められながらも相手をコントロールし、ディフェンシブガードから五分五分のポジションに戻し、スイープや極める流れが身についているからです。

しかし、その攻防は確実かもしれませんが、単調で飽きてしまったり、ガードで攻め込まれてからの攻防ばかりでは、やはり疲れるかもしれません。また、試合で相手が有利な体勢を取ったまま膠着してきた場合に、そこから戻せなければ判定で負ける可能性もあります。

そうしたことからも、**五分五分の体勢から相手に攻めさせず終始圧倒して勝つ**、というスタイルもできた方が幅が広がって安全です。

この章では、そうした五分五分の状況からの攻防を説明します。

それではまず、お互いに立った状態からの展開について説明していきましょう。

「猪木アリ状態」とは、1976年に行われた、プロレスラー・アントニオ猪木対ボクシング世界チャンピオン・モハメッド・アリとの異種格闘技戦で、立ったアリに対して、猪木がマットに寝た（お尻を下ろした）状態で試合をしたことに由来する攻防のスタイルを指す。柔術ではこの場面になることが多い。

リアルな「引き込み」とは？

　互いに立った状態から、自分が下になり相手を寝技に引き込む「引き込み」。寝技がメインの競技である、柔術ならではの動きといえるでしょう。

　多くの場合、初心者に説明する引き込みは、

①立った状態で組み勝ち、
②腕で相手を引きつけながら、足で相手の腰を蹴って崩して引き込み、
③そのまま相手を攻め続ける。

といった感じでしょう。

一般的な「引き込み」のイメージ

相手の腰を蹴って、

引き込み、ガードに入れる。

8　テンポラリーガード

393

しかし第1章で書いたように、これはある意味ファンタジーです。初心者が立った状態で自分より強い相手に組み勝てるわけがありません。これはあくまでも「柔術ってこんなものだよ」という分かりやすい説明に過ぎません（もちろん自分が柔道経験者であったり、相手が完全な素人を想定していて、護身術として説明するのであれば別ですが）。では実際はどうかというと、

①立った状態で相手に組み負けたり投げられたりする前に、どこかを掴む。
②素早く寝るか座るかする。相手を崩そうとは考えない。
③胴体が床についたら、自分が掴んでいる場所をそのまま掴み続けることが有効かを考える。有効であれば掴み続ける。意味がなければ離す。
④手を離した場合は、相手が上、自分が下となる。この時に、お互いにどこも掴んでいない状態がいわゆる「猪木アリ状態」、本書でいう「テンポラリーガード」になる。

　実際にムンジアルの試合を見ると、ペタンと座り込んだ状態から攻防を始める引き込みが大部分です。教科書のように「片袖片襟を掴んで相手の腰を蹴って引き込む」という行為は全体の1割くらいではないでしょうか。これが現実です。
　多くの人がこれを誤解して、「中途半端に引き込んでやられてしまいます」と訴えますが、教科書通りに相手の腰を蹴っては駄目なのです。
　理由はそれが攻めの動作、オフェンシブガードを作る動きだからです。攻めてはいけない時に攻めの動作をしてやられるのは当然です。
　柔術はこの「猪木アリ状態から攻防を始めても大丈夫」という自信が持ててやっと一人前なのです。

現実的な「引き込み」

①②前傾姿勢で相手に接近。

③④相手の襟、袖などを掴みつつ、
距離を保って座り込む。この時に、
相手を崩そうと引っ張るのはNG。
掴みつつもできるだけ相手に影響
を与えないのが大事。

⑤⑤'手を離しテンポラリーガード
になる。

起きガード

ゴロガード

まずテンポラリーガードでキープ

相手と接触しない"猪木アリ状態"になること自体は、間合いにさえ気をつければそれほど難しいことではないでしょう。

ですがここからオフェンシブガードを作って攻められるほど甘くはありません。まずは、その前段階のテンポラリーガードが必要になります。その上で、

・テンポラリーガードを作ってキープ。
・テンポラリーガードからオフェンシブガードに変化してキープ。
・オフェンシブガードから相手を崩し、スイープや関節を極める。

という流れを目指します。

それではテンポラリーガードの定義から説明していきましょう。

テンポラリーガードとは？

実はそれなりの経験者でも、「同じくらいの実力の相手にだと、猪木アリ状態から自分の得意なオープンガードを作れず、攻められない」という悩みを抱えている人は多いです。

その理由は先ほど書いた通り、多くの人は、いきなり自分のやりたい攻撃の形「オフェンシブガード」を作ろうとしているからです。

まず原則的に猪木アリ状態のポジションは、自由に動ける上の人が先手を取れる状態です。それでも相手が弱ければガードを作れるでしょうが、自分と同程度かそれ以上の実力の相手に対して、自分の都合だけ考えて攻撃的なガードを作ろうしても無理なのです。

ここで必要になるのは、相手に合わせたガードを作ることです。そ

のために取り入れたい概念が本書で提唱する**テンポラリーガード**です。

テンポラリー（temporary　一時的)という言葉の通り、このガードは相手との接触の間際に一時的に存在するガードだと考えてください。ディフェンシブガードのように、お互いの動きを拘束するものでなく、動きを止めることは最小限にして、ある程度お互いに自由になっている状態です。

このテンポラリーガードで主導権を握ることが、続くオフェンシブガードに入れるかどうかに直結しています。逆にここが雑だと、攻撃を仕掛けるどころか相手に足腰を制せられ、あっという間に不利な体勢になってしまいます。

猪木アリ状態の攻防は僅かなミスで流れが変わります。そうされないように、テンポラリーガードで自由に動ける状態を確保しながら、相手の攻撃を止めて、自分のオフェンシブガードに入れるのです。

強い人とはこのパターンをたくさん持っている人なのです。

テンポラリーガードは難しい？

このテンポラリーガードは、ここまで説明してきたディフェンシブガードやオフェンシブガードよりも定義が難しいポジションです。

理由は、あまりにも選択肢が多いため、「どこを握り、どこに足をかければよいか」という具体的なことがいえず、相手との間合いや、空間の把握力、そこで必要になる相手の動きを読む力や、フェイントなどの目に見えづらい、柔術の経験値が最も明確に出るポジションなのです。

そうしたこともあり、本書ではできるだけベーシックな形を紹介していますが、実際には無限といっていいほどの変化と方法が存在します。ですから自分が真似をしたい選手の動画を、ここで説明した方法でよく観察して練習するのがお勧めです。

難しいと思いますが、これが「自分と同じくらいの実力の相手にもかかる得意技を持つ」ために絶対に必要な練習です。体を動かすことだけが練習ではないのです。

　また動画を見る際には形だけではなく、どういう距離感で反応しているのか、角度やタイミングなどを見てください。

　こうした要素が分からないと、テンポラリーガードの存在は理解できても、そこから動くことができなくなってしまいます。

　最初はまず怖がらずに変化を続けることが大事です。イメージとしてはバランスボールに乗った時のように固まらず動き続けるのです。

　動画を見ていて「あれっ？」と思ったことは、そこで理由が分からなくてもとりあえず試すことをお勧めします。そうした動き１つに出会うために、100くらいの試行錯誤が必要なのです。成功・失敗に一喜一憂せずにトライしてください。

テンポラリーガード

テンポラリーガードは大きく、

・起きガード

・ゴロガード

の２つに分けられます。それぞれ順番に説明していきます。

「起きガード」の基本

起きガードは上半身を起こした形で、**鶴翼の陣タイプ**と**あぐらタイプ**の２つに分けられます。

２つに共通するのは、お尻をついて前傾していることです。足は相手に当てるのではなく、床を踏んで自分の体を移動するために使います。前傾すればするほど構造上、相手に足を取られづらくなります。

理由は２つ、**①自分の上半身が相手に近づくことによって相手の前進を止められる**、**②自分の腰が相手から遠くなる**、からです。これを十分に利用することは大事です。前傾して床に寝かされないようにしていれば、パスされることもありません。上半身を相手に近づけることは恐れることではないのです。ただ、前傾し過ぎると潰されてバックを取られやすくなるので注意が必要です。

この形をキープしたまま前後左右への移動と回転運動の練習をしましょう。これができれば相手が動いてもそれに合わせて動けるようになるので隙ができません。

この形を作れるかどうかは柔軟性や太腿の太さ、腹囲の大きさに影響しますが、ゴロガードで足をくるくる回すことに比べれば、体の硬い人にとってはとても使いやすいガードの形です。

鶴翼の陣タイプ

　前傾して背中を反らし、右手を前に出し、右足は大きく右外側に開き。左足は畳んでスネの外側を床についてつま先は伸ばし、踵は左腿に近づける。
　左手は大きく左外側に開いてマットにつく。
　右足と左手を大きく広げるほど、相手は背後に回り込みにくくなり、自分がスムーズに立ちやすくなる。ゴロガードをやりたくない人に向いている。

大前提としてケンカ四つになる。相手が左足を前に出していた場合は、自分は写真のように右腕を前に出し、逆の場合は右足を畳み左足を伸ばし、左腕を前に出す。この形を作ることで、相手を掴みやすく、相手に押し倒されづらくなる。

あぐらタイプ

　前傾して背中を反らし、両足はあぐらか体操座りの形。

　相手が近づいたら有利なところを掴みながら背中を床についたガードになりたい人に向いている。

　鶴翼の陣タイプよりも、相手は攻めるためにこちらに近づく必要があるので、距離を詰めたガードを作りやすい。

相手に体の正面を向ける。この体勢で半身になると、後ろに回られやすいので注意。

あぐらタイプで腕を伸ばすのはNG

　慣れないと、相手が近づいてきた際に、思わず手を伸ばして相手に当てたくなるが、これはNG。「今は絶対にパスされない」もしくは「今はチャンスなので攻める」という確信のある時以外は、手を伸ばさないことが大事。

401

「ゴロガード」の基本

　背中を床につけますが、腰は浮かせます。そうすることで腰が動かしやすくなり、足をより広範囲に動かすことができます。

　また、ここではテンポラリーガードの形として紹介していますが、クローズドガードやデラヒーバガード、スパイダーガードなどの背中を床につけているガードでは同じように腰は浮かすことが重要です。

　そうすることで動きの自由度が上がり相手を崩したり、相手のガードを外す力に対抗したりしやすくなるのです。

　まとめるとガードの体勢は２つ、①**お尻を床について前傾している**、②**背中を床について腰を上げている**、のどちらかということです。

　お尻をついて後傾している体勢は、ニーシールド系やハーフガードを例外にすれば、よほどの理由があるか、かなり実力差がある相手にしか使わないと思っていいでしょう。

　手でどこも掴まない、手ぶらの状態や相手の襟をとりあえず掴んだテンポラリーガードでは、相手の隙を見つけて自分の得意な形を作るので、遮二無二に相手に足を当てることはしません。相手が攻めてきた時にはそれを止める必要はありますが、自分の自由度も確保したいからです。

　お勧めの体勢は膝を開くことです。足の裏を常に相手に向ける必要はありません。むしろ指先を近づけた方が膝が大きく開きます。こうすると相手は近づきづらくなり、回り込むのにも大回りをしなくてはならなくなるため対応がしやすくなります。この時、両肘は床について、相手のプレッシャーで自分の体が左右にローリングしないように支えます。

ゴロガード

あぐらをかいた体勢から寝転べば、手ぶらの
ゴロガードになる。お尻の筋肉で股関節をロッ
クして、膝を左右に大きく広げる。

足裏を相手に向けるのはNG

以前はこの方法を推奨していたが、現在
では非推奨。足の裏を相手に向けると、
膝が狭まってしまい横に回られやすい。

多面体ガード

　いきなりゴロガードになることに不安がある人に是非試して欲しいのが、この多面体ガードです。ゴロガードの状態で脇を開き、両手で自分の両膝の外側を取り、腕の力で自分の両膝を自分の両肩に近づけます。両膝はなるべく大きく外側に開き、両膝は床に近づけた形を作ります。

　体の柔軟性にもよりますが、自分の太腿と自分の胴体がある程度近づけられる人は、この形をキープしていれば相手がパスをしようとしても防げます。

　足を上にどかしてきた場合は、でんぐり返りで両つま先を床につけてキープできればパスはされません。体が硬くこの形が作れない人は、そのまま首抜き後転で転がってみましょう。なるべく多面体ガードの形のままで行います。あれ？　うつ伏せになったこの形、どこかで見たことがありますね。そうです、これは亀ガードの形とほとんど同じなのです！　そうであれば第5章の「亀ガードからの戻し」（248頁）で防いで、五分に戻せばよいわけです。

自分の両手で膝の外側を取り、両肩に近づける。
足は膝と膝の間を広めにして、股関節の角度は90°を超えないようにする。

多面体ガードでの動き

①相手が近づいてきても股関節は曲げたまま。
②〜⑥相手がさらに近づいてきたら、膝下だけを
　ピンボールのフリッパーのように動かして相手
　を止める。

後転して亀になる

①相手がズボンを引き上げてき
　たら、
②つま先を床につけたでんぐり
　返りの形で防ぐ。
③④⑤体が硬い人は首を逃しな
　がら肩で後転して亀ガードに
　なってよい。

動きより「形が大事」

　テンポラリーガードは防御の動きを多く含みますので、ディフェンシブガードのように見えるかもしれません。ですがディフェンシブガードが、攻撃側の選択肢を狭めさせて防御することを目的にしていたのに対して、ここで登場するテンポラリーガードは、無数の選択肢のある中で、守りながらも攻撃のオフェンシブガードへつなげる必要があるため、より高度な先読みと動きが要求されます。

　実際にこうした動きを繰り返すうちに、「こちらが攻めようと思わなければ、ガードで守ることは結構たやすい」ということが分かってくるでしょう。それが実感できるようになると精神的にも余裕ができて、その余力を攻撃方法を考えることに向けられるようになります。

　もう１つ、ここで気がついてほしいのは、守るのに手や足をそれほど動かしていないということです。第２章の「技術の構造論」で書いたように、大事なのは手足を使って動くことではなく、体幹を使って肩甲骨や股関節を適切な位置に保持できていれば、それだけで攻防に有効なのです。これが分かると、股関節や肩甲骨を動かすのは「ここぞ」という場面だけになります。

　これも本書で一貫して繰り返している「エスケープや攻撃より、土台のポジションキープが大事」という主張と一致しています。むしろ生半可に動きや形だけを知って、それを間合いやタイミングが不適切な場面で使ってくれる方が、相手としてはイージーなのです。

　もちろん多面体ガードも、相手がフルパワーでこの形自体を壊してきたり、フットロックをかけてきたり、亀ガードで塩漬けにしてきたり……といった対応をしてくることもあるので万能ではありません。しかしこのエッセンスを理解して適切な時に使うことが大事なのです。

テンポラリーガードの使い方

　テンポラリーガードのコンセプトと形が分かったところで、次に紹介するのは実際に、猪木アリ状態からテンポラリーガードを使う時の工程と、そこからオフェンシブガードへ変化する流れです。

　基本的な戦略として、体の柔らかい人でも最初からゴロガードになるより、**起きガードで組み手争いをした方がやや安全です**。理由は、

・寝かされない限りパスされない。
・起きていると相手の襟を掴みやすい。
・状況に応じて「起きる⇔寝る」と変化することで相手との間合いと角度
　を変えられるので、相手が的を絞りづらくなる。

などです。また猪木アリ状態での相手の体勢は、大きく分けると下の４つがあり、それぞれに対応方法が変わります。

❶立って前傾。　足を遠ざけ手をこちらに向けている。
❷直立して上半身を遠ざけ、片足を近づけている。
❸片膝をついた状態でコンバットベース。
❹正座した状態。

　ここではそれぞれへの定石的な対応を紹介します。
　オフェンシブガードからの流れは第６章を参照してください。

①立った状態で前傾。足を遠ざけている

【相手の狙い】相手はこちらに足を取られないように警戒しつつ、素早く動いてパスをすることを狙っています。前傾することでお互いの体の間に空間を保ちつつ、こちらの足を左右にどかしてきます。

【自分の戦略】足が効く人であれば、ゴロガードになって大きく足を広げるのが有効です。体が硬い人は起きガードになり、みぞおちからヘソ付近の襟を取ります。

腕は突っ張って前傾して距離を取ります。意味もなく引きつけません。片手は床を押して、寝かされないようにします。

まずこのキープができるようだったら様子を見て、相手が②③④の体勢に変化してくれれば、それぞれに対応した行動を取ります。

相手がこの体勢をキープしてきた場合は、❶立ってスタンドの展開になる、❷ゴロガードになる、あるいは膠着を続けて相手が先に動くかの待つ、です。

　前傾した体勢は素早いパスには向いていますが、あまりプレッシャーをかけられません。ですから足を掴まれない限り、左足を引いて立てば、お互いに立った体勢に戻せます。これがいわゆる「柔術立ち」の動きです。

　立ち技に自信がある人や上から攻めるのが好きならこの対応がよいでしょう。体が硬くてゴロガードになりたくない人にもお勧めです。

前頁①から
②右手で相手の左襟を掴む。
③左手で床を押す力を右手で相手に伝
　えつつ、右手→左手→右足裏で体を
　支え、
④尻を浮かせ、
⑤⑥⑦左足を後ろに引いて立ち上がる。

選択肢❷ ゴロガードになる

　相手を掴まないでゴロガードになる場合は、特に説明の必要がないので、ここでは相手のどこかを掴んでゴロガードになる場合について説明します。

　まず相手の袖を掴んだ方が有利なガードを作れる可能性が高いのですが、袖はよく動くので掴みづらいのが難点です。襟は取りやすいのですが、ゴロガードになった時に相手は両腕を攻撃に使えるので、それに対応できる技術が必要になります。それを理解した上で、ここでは襟を掴んでゴロガードになる方法を紹介します。

　ポイントは転がり方です。単にゴロンと後ろに転がってしまうと相手にプレッシャーがかからず、転がる途中に402頁に書いた、お尻をついて後傾した不適切な体勢になってしまいます。では、どうすればよいのでしょう？答えは「宙に浮く」です。飛び上がって、相手の方に移動しながらゴロガードに変化するのです。

　大事なのは飛び上がる時に、自分の力だけで飛ぶのではなく、手で相手にぶら下がりながら飛ぶことです。

　これによって飛ぶための自分の出力は少なくて済み、相手は自分にぶら下がられることで体勢が崩れます。

　この方法の注意点は、お互いに体の負担が大きくなることです。特に相手が腰を痛める危険があるので、試合志向の人など相手を選ぶ必要があります。

　楽しくスパーリングをしたい人は、ヨーイングしながら転がることをお勧めします。

　これが「起きガードからの相手を崩す引き込み」です。

　この姿勢になったら、まずこれをキープする練習をしましょう。キープできたら続いてオフェンシブガードに変化する練習です。

①

②

少し立ち上がってから引き込むと、立ち上がった時に自分の
位置エネルギーが加えられ、崩す力が倍加する。
①②相手の襟を掴み、
③左手と右手を重くすることで腰を軽くしてから、
④〜⑦飛び上がり崩す。

③

④

⑤

⑥

⑦

②直立して上半身を遠ざけ、片足を近づけている

【相手の狙い】この体勢の相手は、前に出した右足を武器に、大外刈りのようなパスやクロスニーパスを狙ってきます。

【自分の戦略】これへの対応は、クォーターガードを作ることが主眼になります。

選択肢❶ フェイントで間合いを支配する

　お互いにフェイントを使う場面ですが、こちらは「前進すると見せかけて後退、後退すると見せかけて前進……」というフェイントを使って間合いを支配します。その上で相手の前に出ている右足を右手と左足で捉え、クォーターガードに入れます。シンオンシンのクォーターに入れる場合は、右腕と右足甲で相手の右足を制します。

　この場合、相手はそこから左足をこちらの左側に回してリバースハーフマウントに変化してくることもあるので、それに対応する必要があります。

①相手に近づくと、相手は遠ざかってガードに入れない。そこで、
②③まず遠ざかると相手は近づいてくる。
④そこで近づくと相手は遠ざかる。
⑤再度遠ざかるフェイントをかけて、相手が近づいてきたところを
⑥⑦捉えてガードを作る。

412

選択肢❷　芸者のポーズで対抗する

　相手が右足をこちらの股の間に入れず、外に出してくる形の大外刈りのようなパスを狙ってきた場合は、「芸者のポーズ」で対応します。このガードを作るには、右腕を引かれていないことが必要です。腕を床に当ててつっかい棒にして起きたままでいればパスはされません。芸者ポーズから、相手の後ろに回転をすれば、自分が有利になります。お尻を浮かせて素早く回転するイメージです。

　相手の足が入ってきた時に慌てて左手で相手を止めようとすると、倒されてパスされるので注意してください。

①②相手の接近に慌ててゴロガードを作ろうとしても間に合わない。この場合は前傾をキープして、
③〜⑥相手の死角に回るのがベター。

8　テンポラリーガード

413

③片膝をついた状態でコンバットベース

【相手の狙い】相手は間合いを詰めて、立てた膝でこちらの腿を制すことを狙っています。

【自分の戦略】起きガードで前傾していれば、自然と相手の立てた膝と自分の腿の間に距離があるので問題はありません。

ガードを強固にして草刈りへ

相手の襟とズボンの裾を掴み、襟を押して裾を引けば、自分が前傾をキープする補助になって、ガードがより強固になります。

この姿勢はこちらが有利なので、相手の死角方向に回転移動しながら相手を崩して立ち上がれば、草刈りで相手を下にすることができます。

相手には不利な体勢なので、②か④の姿勢に変えてくることが多いでしょう。その場合はそれぞれの方法で対応します。

現実的にゴロガードに対してコンバットベースを取ってくることはあまりないが、覚えておくとよい。
①相手の襟とズボンの裾を掴み、
②③死角方向に移動しつつ、
④⑤立ち上がり崩す。

①右手を補助に使い、
②③左腕を相手の右膝の下から通して相
　手の左裾を掴む。
④⑤⑥ここから押し倒すのでなく、後ろ
　に下がりながら、相手を引っ張り上げ
　るようにして立つと、
⑦⑧相手は転んで下になる。故吉岡大氏
　に教えてもらったスイープ。

④正座した状態

【相手の狙い】相手は正座のまま間合いを詰めて、シットオンフットの形でこちらをコントロールして攻めてきます。

【自分の戦略】相手は機動力を犠牲にして、じっくりとこちらをコントロールする方針なので、がっぷり四つの正攻法の攻防になります。傍目には分かりづらい細かい部分での攻防が増えますが、だからこそ得意にすると相手はなぜ自分がやられているのか分からないので、非常に有利になります。

選択肢❶　ハーフガードから攻める

　ハーフガードになることに抵抗がなければ、そのままハーフガードになって攻めます。

① ②

③

①②自分の足が相手に制されたら、③〜⑥フックガードかハーフガードか自分が得意なガードを選ぶ。ここではニーシールドハーフを作っている。

④

⑤

⑥

相手の腕をコントロールできれば、起きガードから相手を引きつけてクローズドガードに入れます。

① ② ③ ④ ⑤ ⑥ ⑦

①②間合いが遠く、自分の足が自由に動かせる場合、
③④⑤相手の腕をコントロールして引きつけつつ、足を大きく広げながら後ろに倒れる。
⑥⑦クローズドガードを作る。

417

起きガードの攻防

起きガードのままオフェンシブガードに変化する場合は、①腕を流したフックガードを作る、②脇をすくったフックガードに入る、などが考えられます。

①相手が右手でこちらを掴むより先に、
②自分の左手で相手の右袖を制し、
③④⑤足の力と体重で相手の腕を流すと
　同時に前に崩す。
⑥左手で帯を取ると、スイープやバック
　テイクできる。

別角度

①相手が袖口を取られないようにしていたら、逆にそれを利用して、
②③近づき、
④〜⑦脇をすくいコントロール、スイープで返す。

より固定が強い「襟袖ゴロガード」

　ここまで説明した通り、相手が②〜④の体勢であれば、起きガード
のまま対応ができます。しかし、相手も攻防中に姿勢を変化させてき
ますし、いきなり肩を突き飛ばしてきたり、ぐいぐい押してきたりして、
心ならずもゴロガードにされてしまうこともあるでしょう。

　そこでここではそうした時に有効な「襟袖・ゴロガード」について紹介
しておきます。

襟袖ゴロガードのキープ

　右手で相手の左襟、左手で相手の右上腕を取ります。右足裏は相手
の左肩に、左足裏は相手の右脇腹に当てます。

　左足は意味もなく腰には当てません。相手の下半身を攻撃するのは、
相手の全身をコントロールした上で、チャンスだと判断した時だけで
す。

襟袖ゴロガードからオフェンシブガードへ

コントロールできている状態で相手に近づけば、足首を取れるので、起きてクォーターガード、ゴロガードのままデラヒーバガードやリバースデラヒーバガードに入ることができます。

① ② ③ ④ ⑤ ⑥ ⑦

ゴロガードからの変化

①②左手で相手の右袖を、右手は相手の左襟を取る。これで相手の左肩に当てている自分の右足が外されづらくなる。

③④⑤左手と右足でコントロール、右手を自由にして、今度は相手の右奥襟を取る。

⑥⑦逆エビの動きで相手に近づいて、足を取りデラヒーバガードに変化する。

次頁へ →

前頁から

ガードの変化

⑧デラヒーバガードを外してきた場合は、
⑨〜⑪クォーターガードに変化。
⑫〜⑮リバースデラヒーバガードに変化。
ゴロガードのままガードをキープするの
は難しいので、デラヒーバとクォーター
をセットで使うのが現実的。

襟袖ゴロガードの手ぶらガードの違い

　襟袖ゴロガードが上達すると、相手に接近して、いきなり潜りに入ることもできます。慣れてくると、近くに突っ立っている人を見ると、自然に潜り込むように体が動くかもしれません。ここまでくれば完全に「①の相手を攻略できるようになった」といえます。

　念のために書くと、襟袖ゴロガードを使えるようになったことで、「これでゴロガードをマスターした！」と思うのは早計です。

　襟袖ゴロガードと手ぶらのゴロガードの間には、まだまだ大きな壁があります。少し強い相手に手ぶらの状態から無理に襟や袖を取ろうとすると逆に攻め込まれます。この段階で重要なのが**肩ガード**です。

肩ガードの原理

①まずは相手に手を握ってもらい、
②〜⑥腕を伸ばしたまま振り回すと、
　相手の手を土台として反作用で自分
　の体を回すことができる。次頁から
　はこれを襟で行っている。

「肩ガード」で足の効く人になる

　起きガードでもゴロガードでも、相手の襟を取ります。ここで慣れていない人はその襟を引いてしまいますが、それではやられるだけです。理由は引く行為は攻撃だからです。足で相手が前に出られないようにコントロールできていれば、相手は崩れるかもしれませんが、そんな用意がないままに相手を引きつけても有害なだけです。

　逆に襟を取った腕を伸ばすとどうなるでしょう？　腕が手根フレームとして働くので相手が近づけません。

　襟を取ると相手の前後の動きを止められるだけではなく、相手の左右の動きにも対応できます。この状態で相手に左右に90°動いてもらうと、伸ばした腕で相手の襟に力をかけることで、自分の体を90°回転させ、相手に足を向けた通常のガードの形に戻ります。

　ゴロガードで腕をさらに大きく回すことで、自分の体を180°回転させることもできます。それができたら、相手に右に90°動いてもらいつつ、自分は相手の襟を利用し逆方向に270°回ってみましょう。もともとの相手に足を向けた通常のガードの形に戻っていますね。

　これはとても重要な動きです。襟袖ゴロガードで、相手の襟を握っている自分の腕に自分の足を当てるだけでも、かなり強いテンポラリーガードになります。

　実際にやってみれば分かりますが、実は足はほとんど動かしておらず、使っているのは腕ですので、これも腕ガードの一種だと私は思っています。こうしたことができた上で、頭さわりゲーム（144頁）などを練習することで、足もちゃんと動かせるようになれば、全身でガードワークができるようになります。

　そこまでいけば、ゴロガードで相手の袖や襟を取ると同時にテンポラリーガードができることになります。後はさらに有利になるように変化して、オフェンシブガードを作っていけばよいのです。

肩ガードの使い方

①

②

① 右手で相手の左襟を取り、
②③ 相手に90°動いてもらう。
④ 体幹を丸めて固め、右腕を伸ばしたまま自分の足の方向にヨーイングすると、
⑤ 反作用で体が回り出し、肩関節しか動かしていないのに、相手に足が向けられる。

③

⑤

④

① ② ③ ④ ⑤

相手の襟を利用した肩ガード

相手の襟を利用した実用度の高いガード。
①相手の襟を掴んだら、その襟を両足裏で挟む。襟を
　掴んでいる自分の手首を挟んでもOK。
②〜⑤相手の動きに合わせて向きを変えられる。また
相手はこちらの足裏を外さない限り攻められない。
ただし、こちらもこのままでは攻められず、また外れ
た場合は不利になるので、他のガードとの連絡変化が
必要になる。

① ② ③

スパイダーガードに変化

上の写真から襟スパイダーに変化したパターン。
①②③相手がガードを外しにきたところで、
④⑤その袖を取ってスパイダーに変える。
相手に攻められる局面を作らせずに攻めることが
でき、また自分が攻めでミスをした時にも使える。
この写真ではディフェンシブに左襟を取ってい
るが、攻めるために片襟(相手の右襟)を取ってい
る時もほとんど同じように使える。

④

⑤

① ②

③

前頁からの変化例
①②襟に足をかけて、相手が外しにきたら、
③左手で相手の右袖を取り、右足を相手の腰
　に当てて、反時計回りに軽くヨーイング。
④相手の左腕の内側に自分の左足が入ったら
　前頁のようにキックスパイダーへ。相手が
　脇を締めていたら、
⑤右足を伸ばし、左手で相手の右袖を引いて
　相手の右腕を伸ばさせ、
⑥⑦ラッソーガードを作る。

④

⑤

⑥

⑦

テンポラリーガードの攻略法

　ここでは、これまでとは逆に猪木アリ状態で自分が立った状態から、テンポラリーガード（起きガードやゴロガード）の相手へ、半パスポスチャーを仕掛ける方法を紹介します。

起きガードへの攻め方

　理想としては、相手がディフェンシブガードを作る前に寝かせたいところです。

　よく見るのは「前傾姿勢から、相手の両膝を握って上から押しつけ、相手をおでこで押して寝かせる」という方法です。これは自分より弱い相手には有効ですが、技術の高い相手に行うと、一瞬で転がされかねませんし、多くの場合、押しつけようとする動きを利用されて、ガードをかけられてしまいます。

　「相手の両足を持って持ち上げる」という方法もありますが、持ち上げるためには、足で踏ん張るために足が相手に近づくので、足を取られてガードを作られる危険があります。

①相手の両膝に体重をかけ、
②左に回り込み、
③④⑤左肩で相手を押し倒してパス。
対処方法を知らない相手には有効。

428

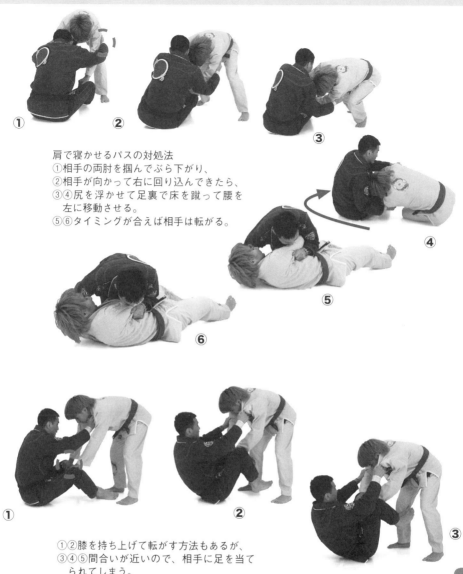

肩で寝かせるパスの対処法
①相手の両肘を掴んでぶら下がり、
②相手が向かって右に回り込んできたら、
③④尻を浮かせて足裏で床を蹴って腰を
　左に移動させる。
⑤⑥タイミングが合えば相手は転がる。

①
②
③
④
⑤
⑥

①②膝を持ち上げて転がす方法もあるが、
③④⑤間合いが近いので、相手に足を当て
　られてしまう。
この方針で攻めるなら、離れた間合いから、
両手で相手の踵をすくい上げるのが効果的。

①
②
③
④
⑤

お勧めは、**立ったコンバットベース**の形を作って、左手で相手の右膝を固定して持ち上げ、右手で相手の左襟を突くという動きです。

　それでも相手が前傾をキープしてどうしても寝かせることができない場合「**相手にガードを作られることと引き換えに、相手を寝かせる**」選択をせざるを得なくなります。

相手が前傾をキープしている時
①上半身を押しつつ、
②膝を固定して持ち上げる、
③正座で近づき崩す。

例を挙げると、距離を詰めてから正座をして上半身を相手に近づけ、フックガードを作ってくる相手に、シットオンフットを作るパターンです。

　ここではいくつかパターンを示しておきますので、動画とともに参考にしてください。

①②③自分の膝の内側に相手の足首がくる位置を探りつつ近づき膝をつく。この時に腕を伸ばすと取られるだけなので腕は引いておく。

④よい位置に膝がつけると相手はゴロガードには変化できないので、フックガードにならざるを得なくなる。

⑤⑥両腕は左右に広げ、相手のスイープに備えながら圧力をかけてシットオンフットを作って攻める。

①
②
③

①〜③相手の足が大きく開いている
　場合は、その空間に入って攻める
　選択をする。
④相手の右腕を取り、
⑤〜⑧相手の右腕を引きながら右膝
　を進めてパスガード。

④
⑤
⑥
⑦
⑧

① ② ③相手の左足がこちらに近いので、向かって右に回って相手の死角に入る選択をする。

④わざと相手に襟を取らせ、

⑤⑥同時に右手で相手の左上腕を下から、左手で相手の左足裾を取る。

⑦反時計回りに回り込みながら、両腕で相手を時計回りにヨーイングさせ、

⑧⑨転がしてパスガード

ゴロガードへの攻め方

　両手で相手の両足を取ることを本書では**ダブルパンツ**と呼びます。これは初心者にとりあえずの説明する方法としてはよいのですが、実戦向きではありません。理由は両手で相手の両足を掴むには、相手の正面にいる必要があり、相手がうまいとそのままガードを作られてしまうからです。

　私のお勧めは**シングルパンツ**です。片手で相手の片方のズボンだけを取ります。この方針であれば、相手の死角に入って掴めますし、そのまま相手の死角に居続けて、そこから攻めることも可能になります。

　ミクロに組手を考える前に、マクロによりよい位置取りをすることを考えられるようになると、大事なのはポジションで、「どの技をかけるかは、相手が決めるものだ」ということが段々と理解できます。

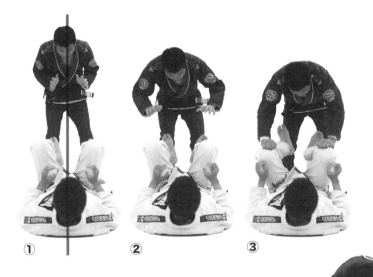

①②③初心者によく見られるパターン。相手の両足
　を掴むために真正面に位置すると、
④そのままガードをかけられる。
手が触れた瞬間に相手に寄りかかって相手を崩す技
量がないと、この方針はなかなかうまくいかない。

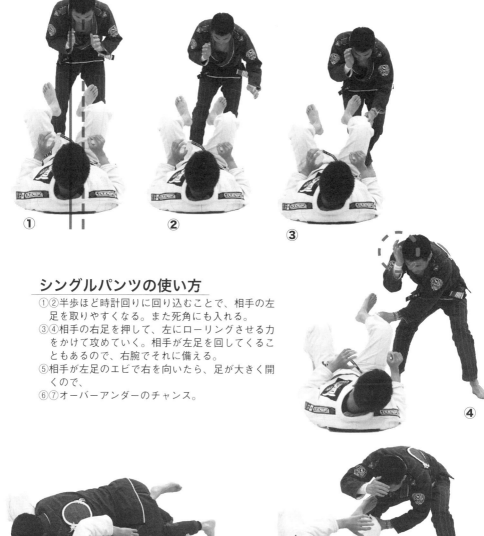

シングルパンツの使い方

①②半歩ほど時計回りに回り込むことで、相手の左
　足を取りやすくなる。また死角にも入れる。

③④相手の右足を押して、左にローリングさせる力
　をかけて攻めていく。相手が左足を回してくるこ
　ともあるので、右腕でそれに備える。

⑤相手が左足のエビで右を向いたら、足が大きく開
　くので、

⑥⑦オーバーアンダーのチャンス。

オープンガードの攻防

　このレベルになると、スパーリングでも自由度の高いオープンガードを使う時間が増えている人も多いでしょう。

　実は何をもってオープンガードと呼ぶのか、はっきりした定義はないのですが、本書ではクローズドガードとハーフガードを除いた「足で挟むガード」以外のものをオープンガードと呼んでいます。

　ここまで説明してきたガードに比べ自由度が高く、相対的な実力差が最も出る場面ですが、さらに高いレベルの攻防を目指すのであれば、このオープンガードの習得も必要になります。

オープンガードは鍵と鍵穴の関係

　オープンガードの大原則は「外し方が必ずある」ということです。外れないガードがあればこの競技は成立しなくなりますので当然なのですが、逆にいえばオープンガードをキープするには**変化をすること**が大前提になります。

　オープンガードとその外し方は、**鍵と鍵穴の関係**に似ていて、ガードごとに外し方が変わります。一見似たガードでも、微妙に形や力のかけ方が変わるとそれに適した外し方は違ってくるのです。

　外そうとする側はこれらのガードの微妙な違いを見抜いて、鍵穴に合った鍵を用意し、ガード側は逆に鍵穴を変えるわけです。

　ムンジアルに登場する強い選手のオープンガードを見ると、同じガードのようでいて、細かいところを変化させることで、相手の外そうとする動きに対応しています。そういうことを見抜く目を養うことこそが上達なのです。

よくあるオープンガードの攻防

①②スパイダーガードに行く→腰を出されて防がれる。
③④起き上がってクォーターに→クロスニーパスを仕掛けられる。
⑤⑥右足首にフック→腰を切られる。
⑦⑧左足をフック、相手の股の間に潜り、
⑨ディープハーフガードへ。
オープンガードではこうした変化による攻防が、相手がミスするか、知らない技術が出るまで繰り返される。

8 テンポラリーガード

他と同様に、オープンガードの種類も無数にありますが、まずはオープンガードの中でも実用度の高い「くるくるガードを」紹介します。

「あれ、スパイダーガードとかラッソーガードじゃないの?」
と思う人もいるかもしれません。しかしオープンガードの攻防が、互いに鍵と鍵穴を素早く変え合う作業であることを考えれば、この変える作業を素早く正確に行うことが重要になります。逆にこれができなければ、オープンガードやそこからの攻撃をいくら覚えても絵に描いた餅です。

ここまでは、どんな状況でもキープを重要視してきましたが、それはいわば大きくは形の変わらない「静的なキープ」と呼べます。オープンガードで必要になるのは、動きつつも相手をコントロールする**動的なキープ**なのです。キープするのは、形ではなく「コントロール」という感覚的なものです。ですからその感覚がない人が形だけ練習してもあまり意味がありません。本書でここまで説明しなかったのは、それが理由です。スパイダーやラッソーなどはこの動的なキープがベースにあってこそ効果的に働くのです。

相手にぶつからずに動く「くるくるガード」

このガードは、床に転がった状態で上から攻めてくる相手を「柔」の動きでさばく柔術らしい動きです。

ガードという名前をつけていますが、固定された形ではなく、動き方のパターンといった方が近いかもしれません。実際にはこのパターンを流れの中で組み合わせていくイメージです。

レベルの高い動きですが、ここまで進んできた人にはもう用意ができているでしょう。より高度な世界にようこそ!

とはいえ、攻めてくる相手に対して、ぶつからないように体をさばいて動くというのは、かなり高度な要求です。ですので具体的な話に入る前に、「くるくるガード」のコンセプトを書いておきましょう。

体の引っかかりをなくす

　そもそも抑え込みとは体の引っかかりを利用して相手の動きを封じるものです。逆にいえば、相手に引っかかりを与えなければ、抑え込みは成立しません。

　引っかかりとは例えば肩です。肩から先がない人を想像してみてください。鰻のようで抑え込むのに苦労しそうですね。また首から先がなければ首をすくうことができず、抑え込むのが難しそうです。胴体はどうでしょう？　もしボールのように丸かったら、どう抑えつけてもゴロゴロ転がってしまうはずです。足は？　一本足で股がなければ、やっぱり抑え込むことが難しくなります。

　くるくるガードは、こうした自分にある引っかかりを可能な限り減らし、相手に制する手がかりを与えず、個々のポジションで相手に逆らわず動けるルートを発見して、その方向に動くコツを会得するのが目的です。初めはお互いリズムを合わせながらゆっくり行ってみてください。

　うまくいかない時には、第2章の体の構造を確認しましょう。腕や足といったパーツの力ではなく、姿勢を保持する力で動けるかどうかが鍵になります。また、しっかりグリップを作るとさすがに動けなくなるので、この練習をする時はグラップリングのように、お互い道着は掴まないようにすると、動きやすくなります。

体の引っかかりをなくし、相手に掴ませず動き続けるのが理想。

くるくるガード①対ベリー「寝たまま動く」

　抑え込みや足をどかしてニーオンベリーにきた直前に相手の足を利用してすかします。相手の動きを腕で止めるのではなく、体の構造で抑えて自分が動くことが大事です。写真を見ても私の体勢自体はあまり変わらずに、肩ガードの動きで回転していることが分かるでしょう。一見すると「やられてしまうのでは？」と思うかもしれませんが、実際にやってみると意外とそうではないことに気がつくはずです。慣れてくるに従って通常のスパーでも、ふとした瞬間に少しずつできるようになります。

　相手が立って右側にパスガードをしてきた時、手で相手を押し返すことは選択せず、
①相手のスネが自分の脇腹に当たる前に、右腕を相手のスネと自分の脇腹の間に入れる。
②③そのまま右手を時計回りに回すと自分の体が反時計回りに回転し始める。
　180°近く回って相手の足の間に自分の頭が入った時に選択肢は2つ（次頁④④'へ）。

④そのまま回転を続ける場合は右手で押していた
　ところに左腕を当て、相手を押し続ける。
⑤そうすると相手に足が向いたガードになる。

相手の足が近くて頭がぶつかり、それ以上回
れない場合は相手の股をくぐる。
④'左右の腕を相手の両膝の内側に入れ、
⑤'一旦自分の腰を浮かせ、その腰を振り下ろ
　す力で起きようとする。
⑥'反動で相手の体が進み、相手のバックを取
　ることができる。

くるくるガード②対ベリー「起きて足取り」

素早く足を振り下ろして起き上がり、左手で相手の右足にしがみつき足取りにいきます。体が硬い人には必須の動き方です。特に足腰が強くてタックルが強い人にお勧めです。

①素早く足を振り下ろして起き上がり、
②③左手で相手の右足にしがみつく。右手は床につき、相手が押してきても倒れないように。両足は振り下ろす段階から、足裏が左を向いて、右足外側と左足内側が床についた横座りになるようにすると、動きがスムーズになる。これは体が硬くて足が回らない人にとって必須のムーブ。

足腰が強くてタックルが強い人は、この方法を使って相手を倒すとポイントを取れるので、背中を床につけたガードよりも、積極的にこちらを使うとよい。

くるくるガード③対サイド「脇をすくってさばく」

　相手が足をどかして、右脇腹側から抑え込みにきた時です。無理に相手を押し返さず、脇を開けて相手が脇をすくってくるのを誘い、逆に脇をすくってさばきます。左手の指先がポイントです。

①相手が抑え込みにきたら、押し返さずすぐに体を右に45°ほどローリング。左脇を大きく開け、左手首を額に当て、左指先は相手の右脇腹と右腕の付け根に向ける。

②相手が右腕で左脇をすくってきたら、左指先を相手の右脇腹と右腕の付け根に向けたまま左腕を伸ばす。これで相手はこちらの脇はすくえず、自分は相手の脇がすくえる。

③④左手の平を天井に向けて、左腕をバンザイすると同時に、両足で逆エビをするように床をひっかくと、相手の体は自分の頭上方向に進むと同時に、自分の体は逆に自分の足方向に進む。相手の攻めをすかすことができる。

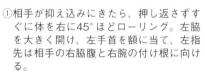

くるくるガード④対サイド「脇をすくわれてもさばく」

脇をすくわれても慌てる必要はありません。逆の腕を相手の脇に差し込めばさばくことができます。この動きは、相手が腰をひねって崩れ袈裟固めやクロスニーパスにきても、右腕をお互いの腰の間に差し込むことさえできれば相手のパスをすかせます。

①

① 右腕を自分の足方向に伸ばし、自分の右腰と相手の右腰の間に差し込む。
②③ 右腕で相手の右腰をかち上げる反作用で相手をくぐり抜け出す。

②

③

くるくるガード⑤対マウント「気をつけの姿勢でさばく」

相手がサイドからマウントにきたり、ガードの状態からいきなり跨いできたりした時のさばき方です。

①

①相手のマウントを察知したら、両腕を「気をつけ」をした時のように自分の胴体に沿わせる。

②③相手がマウントにきたら、相手の片足を両腕ですくえているので、腕を伸ばしたままバンザイをするように動かして、自分の頭上方向に送り出す。同時に自分の足で床を引っかいて自分の体を下方向に動かし抜ける。

このまま自分の体を左にローリングすると、相手のバックに回れる。逆に右にローリングすると、バックを取られるので注意。

②

③

回転の最中に上から抑え込まれそうな時のさばき方です。両肘を開く時は、キングコングが鎖を引きちぎるイメージで行います。

①密着される前に、右腕を斜めに伸ばして相手の左脇腹に当てる。

②右腕で相手の体を、左肘で床を押して、鎖を引きちぎるキングコングのイメージで両肘を大きく開き、相手を床に押しつける方向に力をかける。

③相手は崩れ、逆に自分は反作用で起きることができる。

くるくるガード⑦対パスガード3パターン

オープンガードの攻防でよくあるのが、両膝を掴んで床に押しつけてパスガードを狙う動きです。対処法は両膝の位置と相手が回ってくる方向によって対応が変わります。ここでは実用度の高い3パターンを紹介しておきます。

膝が右に倒されて、相手が右に回ってきた場合

①右肘を床について、左腕を回す力で起きる。
②左肘のフレームで相手の左肩や左肘を止める。
③両足で床を蹴って腰を相手から遠ざけてガードに戻す。

膝が左に倒されて、相手は右に回ってきた場合

①②左肘をついて右腕を回す力で起きる。右手で相手
　の左肘を押すと、相手はそれ以上攻められなくなる。
③両足で床を蹴って時計回りに回転しガードに戻す。
　足が入る隙間がなければ、先に両足で床を蹴って腰
　を相手から遠ざけて空間を作る。

相手が膝を床に押しつけず、空中で固定してきた場合

①②両足を伸ばして、カカトを床につける力で崩す。
くるくるガードではグリップをしないのが基本だ
が、これはグリップが強い相手への方法。一見本能
に反する動きだが非常に有効。相手が手を離したら
足を回して防ぐ。

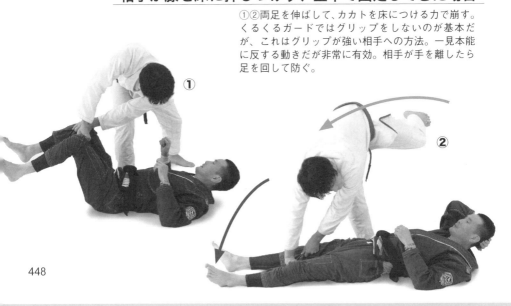

相手が足を越えるクロスニーパスにきた時のさばき方です。ここでは膝で相手を送り出すパターンと、足の甲で跳ね上げるパターンの2つを紹介します。

膝で相手を送り出す

①②相手が右膝でクロスニーパスにきた瞬間、右肘を床について起き上がり、左前腕のフレームで相手を止める。同時に、左膝で相手の尻を小突いて前につんのめらせてコントロールを外す。

左手は相手の背中を押して、崩す力を補強する。

足の甲で相手を跳ね上げる

①相手がスネで右腿を踏んできたら、自分の左足裏を相手のスネが乗る場所に、当てる。
②相手の右足甲が、自分の左足甲に乗ってきたら、左足の力だけでなく、右足で床を蹴り、下半身全部の力を使って跳ね上げる。
③相手は前につんのめりバランスを崩す。

449

相手が担いで(ダブルアンダーパス)きた場合の対処は、相手が腰を制する
か、足を制するかによって変わります。

①

②

首抜き後転

①②③相手がかついで(ダブルアンダーパス)
　こちらの体を丸めてきたら、素早く肩を抜く
　側の床を見るように首を動かしてから、
④後転。相手に向き直る。

　相手の前進より早く後転するのがコント
ロールをされないコツ。

　ある程度丸められてしまうと、体の自由が利
かなくなって素早い後転ができないので、早い
段階で判断をし、頭を「足を回すモード」から
「後転モード」に変えることが重要。

　これは怪我防止のために必須の動き。スパー
リングをしたい人は、その前に初めはゆっくり
で構わないので、スムーズにこの動きができる
ようになること。よくあるのが、相手の顔を見
てしまい、首が抜けないパターン。怪我をしな
いように注意。

③

④

膝抜き

①相手が腰でなく、膝付近をすくっ
　てきた場合。相手の前腕がこちら
　の腿に当たっていると足をコント
　ロールされてしまうので、

②③右手で相手の左肘を下から天井
　方向にかち上げ、同時に右足をガ
　ニ股にすることで相手の前腕に当
　たっていたこちらの右腿を自由に
　する。

①

②

③

451

ローリング抜き

右膝付近をすくってきた相手への対
応が遅れて、90°左にローリングされ
てしまった場合。
①②右手で相手の左肘を押すと同時
に、左つま先を床につけて蹴る。
③右にローリングすることで、右足
を自由にできる。

①

②

③

半歩ずれた相手への対処

　オープンガードの自分に対して、立ってパスを狙っている相手が、向かって右に半歩ずれることがあります。その場合、相手はこちらの右足を跨いだ、立ちコンバットベースを作って攻めてくるのが定石です。この対処は意外に難しく苦労している人が多いようです。

　実は、上から攻める時に「半歩ずれる」というのは、立ったコンバットベースを作るための大事な布石なのです。

Aの破線が正面。Bは半歩
ずれた時の線。この線で
入られると対処が難しい。

くるくるガードの270°ヨーイング

　ではどうすればよいのでしょう？　理想は、相手が半歩ずれた時に、自分も半歩ずれて相手を正面に捉えることです。ところが、ゴロガードの人は回転することはできますが、平行移動することはできません。

　そこで有効なのは、自分の右足を相手の右足首外側にフックする方法です。つまり自分から両足を相手の向かって左側に出してしまうのです。本能的な動きとはかけ離れているため、そんなことをすると余計パスされそうな気がしますが、くるくるガードを知った今なら大丈夫です。右足で相手の右足首を蹴ることで、反時計回りに270°くらいヨーイング、相手に右脇腹が向いた角度になれば、相手は簡単にはパスできなくなります。

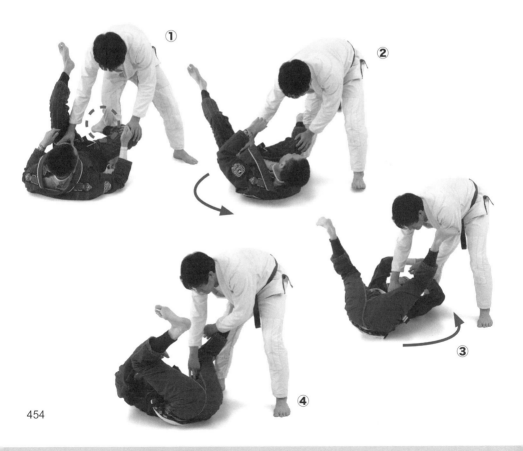

半歩ずれる攻め方

　この半歩ずれた攻め方はオープンガードの相手に攻める定石といえます。ここでは攻め方を紹介しておきますので、是非覚えておいてください。

重要なのは、①②「半歩ずれること」と③「半身になること」。
④⑤で左手で相手の右腿を床に近づけ、
⑥⑦右スネで相手の右腿を抑えてクロスニーパス。
半歩ずれることで、相手の正中線に自分の右足の軸が重なり、半身になると、その右足を相手の腰に近づけられるので、クロスニーに入りやすくなる。

オープンガードは鍵と鍵穴

　436頁に「オープンガードは鍵と鍵穴の関係」と書いたように、それぞれのガードには、ガード側の狙いと、それを外す動きがセットになっています。ここでは鍵と鍵穴の関係を踏まえて定石的なものを紹介します。

スパイダーガードの鍵と鍵穴

ガードがかかっているのに、体重をかけても返されるだけ。この場合は相手が右側にスイープを狙っているのは明白なので、左手を床について左に体重をかければ、スイープはされなくなる。

ラッソーガードの鍵と鍵穴

これも同じ方向へのスイープだが、上の方法を使うと自分の右脇の空間で相手が回転して別の技に変化される恐れがある。そこで左手で相手の右襟を取って押し、頭を近づかせない。

デラヒーバガードの鍵と鍵穴

相手の右足をコントロールする。体勢を低くして、相手の右足を
床につけさせれば相手の右足は動かなくなる。右手で相手の左襟
を押して近づかせない。相手の右足が動かなければバックは取ら
れないので、相手に背中を向けても気にしなくていい。
相手の左足のデラヒーバフックも引っかかりが弱くなり外せる。

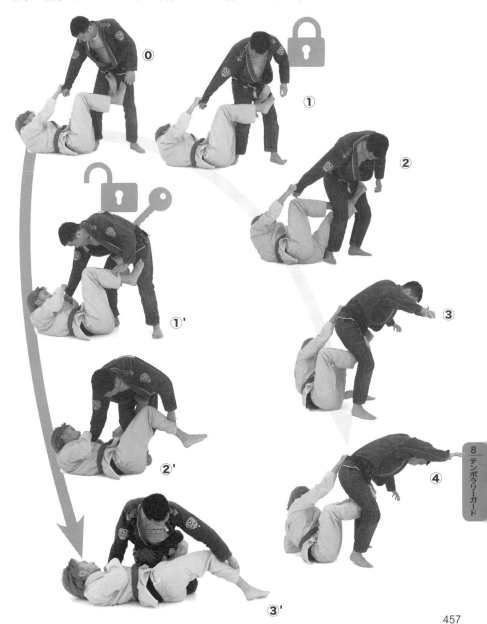

シンオンシンガードの鍵と鍵穴

シンオンシンクォーターと普通のクォーターでは対応が真逆になる。クォーターに対してはタックルをさせないことが重要だが、シンオンシンは跳ね上げて潜る専用のガードなのでタックルはこない。

対処法としては、右手で相手の奥襟を、左手で相手の右袖を引きつけるのが最善手。これで相手は潜れなくなる。そこで半身になって右足→左足と相手の腰の横に出してパスする。

クローズドガードの鍵と鍵穴

まず土下座ポスチャーで頭を下げて肘を重くして防ぐ。頭を上げるのは、そうすることで相手の体勢が悪くなると判断した時だけ。

シンオンシンスパイダーガードの鍵と鍵穴

456頁にある通り、通常のスパイダーガードに対しては膝を重くして、相手の腿にプレッシャーをかけるが、シンオンシン複合のスパイダーに対しては対応が真逆になる。膝を重くすると、つま先が軽くなり崩されてしまうからだ。

⓪〜③'足裏を重くすることでシンオンシンをしている相手の足は動かなくなる。

④'相手の力が強い場合は、左踵を右踵で補強すればそうそう崩されることはない。

⑤'〜⑦'シンオンシンを無効にしてから右腕にかけられているスパイダーを外す。

両足スパイダーガードの鍵と鍵穴

正座するとクローズドガードや三角、片膝をつくと膝をついた側に返されるリスクがある。最善手は立った状態でバランスを取りつつ、左膝を重くすること。そのために両足裏は軽くする必要がある（②'では左足が浮いている）。このバランスの取り方ができるようになると、自分の自由度が飛躍的に上がる。

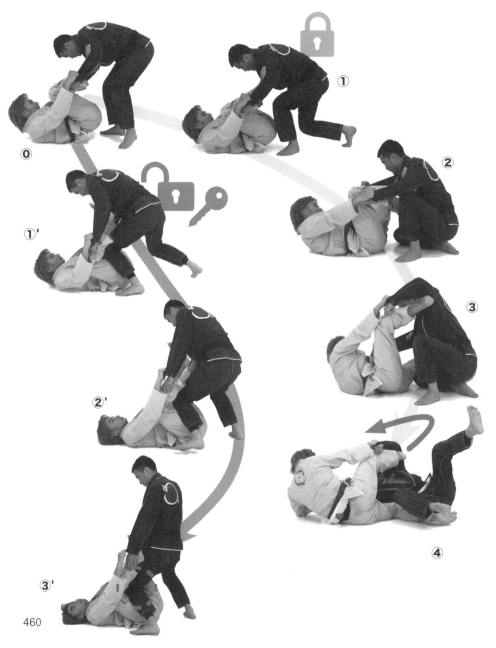

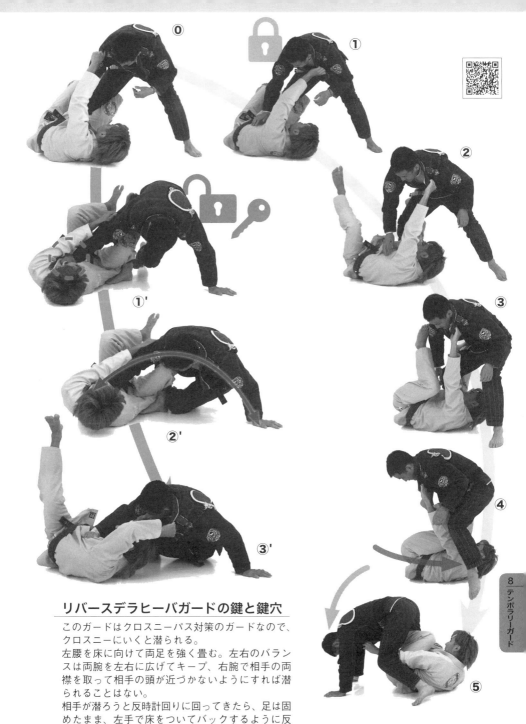

リバースデラヒーバガードの鍵と鍵穴

このガードはクロスニーパス対策のガードなので、
クロスニーにいくと潜られる。

左腰を床に向けて両足を強く畳む。左右のバラン
スは両腕を左右に広げてキープ、右腕で相手の両
襟を取って相手の頭が近づかないようにすれば潜
られることはない。

相手が潜ろうと反時計回りに回ってきたら、足は固
めたまま、左手で床をついてバックするように反
時計回りに動いて距離を詰めさせないようにする。

Xガードの鍵と鍵穴

足を左右に閉じる力は弱いので、まず体を右に90°
ローリングさせて、足を前後に閉じる力をかける。
これだけで足を広げられづらくなり、左膝を相手に
乗せてプレッシャーをかけることができる。
また相手の足のフックが、自分の腕で力をかけやす
いところにくるので、フックを外すこともできる。

③

④

⑤

⑦'

④'

⑤'

⑥'

8 ＿テンポラリーガード

バックポジションの攻防

　バックポジションの基本は、オープンガードの時と同じで、

①相手に自分の動きを止めさせるための引っかかりを与えない。

②相手が想定していない動きをする。

この２つです。

　第５章「防御からの展開」でも登場した亀ガードとバックポジション
ですが、ここまできたあなたであれば、「取れるもんなら取ってごらん。
首がこんなにガラガラだよ。そら引っかかった！」というマインドが生
まれているはずです。

　ここで紹介するのは、そうした余裕をキープできることを前提にし
た動き方です。

　このレベルになれば「動け動け！」というアドバイス（？）にも意味が
あります。ここでいっている「動け！」とは、相手に「引かれたら、引き
返す」「押されたら、押し返す」という恐怖からくる反射的な動きでは
ありません。「自分が止められた」と感じたら、「あ、止められた。でも
別の方向になら動けるだろう。どの方向なら相手の力を受けなくて動
けるかな？　まず考えられるあらゆる方向にちょっと軽く動いてみて
……、あ、こっちは空いてる。それじゃあ、こっちに動くか」という「観
察→判断→行動」のサイクルを高速で回すことなのです。念のために書
いておきますが、高速で動くのではなく、思考を高速で行い、行動は
相手とリズムを合わせるのです。

　これができるようになると、バックからの攻撃に対しても落ち着い
て対処できるし、スパーの楽しさがグンと上がります。そして、それ
ができる実力が同じくらいの者同士だと、先のオープンガードの攻防
を含めて、テキストや動画に登場するような「華麗な」ライトスパーも
できます。もちろん、自分より強い人にはそうはいきません。その時
は第５章を思い出して、まず戻すことに集中すればいいのです。

バックポジションの対応①足をくぐる

　両足でフックされた時の対処法です。両手を同時にスネの下に入れてくぐり抜けるイメージです。

①仰向けの状態で相手が両足でこちらの両腿をフックしてきた場合、
②両腕を同時に相手の右スネの下に入れる。
③両足で逆エビをして足方向に移動する。
④右にローリングすると相手の上を取れる。

バックポジションの対応②巻き込んで転がる

　相手が横にいて、脇を差してきた時の対応は大きく、「巻き込んで転がる」「脇をくぐる」の２つがあります。

①相手が自分の左にいて、右手を
　こちらの右脇に入れてきた時、
②右脇で相手の右手首を挟み、左
　手で相手のズボンを掴み、右に
　ローリング。
③④相手を巻き込んで、抑え込む
　ことができる。

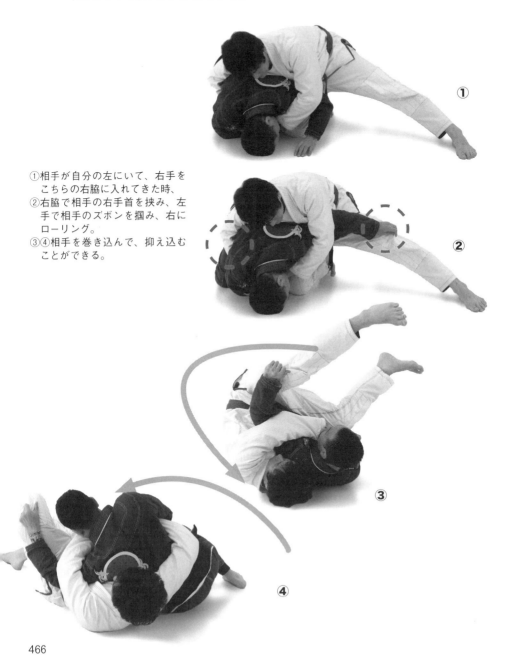

巻き込んで転がろうとした際に、相手が体を離して耐えた時に有効です。

相手が体を遠ざけて巻かれる
ことに耐えた場合
①右脇で相手の右手首を挟ん
　だまま、左手で床を押す力
　の反作用で、右膝を中心に
　反時計回りにヨーイング。
②脇を潜った相手の体の下か
　ら、外に出ることができる。
③④そのまま相手の右腕を脇
　固めで極めることも可能。

①

②

③

④

バックポジションの対応④スイッチバック

　相手が前にいる時の動きです。実際に相手が胴に巻いてくることはあまりないのですが、体さばきとして練習しておくといいでしょう。慣れてくると相手にがぶられていても脱出できるようになります。

　練習時は、初めは相手に自分の帯あたりを両手で抱えてもらう。
①②両肘を床に着いて、足を伸ばし、頭を下げて腰を高く上げる。「前に落とす」時と同じ。
③④右肘と左足で体を支え、右足を左前に出しながら相手の右脇をくぐりスイッチバックで脱出。相手が胴体を抱え続けていたら転がして抑え込む。

①

②

③

④

　ダブルバックをかけられた状態で、少しゆるいたすきグリップの時に有効です。アーチ構造で自分の右肩だけを重くして、両手で相手の肘を上から見て反時計回りに回します。反作用で自分の体が右肩を中心に時計回りにヨーイングして、相手の上になることができます。

①②右手で相手の右腕を掴み、それ以上グリップが進まないようにしつつ、左手で相手の左足カカトを抑える。

③左足のフックを外し、自分の左足を自由にする。

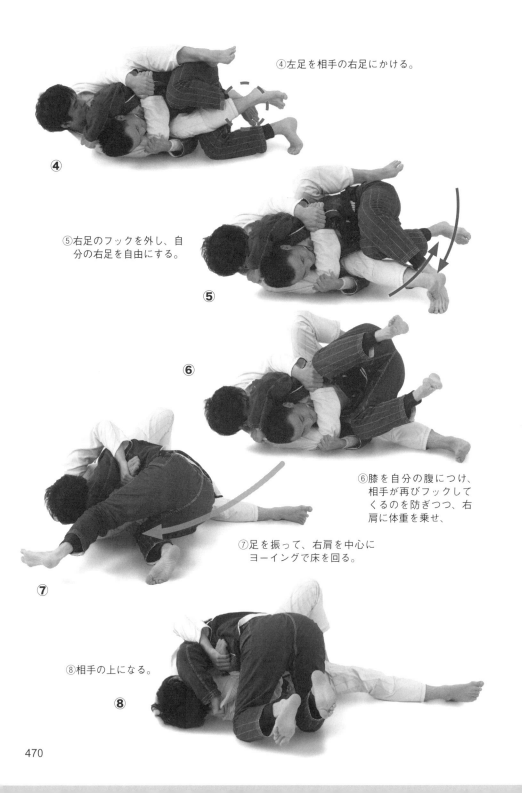

④左足を相手の右足にかける。

④

⑤右足のフックを外し、自
分の右足を自由にする。

⑤

⑥

⑥膝を自分の腹につけ、
相手が再びフックして
くるのを防ぎつつ、右
肩に体重を乗せ、

⑦足を振って、右肩を中心に
ヨーイングで床を回る。

⑦

⑧相手の上になる。

⑧

バックポジションの対応⑥後ろ袈裟

　右体側が下で、相手の右腕が自分の右脇から入っている状態で有効です。
慣れると相手のダブルフックが入っていても抑え込むことができます。

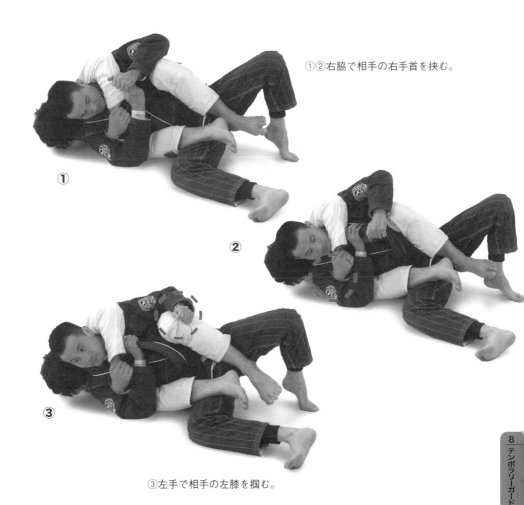

①②右脇で相手の右手首を挟む。

①

②

③

③左手で相手の左膝を掴む。

④左膝を引きつけながら左
　にローリングしつつ、

⑤足を歩くように動かし、体
　を時計回りにヨーイング。

⑥⑦後ろ袈裟に抑え込む。

相手の右腕が自分の右首から入っている状態での動きです。

① ①両手で相手の右腕を掴み、自分のみぞおちまで相手の右肘を引きつける。

② ②同時に両足で床を蹴り、自分の体全体を反らし、アゴを上げる。

③ ③両腕を頭の上まで押し上げる。

④腕をくぐり、首を抜く。

⑤

⑥自分の左首に押し当て
る。これでもう絞められ
ることはない。

⑤相手の右腕を外し、

⑥

⑦

⑦相手の押しが強く、上になってきた
場合は、右手で相手の左膝を止め、

⑧

⑧自分の両足を相手の左足に絡
め、ハーフガードになる。

このレベルになったらスパーリングを工夫することが効果的です。
チェック項目などはありません。

ディスカッションスパー

　A，B，Cの3人組を作り、まずA，Bが3分スパー、Cはセコンドを務めます。3分経ったら3人でディスカッションを行います。次にB，Cがスパー、Aはセコンド、と繰り返していきます。

　ディスカッションではスパーをした2人に加えセコンドの3人で、自分がスパーで狙っていたことを伝え合い、「意図が分かった」「分からなかった」「外から見ていてこう思った」などを話し合います。

　こうした練習は実際の試合でセコンドをする時にも役に立ちます。また審判になってもよいでしょう。そうすると柔術ルールへの理解度が深まります。

ポイントスパー

　2人で組になり、猪木アリ状態から開始します。下の人がスイープに成功するか、上の人がパスに成功したらそこでストップして、始めのポジションで再開します。3分経ったら上下が入れ替わって再開します。

　このルールでスパーを行うと、ガードのディフェンスが苦手な人やトップのバランスキープが苦手な人も、3分間はその苦手なポジションを練習することができます。私自身、現役時代はこのルールでのスパーを好んで行いました。工夫することで、実力差がある相手とでも防御も攻撃もかなり満足できる練習ができるのでお勧めです。

Q.道場で心がけることはありますか？

A.ノブレス・オブリージュの精神が大事。

　ノブレス・オブリージュ（noblesse oblige）はフランス語で「力のある人は他の人の模範になるように振る舞うべきだ」という意味です。

　攻め技を練習できるかどうかには「自分より弱い相手がいること」が大きな要素になります。相手が強ければ防御の練習しかできません。

　道場でよくあるのは、「強い相手とのスパーで防御の練習をしながら、いつか初心者が入ってくることを夢見て、打ち込みや技を受けてくれる優しい相手に攻撃技の練習をする。そして初心者が入ってきた時に、ようやくそれが実戦で使えるかどうか試す」という光景です。

　ただ怪我が起こりやすいのもこの時です。「相手を攻める」経験が足りない人は、力加減ができないからです。ですから「上級者がその道場（団体）で実力が下のグループの人を攻めたら、同じだけ攻めさせてあげる」という仕組みを持つことは、業界全体のためにもとても有益なことです。

　趣味でやっているのであれば、練習にきた人全員が攻めと守りの時間を同じくらい過ごすくらいの心がけでちょうどよいです。強い人も、その方が相手を一方的に攻め立てることがなくなり心に余裕ができ、技の幅が広がります。

　もしかすると、あなたは自分の道場では強い方かもしれません。でも世界大会に出たとしたら？　恐らく道場でのスパーのようにはいかないでしょう。さらなるレベルアップを目指すのであれば、防御の練習もしなければいけません。その時に相手になってくれる人には敬意を払うべきです。そしてそれが強さに伴う義務なのです。

　私の道場では「ジェントルマンルール」として、"スパーで帯が上の人が一本取ったら、次は一本取らせてあげる"ルールを作っています。

おわりに

　本書を手に取っていただいてありがとうございます。

　これが5冊目の本になります。2016年に『寝技の学校(関節技編)』(初版は晋遊舎刊、現在はAmazonオンデマンドでペーパーブックと電子書籍で発売中)を出した時に「次は初心者編を出そう」と考えて構想を練り続けてきました。

　今回、編集の労を執ってくださった下村さんは柔術経験はお持ちではありません。そういう方だからこそまったく新しい視点で僕の伝えたいことを、様々な方に伝わる形にしてくれたのではないか、と思います。それにしても、柔術未経験で僕の伝えたいことを理解する、ということは相当な難題だったと想像できます。心よりお礼を申し上げます。

　本書で何度も繰り返しているのは、「柔術は対人競技なので、相手が弱ければ自分が勝てるし、強ければやられる」ということです。

　ですから唯一無二の「正しい」手段はありません。

　そこで重要になるのは、刻々と変化する状況において、どういう手段で自分の状況をよい方向(自分の動きの自由度が増し、手段の選択肢が増える)に持っていき、逆に相手の状況を不利な方向(自由度も選択肢も減る)に持っていくかを、自分の経験の在庫から引っ張ってくる、なければ応用して即興で創り出すことです。

　普通の柔術の教則本と内容が違っているのは、そのように上達するための道すじを、力不足ながらもなんとかして伝えようとしているからだ、とご理解いただければ幸いです。

　最後に、いつも僕を支えてくれる家族には心からの愛を捧げます。

2022年　大賀幹夫

【撮影協力】荒川大輔、横山来夢、横山和貴、小木曽勝利、横田泰直、尾上浩、久保幹洋、小島健史、佐藤竣介、酒井峰行、芹澤直之、天野栄次、深堀一成、畠中将、又吉盛嗣郎
【スタイリスト】野村智裕

NEWAZA WORLD
Brazilian Jiu-Jitsu

大賀幹夫主宰［ねわざワールド］について

　ねわざワールド（略称：ねわワ）とは、大賀幹夫が主催する寝技を好きな方々のための集まりです。「寝技を知りたい、練習したい」という方々を対象としています。1999年5月に活動を開始しました。無理な押しつけをせず、気楽に寝技を楽しめるということをモットーとしています。2022年7月現在、国内は岩手から鹿児島まで、海外を含め約60グループにて展開しています。入会希望の方は、まずは気楽にお電話（080-6640-7438）またはメール（oga390@gmail.com）でご連絡ください。

ねわざワールド加入希望グループ受付中

　ねわざワールドでは、加入道場、サークルを募集しています。大賀と面識のない方々のグループでも全然かまいません。基本的に、寝技を好きな人はみんな友達だと思っていますので。

【加入条件】

❶ねわワ HP の概略に書いてある趣旨にご賛同いただけること

❷月に2回以上、2名以上で、1時間以上練習していること

❸費用は入会費 10,000 円と毎月の会費が必要

　（メンバーが3名以下であれば 6,000 円／支部。4名以上であれば9,000
　円／団体。税別）

【加入のメリット】

❶大賀の技術指導の動画が見られます。

❷大賀が年に1回、無料で各団体を訪問して技術指導や帯の検定をいたします（2回/年以上も有料になりますが、可能です）。

❸技術的質問などがありましたら、質問を動画で送っていただければお答えいたします。また、試合やスパーの映像を送っていただければ、ワンポイントアドバイスなどいたします。

❹大賀は各連盟公認指導者なので、各加入団体も各連盟に登録できます。また、各団体の代表及び会員さんへの帯の認定も可能です。

大会・セミナー・Webサイト等の活動

　出張セミナー・試合開催・個人指導について
各地への出張セミナー。地方での試合開催。調布や千代田や新宿の道場での個人指導も行っています。

大賀幹夫テクニック動画サイト

　日本人初のオンラインビデオトレーニング！2010年9月から運営しています。柔術の技を大賀が解説＆実演している動画を見られるサイトです。視聴に必要な会費は、2,000円／月（税別）です。

大賀幹夫自主制作 DVD・オンライン動画

　「ベリンボロ」「柔術講座」など様々な寝技技術について、大賀が映像で解説したものを販売しています。なお、家庭用ビデオカメラで撮影したものなので、画像や音声はそれなりです。ご了承ください。

いずれも、詳細はこちらにご連絡ください。

・ねわざワールドグループ公式HP（ねわざワールド加入希望受付）
https://newaza-world.jimdofree.com/

・大賀道場公式HP
https://oga-dojo.com/

・大賀幹夫HP（大会・セミナー・オンライン動画等の活動情報）
https://ogamikio.jimdofree.com/

ねわざワールド
グループ公式HP

大賀道場公式HP

大賀幹夫HP

見えない構造を解き明かす

大賀式 柔術上達論

●定価はカバーに表示してあります

2022 年 7 月 31 日　初版発行
2024 年 10 月 1 日　4 刷発行

著　者　　大賀 幹夫

発行者　　川内 長成

発行所　　株式会社日貿出版社
東京都文京区本郷 5-2-2　〒 113-0033
電話　（03）5805-3303（代表）
FAX　（03）5805-3307
振替　00180-3-18495

印刷　　株式会社シナノ パブリッシング プレス
写真　　糸井康友（一部）
カバーデザイン　　由無名工房 山田麻由子

ISBN978-4-8170-6038-9　　http://www.nichibou.co.jp/

サイドポジション からの展開例

この図はサイドポジションからの展開をチャートにまとめたものです。サイドポジションも位置によりロー・ミドル・ハイに分けられ、展開も異なってきます。詳しくは本文354頁を参考にしてください。

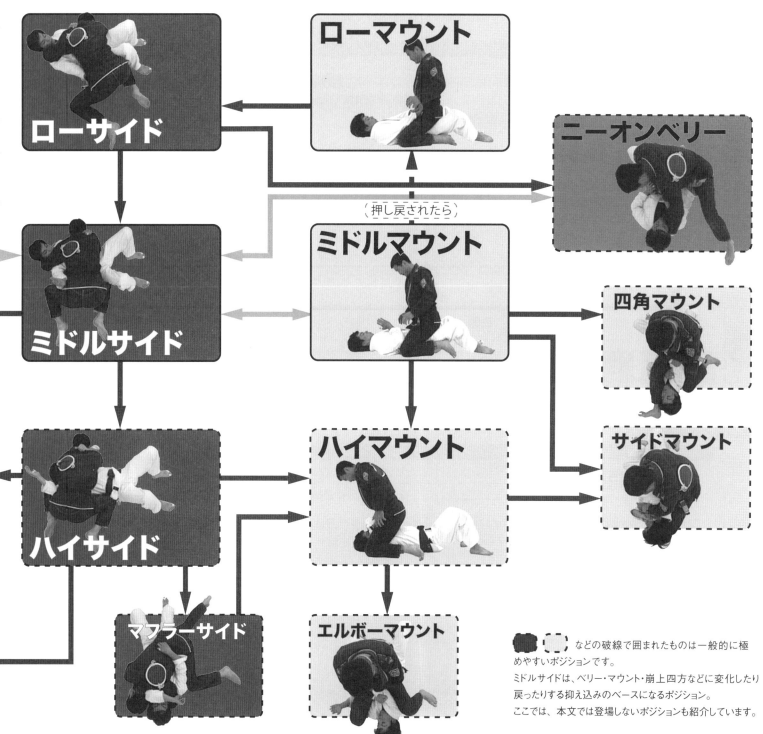

ローサイド

ローマウント

ニーオンベリー

（押し戻されたら）

ミドルマウント

ミドルサイド

四角マウント

エルボーサイド

ハイマウント

サイドマウント

ハイサイド

マフラーサイド

エルボーマウント

崩上四方

などの破線で囲まれたものは一般的に極めやすいポジションです。

ミドルサイドは、ベリー・マウント・崩上四方などに変化したり戻ったりする抑え込みのベースになるポジション。

ここでは、本文では登場しないポジションも紹介しています。

柔術全体の流れ

※詳しくは18頁、148頁を参照してください。

10:0　9:1　5:5　1:9　0:10

第8章（391頁）

第5章（235頁）

第6章（307頁）　第7章（335頁）

第4章（147頁）

自分が上

極められる	相手の極めの ポジションに 入れられる	体勢を崩される	オフェンシブ ガードに 入れられる	テンポラリー ガードに 入れられる	猪木アリ状態	ガードの 相手を コントロール	半パス ポスチャー	パスして 抑え込む or バックを取る	極めの ポジションに 入る	極める
スイープ される	相手のスイープ のポジション に入れられる									

失敗

自分が下

失敗　**失敗**

極められる	相手の極めの ポジションに 入れられる	パスされ 抑え込まれる or バックを取られる	ディフェンシブガードを作る	猪木アリ状態	テンポラリー ガードに入れる	オフェンシブ ガードに入れる	相手の バランスを さらに崩す	極めの ポジションに 入れる	極める
								スイープの ポジションに 入れる	スイープを 決める

非ガード　ディフェンシブガード　テンポラリーガード　オフェンシブガード

本書の関連動画

ここでは本書の理解を進めるための1人で
できる練習動画と、著者が上達のポイントに
ついて解説する動画を紹介します。

※壁回り1・壁回り2は70・71頁に掲載しています。

・壁回り3
https://youtu.be/y1v67GC9GE0

・難しいエビ・ステップ①
https://youtu.be/WnndJr16lwA

・首抜き前転
https://youtu.be/9hOM0Q7fVTo

・腕（かいな）を返すとは
https://youtu.be/A5ggQxW18QU

・体をねじって向きを変える
https://youtu.be/eoz6RMMTcUU

・壁回り
https://youtu.be/9gSTCto5zrM

・難しいエビ・ステップ②
https://youtu.be/bMkV7ykI_jM

・肩前後転
https://youtu.be/Xp1kL3-RR2M

・上達論「感覚とは」
https://youtu.be/ov7zei3NoMk

・足の大回し
https://youtu.be/eaAJ8eBDd0c

・逆エビ
https://youtu.be/Nk6crPHmtBo

・難しいエビ・ステップ③
https://youtu.be/aGpuW_a-dag

・指先の向き
https://youtu.be/uoRl3pzz6x0

・上達論「技を再現するために」
https://youtu.be/Tl6DDNwucD4